교실로 들어온 IB 학습 접근 방법

교실로 들어온 IB 학습 접근 방법

2025년 12월 3일 초판 1쇄 찍음
2025년 12월 12일 초판 1쇄 펴냄

지은이 신현주·성수진·오선이

책임편집 김찬호
편집 김천희·엄귀영·박훈·정지현
디자인 김진운

펴낸이 윤철호
펴낸곳 ㈜사회평론아카데미
등록번호 2013-000247(2013년 8월 23일)
전화 02-326-1545
팩스 02-326-1626
주소 03993 서울특별시 마포구 월드컵북로6길 56
이메일 academy@sapyoung.com
홈페이지 www.sapyoung.com

ISBN 979-11-6707-210-8 93370

교실로 들어온
IB 학습 접근 방법

신현주 · 성수진 · 오선이 · 독서생활연구소

사회평론아카데미

추천사

학습하는 법을 배우는 실천서

이선미

서울특별시교육청 초등 IB 지원단 단장

"어떻게 하면 아이들이 주도적으로 배울 수 있을까?"

『교실로 들어온 IB 학습 접근 방법』은 그 물음에 대한 가장 실제적이면서도 따뜻한 답을 들려 준다.

이 책은 국제 바칼로레아(IB)의 핵심 요소인 ATL(학습 접근 방법)을 우리 교육의 2022 개정 교육과정의 핵심역량과 정교하게 연결하여, 교사들이 두 체계를 통합적으로 이해하고 수업에 적용할 수 있도록 돕는다. 또, 교실의 맥락에 맞게 활용하도록 수업 사례와 활동지를 제공함으로써 정규 교과는 물론 창의적 체험 활동과 학교 자율시간 등에서도 학습하는 방법을 손쉽게 가르칠 수 있게 한다.

이 책은 ATL을 한국 초등 교실 속으로 옮겨 온 첫 실천서다. IB의 '학습하는 법 배우기'를 교실의 언어로 빚고 체계적인 수업으로 엮어, 아이들이 스스로 사고하고 탐구하는 역량을 길러가는 배움의 진경(眞景), 그 따뜻한 성장의 풍경을 경험하게 한다. 또한 수업이 지식을 전달하는 일을 넘어서 사람을 성장시키는 일임을 일깨워 주며 모든 교사와 학부모에게 '평생 학습자를 기르는 교육'의 참된 의미를 선사한다.

『교실로 들어온 IB 학습 접근 방법』은 배우는 방법에서 나아가, 함께 성장하는 교육의 길을 보여 준다.

추천사

아이와 함께 만들어 가는 교실을 엿보다

이정희

(사)한국슈타이너인지학센터 대표

아이들이 조기 인지 교육의 경쟁에 여전히 시달리고 있는 대한민국은 지금, 내일의 교육 방향을 획기적으로 설계해야 한다. 현직 교사들이 그동안 IB 교육 방법을 지속적으로 연구하고, 적극적으로 적용하려는 움직임은 공교육의 다양성 차원에서 매우 시의적절해 보인다.

『교실로 들어온 IB 학습 접근 방법』에는 공교육 교사로서 고민하고 준비한 다양한 수업, 그리고 수업을 통해 변화하는 아이들의 모습이 담겨 있어, 함께 만들어 가는 교실을 살짝 엿본 듯하다. 아이들의 미래 핵심역량을 계발하여 세계 시민으로 성장시키고자 하는 선생님들에게 아낌없는 찬사를 보낸다.

들어가며

서울시를 비롯한 여러 지자체에서 학습자가 주도적으로 질문하고 창의적으로 문제를 해결하는 IB 교육을 적극적으로 도입하려 하고 있다. 필자들은 IB를 공부하고 공교육에 도입 및 추진하는 일을 2022년부터 함께 하면서 다양한 경험을 해 왔다. IB 전문성 신장 워크숍, 개념 기반 탐구 연수, ATL 워크숍 참석, IBEC 수료, IB 학교 탐방, IB 관련 정책 연구 등 현장에서 IB에 관련된 다양한 일들에 참여했다. IB 학교에서 동료 선생님들과 함께 탐구 프로그램을 설계하고 탐구 단원에 따라 수업을 진행했으며, 일반 학교에서는 '개념적 이해'와 '탐구'를 추구하는 형태로 수업을 재구성하여 적용해 보기도 했다. 교사에게도 학생에게도 다소 낯선 탐구 수업을 이어가면서, 아이들의 변화를 뚜렷이 확인할 수 있었다.

하지만 수업을 진행하며 의외의 부분에서 어려움을 마주했다. 탐구 수업을 하기 위해 아이들에게 자료를 찾게 했더니 검색어만 입력해서 얻은 내용을 확인도 하지 않고 그대로 가져오거나, 모둠 토의를 하다가 싸움이 일어나 수업 시간 내내 중재를 하느라 시간이 다 흘러가는 등 예상치 못한 일이 자꾸 생겨났다. 특정 과목의 수업뿐 아니라 자료 조사, 친구와의 토의, 시간 내 과제 수행 등 학습 전반에서 계획한 대로 수업이 진행되지 않는 경우가 많아, 교사로서 준비가 부족한 것이 아닌가 좌절하기도 했다. 아이들도 학습에 충분히 몰입하지 못하는 것 같았다.

그런 고민의 결과로 깨달은 점이 있다. 수업이 잘 진행되려면, 학생들이 그것을 배울 수 있는 기본적인 학습 기능을 갖추고 있어야 한다는 점이었다. 교사가 아무리 수업을 잘 준비해도, 학생들에게 그것을 받아들일 수 있는 역량이 없다면 좋은 수업을 만들 수 없다. 그것은 아이들이 부족해서가 아니라 그들이 학습하는 방법을 배워본 적이 없기 때문이다. 그래서 학습에 필요한 기능을 미리 가르치고, 충분히 익히고 활용할 수 있는 기회를 준다면 아이들이 수업에 참여하는 데 도움이 될 것이라 생각했다.

2022 개정 교육과정은 '핵심역량'이라는 이름으로 학습자가 갖추어야 하는 학습 역량을 강조하고 있다. 이에 교사들은 자기관리, 지식정보처리, 창의적 사고, 심미적 감성, 협력적 소통, 공동체 역량이라는 여섯 가지 역량을 교실에서 구현하기 위해 항상 노력하고 있다. 그런데 IB에서도 조사, 사고, 대인 관계, 의사소통, 자기관리 기능을 학습자에게 필요한 기능으로 보고 이를 가르치는 ATL(학습 접근 방법)이 있다. 이러한 배경에서 공교육 교사의 관점으로 IB의 ATL을 다시 바라보게 되었고, 그 의미를 생각하였으며, 아이들이 학습하는 방법을 배우는 것이 필요하다는 것을 느끼게 되었다.

'듣기를 어떻게 가르칠까?'
'생각하는 방법을 어떻게 가르칠까?'
'조사하는 방법을 어떻게 가르칠까?'

이 책에는 교실 현장에서 학습하는 방법을 어떻게 가르칠지에 대한 답을 찾기 위해 고민한 과정과 수업 절차와 방법, 실제로 적용한 이야기가 담겨 있다.

1부 학습하는 방법의 필요성에서는 IB 프로그램을 살펴본다. IB의 핵심 요소 중 하나인 학습 접근 방법이 무엇이며, 어떻게 구성되어 있는지 간단하게 안내한다. 2부 교실에서 학습하는 방법 익히기에서는 IB의 다섯 가지 ATL 기능을 재구성하였다. 특히 2022 개정 교육과정의 핵심역량에 맞추어 아름다움을 느끼는 방법을 추가했다. 그다음 실제로 교실에서 학생들에게 가르칠 세부 기능을 선정해, 이를 잘 익힐 수 있는 전략을 마련하여 수업을 준비-진행-성찰한 사례를 담았다. 여기서는 독자가 수업의 흐름을 읽어내고 학생들의 생생한 반응을 볼 수 있도록 수업 개요와 자료, 활동지 예시 등을 상세히 제시하는 데 중점을 두었다. 3부에서는 학습하는 방법을 익히는 교실 문화 만들기에 대한 생각을 보태었다. 학습하는 방법을 가르치기 위한 수업을 계획하고 준비해 보니, 좋은 수업을 위해서는 이를 준비하는 교사의 생각, 아이들을 바라보는 관점, 교실의 문화가 바탕이 되어야 한다는 것을 깨달았기 때문이다.

학습하는 방법을 가르치는 수업을 계획하고 다양한 전략을 활용해 시도하면서 부족한 점도 많았다. 그럼에도 불구하고 수업이 끝난 이후에 아이들이 동화를 들을 때 그림을 그리면서 듣는 전략을 활용하거나, 수업에 사용된 자료의 출처를 묻거나, 수행평가를 준비할 때 수업에서 배운 전략을 써도 되냐고 물을 때면 보람이 느껴진다. 한 번의 수업에서 배우고 사라지는 휘발성 있는 배움이 아니라, 학습하는 방법 자체를 익힌 아이들이 배운 내용을 자신의 생활에서 하나씩 활용하기 시작한 것이다.

우리의 작은 시도가 아이를 생각하고 아이의 변화를 바라는 많은 일반 학교 선생님들에게, 학부모들에게 작은 도움이 되기를 바라 본다.

마지막으로 저자들과 같은 마음으로 책을 만들어주신 김찬호 선생님과 사회평론아카데미에 감사의 말을 전한다.

2025년 12월

신현주, 성수진, 오선이

TIP! | 이 책을 활용하는 법

이 책은 IB의 '학습 접근 방법(ATL)'을 우리 교실에서 명시적으로 지도하는 데 초점을 두었으며, 수업 사례와 활동지는 교실 맥락에 맞게 선택·재구성하여 다양하게 활용할 수 있다. 정규 교과에서는 관련 성취기준과 연결해 운영하고, 학교 자율시간·창의적 체험 활동 및 방학 중 독서/IB 캠프에서는 독립형·확장형 활동으로도 활용할 수 있다. 학기 초에 꼭 필요한 기능을 추출하여 집중적으로 가르치는 것도 좋다. 학생의 상황과 준비도에 따라 차시와 난이도를 조정할 수 있으며, 전략별 활동지는 QR 코드로 제공되어 수업 직전에 인쇄하거나 디지털 환경에서 바로 사용할 수 있다.

차례

1부 학습하는 방법의 필요성

미래교육을 위한 다양한 시도

시대가 변화함에 따라 교육 현장에서는 학생들에게 무엇을 가르쳐야 할지에 대한 다양한 논의와 시도가 늘 이루어져 왔다. 교실 속 수업 방식 개선과 학교 문화 변화에서부터 다른 나라 교육 시스템의 도입까지 내용도 방식도 다양하다. 그동안 프로젝트 기반 학습, 토론 수업, 발도르프* 등 여러 가지 수업이 공교육에서 구현되었고, 학교 문화 측면에서는 열린 교육, 혁신 교육을 통해 학교 내 수평적인 협의 문화, 학생 중심 자치 문화가 형성되기도 했다.

최근 학교 현장의 흐름은 어떠할까? 눈에 띄는 변화는 바로 에듀테크 도입이다. 에듀테크(EduTech)는 '교육(Education)'과 '기술(Technology)'의 합성어로, 인간의 성장과 발달을 위해 교육에 활용되는 기술과 이를 활용하는 총체적인 접근 방식을 의미한다. ICT(정보통신기술)를 적용하여 교육의 질을 높이려는 새로운 교육 방식이다. 온라인 학습 관리 시스템(LMS), 교육용 로봇, AI 기반 맞춤형 학습 등이 그 예이다. 이를 위해 개별 학생들에게 디지털 기기(스마트 기기)를 보급하여 디지털 학습 환경을 구축하는 노력이 이루어지고 있으며, 에듀테크 활용을 위한 교사 연수와 수업 자료 개발도 활발히 진행 중이다. 나아가 수업과 업무에 AI를 활용하려는 시도와 함께, 기초 학력인 문해력과 수리력 교육을 강화하려는 노력도 꾸준히 이어지고 있다.

이러한 시도들은 내용만 바뀌었을 뿐 과거부터 항상 진행되어 왔다. 교사들은 매 순간 학생들에게 필요한 것이 무엇인지 고민하고, 새로운 것을 찾고, 받아들이며 의미 있는 실천을 해왔기 때문이다. 그럼에도 불구하

* 독일에서 시작된 발도르프 교육은 슈타이너의 인지학 이론을 근간으로 하여 인간의 전인적 성장을 목표로 예술, 창의성, 경험 중심의 학습을 통해 지적 · 정서적 · 신체적 발달을 조화롭게 이루도록 돕는 대안 교육 방식이다.

고 많은 사람들은 지금의 학교 교육이 미래를 위한 준비로서 충분하지 않다고 생각한다. 그래서 수업의 일부만을 바꾸는 것을 넘어서 새로운 교육 시스템에 관심을 갖기 시작했다. 그중 하나가 1968년, 여러 나라를 이동하며 교육을 받아야 하는 외교관이나 국제기구 근무자의 자녀들을 위해 만들어진 국제교육 프로그램인 국제 바칼로레아(International Baccalaureate), 바로 IB다.*

우리나라에는 1980년 처음으로 서울외국인학교에 IB 프로그램이 도입되었고 주로 국제학교나 외국인학교에서 운영되었다. 그러던 중 2021년에 대구의 경북대학교사범대학부설초등학교를 기점으로 공교육에 IB가 도입되었고, 2025년에는 전국적으로 200개 이상의 학교에서 IB를 운영하거나 연구 중이다. 고등보다는 초등과 중등의 비중이 더 높으며 교육부와 시·도교육청에서도 교사 연수 운영, 인증 절차를 지원하며 IB 프로그램의 확산과 정착에 힘쓰고 있다.

IB의 교육 목표와 핵심 요소

IB의 교육 목표 및 핵심 요소를 이해하기 위해 IBO 홈페이지에 한국어로 번역되어 있는 「IB 교육이란 무엇인가?」(IBO, 2020)라는 문서를 살펴보자.

IB의 교육 목표: 서로 다른 문화를 이해하고 존중하며, 더 나은 평화로운 세상을 실현하는 데 기여할 수 있는, 지식이 풍부하고 탐구심과 배려

* 고등학교 프로그램(Diploma Programme, DP)부터 시작해서 중학교(Middle Years Programme, MYP), 초등학교(Primary Years Programme, PYP)가 만들어졌고, 현재 직업 연계 과정(Career-related Programme, CP)도 운영되고 있다.

심이 많은 청소년을 기르는 것입니다. 이를 위해 본 기관은 학교, 정부 및 국제기구와 협력하여 국제적 수준의 교육과 엄격한 평가 시스템을 갖춘 도전적인 교육 프로그램을 개발하고 있습니다. IB 프로그램은 전 세계 학생들이 적극적이고 공감할 줄 알며, 서로 다름을 이해하고 존중하는 평생 학습자가 될 것을 장려합니다.

(IBO, 2020, 밑줄은 저자)

IB가 어떤 교육을 추구하는지 한 눈에 볼 수 있는 부분이다. 첫머리에 '서로 다른 문화를 이해하고 존중하며'라는 내용이 나온다. IB는 여러 나라를 이동하며 교육을 받아야 하는 국제학교 학생들을 대상으로 한 프로그램이기 때문에 다양한 인종, 종교, 문화적 배경을 가진 이들이 모인다. 따라서 서로 다른 문화를 이해하고 존중하는 태도가 강조된다. 또 IB 프로그램이 만들어질 당시의 교육자들은 제2차 세계대전이 일어난 직후로 전쟁으로 인한 폐해와 실상을 직접 경험했기에 '평화로운 세상'을 교육의 궁극적인 목적으로 여겼을 테다. 전쟁은 이념 간의 갈등과 지도자들의 선택에 따라 진행되기에, 다시 세계를 이끌 학생들에게 이러한 목적을 가진 교육을 실현하는 것이 무척 절실했을 것이다.

이어서 IB의 '핵심 요소' 네 가지를 살펴보자.

1. 국제적 소양
2. IB 학습자상
3. 폭넓고 균형 잡힌, 개념적이고 연계성 있는 교육과정
4. 교수·학습 접근 방법

IB의 교육 목표에서 '서로 다른 문화를 이해하고 존중하며'의 내용은 IB의 핵심 요소 중 첫 번째인 '국제적 소양'과 관련이 있다. 다음으로 '지

식이 풍부하고 탐구심과 배려심이 많은 청소년'은 이런 목표를 구현할 수 있는 학생의 자질을 뜻한다. 이것은 두 번째 핵심 요소인 'IB 학습자상'과 연결된다. IB에서 말하는 학습자상은 '탐구하는 사람, 지식이 풍부한 사람, 사고하는 사람, 소통하는 사람, 원칙을 지키는 사람, 열린 마음을 지닌 사람, 배려하는 사람, 도전하는 사람, 균형 잡힌 사람, 성찰하는 사람'의 열 가지를 의미한다.

교육의 목표와 학습자상이 결정되었다면 다음은 이를 구현할 수 있는 교육과정이 필요하다. 교육과정(Curriculum)은 교육의 목적에 따라 가르쳐야 할 내용이나 배워야 하는 학습 활동을 체계적으로 계획하고 구성한 것이다. 즉, IB 학교의 교육과정은 학생들이 배워야 할 교과, 활동, 경험 등 학습 내용을 정리한 전체적인 틀이나 계획을 의미한다. IB에서는 세부적인 교육과정의 내용을 정해주지 않고 방향을 제시하는데, 그것이 바로 세 번째 핵심 요소인 '폭넓고 균형 잡힌, 개념적이고 연계성 있는 교육과정'이다.

IB PYP를 운영하는 학교에서는 여섯 가지의 '초학문적 주제'를 각 학년의 학생들이 모두 탐구할 수 있도록 하되, 일곱 가지 명시된 개념(형태, 기능, 연결성, 변화, 인과관계, 관점, 책임)을 중심으로 구성한다. 학년이 올라가며 같은 초학문적 주제를 이전 학년의 학습과 연계하여 더 심화된 내용의 수업으로 구성하는 것이다.

다음은 교육과정을 교실 속에서 실현하는 방법에 대한 내용으로 네 번째 핵심 요소인 '교수·학습 접근 방법'에 대해 알아보자. 교수·학습 접근 방법은 '교수 접근 방법(Approaches to Teaching, 이하 ATT)'과 '학습 접근 방법(Approaches to Learning, 이하 ATL)'으로 구분된다. ATT는 말 그대로 IB 학교에서 교사가 수업을 계획하고 실행할 때 지켜야 할 원칙을 말한다. IB의 ATT로는 '탐구에 기반, 개념적 이해의 강조, 지역과 세계적 맥락에 연결, 효과적인 팀워크와 협력의 강조, 학습의 방해 요소를 제거, 평가 정보의 활용' 여섯 가지가 있다(IBO, 2020). 여섯 가지 ATT는 교사가 수업을 준비할 때 항상 기억하고 반영하도록 수업 계획서의 항목에 포함하여, 이에 근거한 수업이 진행되도록 한다. 'ATT'가 교사가 수업을 구성할 때 고려해야 할 점이라면, 'ATL'은 학생들이 갖추어야 할 학습의 기본 바탕이 되는 기능이다. ATL에는 사고 기능, 조사 기능, 의사소통 기능, 대인 관계 기능, 자기관리 기능 다섯 가지가 포함되는데 이런 기능들은 특정 교과에만 국한되지 않는다. 예를 들어 창의적으로 아이디어를 만들고, 비판적으로 생각하는 사고 기능은 국어 과목에서만, 혹은 초등학교 시기에서만 사용하는 능력이 아니라 평생 동안 사용할 수 있는 기능이다. 이처럼 교과를 넘어서 광범위한 분야에서 사용할 수 있는 능력이라는 뜻에서 ATL을 '초학문적 기능'이라고도 한다. '평생 학습자가 될 것을 장려'해야 하는 IB의 교육 목표를 고려했을 때도 ATL은 학생들이 꼭 익혀야 하는 학습 기능이다.

이어서 살펴볼 점은 바로 '교수 접근 방법(ATT)'과 '학습 접근 방법(ATL)'의 관계이다. IB의 수업에서 둘은 서로 영향을 주고받으며 진행된다. 예를 들어 학생들이 탐구를 할 때 필요한 ATL 다섯 가지를 잘 익힐 수 있도록 수업을 구성할 때, 교사는 ATT에서 제시하는 여섯 가지 원칙을 활용할 수 있다. 그래서 IB의 탐구 단원 개요나 탐구 수업 계획서에는 수업을 통해 기를 수 있는 ATL도 같이 제시하게 되어 있어서, 수업과 학습이 항상 서로 맞물려 돌아가게 해준다. 2부의 '교실에서 학습하는 방법 익히기'를 따라가기 위해서 ATL에 대해 더 자세히 살펴보자.

IB ATL의 세부 영역과 특징

IB의 ATL은 평생 학습자로의 성장을 돕기 위한 사고 기능, 조사 기능, 의사소통 기능, 자기관리 기능, 대인 관계 기능의 다섯 가지로 구성된다.

ATL을 수업을 통해 가르치려면 각 기능을 구성하는 세부 영역도 이해해야 한다.

ATL의 다섯 가지 기능과 세부 영역

기능 범주	세부 영역
사고 기능	비판적 사고력, 창의적 사고력, 정보의 전이, 성찰과 메타 인지
조사 기능	정보 문해력, 미디어 문해력, 미디어/정보의 윤리적 사용
의사소통 기능	정보 교환 기능, 문해력, 정보통신기술
자기관리 기능	시간과 과제 관리 기능, 마음가짐
대인 관계 기능	긍정적인 대인 관계를 맺고 협력하는 기능, 사회 정서적 지능

출처: IBO(2020), 『IB 교육이란 무엇인가?』

사고 기능은 창의적 사고, 분석력, 메타 인지적 사고를 통해 복잡한 문제에 접근하고 배운 내용을 전이할 수 있도록 돕는다. 조사 기능은 정보의 신뢰성을 판단하고 자료를 조직하는 능력을, 의사소통 기능은 다양한 방식으로 자신을 표현하고 타인과 소통하는 힘을 포함한다. 특히 요즘에는 정보 통신 기술을 활용하여 소통하는 것도 더욱 중요해지고 있다. 자기관리 기능은 학생들이 시간 계획, 감정 조절, 목표 설정과 같은 일상적이고 실천적인 힘을 기르는 데 초점을 둔다. 대인 관계 기능은 갈등을 해결하고 협력하는 태도를 갖고, 사회 정서적 지능을 높이도록 한다. 다섯 가지 기능은 지식을 넘어서 학생의 삶 속에서 연결되고 실천될 때 비로소 진정한 힘을 가진다. 이러한 기능은 교과 내용 속에서 자연스럽게 다루어질 수 있으며, 실제 삶의 맥락에서도 지속적으로 확장될 수 있다.

그렇다면 ATL 수업에서 고려해야 할 점은 무엇일까? ATL을 가르칠 때 교사가 가장 중요하게 여겨야 할 원칙은 명시적 지도(explicit teaching)와 반복적인 성찰(reflection)이다. 명시적 지도란 학생들에게 어떤 내용을 가르치겠다고 분명하고 구체적으로 표현하는 교육 방식을 의미한다. 이는 단순히 활동을 시키는 것이 아니라, 학생이 쓸 수 있는 도구의 사용법을 알려주는 과정이다. 도구 상자(toolbox)에 도구를 채워만 놓고 사용법을 가르치지 않으면 학생은 그 도구를 꺼내 쓸 수 없는 것처럼, 교사는 학습의 도구인 ATL을 명시적으로 가르친 뒤, 학생이 자연스럽게 기능을 활용해 볼 수 있도록 암시적으로 실천 기회를 제공해야 한다. 명시적으로 가르친 후에도 수업 중 반복적인 성찰을 유도하면, 학생은 점차 기능을 내면화하게 된다. 또한 기능을 반복할 때마다 교사의 피드백이 제공되어야 한다. 때로는 아래처럼 교사가 자신의 사고 과정을 말로 설명하는 모델링도 필요하다.

"선생님은 이렇게 자료를 비교하면서 공통점을 찾고 있어요."

"조사하면서 비판적으로 생각해 보는 것이 중요해요. 이 정보는 정확하고 믿을 만할까요?"

"자료 조사를 어떻게 하면 이해하기 쉽게 정리할 수 있을까요?"

이러한 모델링은 학생이 ATL 기능을 자신의 학습 상황에 적용하는 방식을 이해하는 데 큰 도움이 된다. 학생은 ATL을 '기능'으로만 인식하는 것이 아니라, 삶을 살아가는 전략으로 체득하면서 배움의 주체로 성장할 수 있다.

IB의 ATL 기능과 2022 개정 교육과정의 핵심역량

IB의 ATL에서 말하는 기능은 비단 IB 학교뿐만 아니라 앞으로 미래를 살아가는 학생 모두에게 필요한 것이라 할 수 있다. 그렇다면 우리나라의 2022 개정 교육과정과 IB의 ATL은 어떻게 연계될 수 있을까? 2022 개정 교육과정은 학생이 미래를 스스로 설계하고, 타인과 협력하며, 사회적 책임을 다하는 시민으로 성장할 수 있도록 여섯 가지 핵심역량(자기관리 역량, 지식정보처리 역량, 창의적 사고 역량, 심미적 감성 역량, 협력적 소통 역량, 공동체 역량)을 제시하고 있다. ATL은 구체적인 기능을 제시하는 데 비해 2022 개정 교육과정은 궁극적으로 함양해야 하는 역량을 강조한다는 면에서 더 포괄적이라 할 수 있다.

> 가. 자아정체성과 자신감을 가지고 자신의 삶과 진로를 스스로 설계하며 이에 필요한 기초 능력과 자질을 갖추어 자기주도적으로 살아갈 수 있는 자기관리 역량
>
> 나. 문제를 합리적으로 해결하기 위하여 다양한 영역의 지식과 정보를 깊이 있게 이해하고 비판적으로 탐구하며 활용할 수 있는 지식정보처리 역량
>
> 다. 폭넓은 기초 지식을 바탕으로 다양한 전문 분야의 지식, 기술, 경험을 융합적으로 활용하여 새로운 것을 창출하는 창의적 사고 역량
>
> 라. 인간에 대한 공감적 이해와 문화적 감수성을 바탕으로 삶의 의미와 가치를 성찰하고 향유하는 심미적 감성 역량
>
> 마. 다른 사람의 관점을 존중하고 경청하는 가운데 자신의 생각과 감정을 효과적으로 표현하며 상호협력적인 관계에서 공동의 목적을 구현하는 협력적 소통 역량
>
> 바. 지역·국가·세계 공동체의 구성원에게 요구되는 개방적·포용적 가치와 태도로 지속 가능한 인류 공동체 발전에 적극적이고 책임감 있게 참여하는 공동체 역량
>
> (교육부, 2022, 밑줄은 저자)

자기관리 기능은 '자기관리 역량'과 연결되고, 조사 기능은 '지식정보처리 역량', 사고 기능은 '창의적 사고 역량', 의사소통 기능은 '협력적 소

통 역량', 대인 관계 기능은 '공동체 역량'과 관련됨을 알 수 있다. 단, '심미적 감성 역량'은 우리 교육과정에서만 강조하는 부분이라는 점이 다르다. 핵심역량은 다양한 교육 활동 속에서 통합적으로 함양되도록 설계되어 있으나, 다소 추상적으로 제시되어 있어, 교사 개개인의 교육관과 실천에 따라 해석되고 적용되는 경향이 크다. 실제 교실에서 수업과 평가에 어떻게 역량을 적용할지는 잘 모르겠다는 것이 현장의 반응이다. 지금까지 우리는 ATL이나 핵심역량을 구체적으로 지도하기보다는, 수업 속에서 자연스럽게 아이들이 익히기를 기대했는지 모른다.

반면, IB 프로그램은 ATL을 통해 길러야 할 학습 기능을 체계적으로 구조화했으며, 이를 교사와 학생이 수업 속에서 함께 다루도록 설계되어 있다. 학생은 자신이 어떤 방식으로 배우는지, 어떤 기능을 더 기를 필요가 있는지를 수업에서 자각할 수 있고, 교사는 각 기능을 명시적으로 가르치고 피드백과 성찰을 통해 학습자의 성장을 지원할 수 있다. 이처럼 구조화된 접근 방식은 우리나라 교육과정이 강조하는 역량을 수업 속에서 구현하는 데 매우 실질적인 도구가 된다.

임유나(2022)는 "IB의 개념 중심 수업과 역량 기반 교육 방향은 한국 교육과정과 본질적으로 연결된다"고 말한다. 이수정·임유나(2020) 또한 "IB는 교사의 자율성과 전문성을 중시하며, 교사가 교육과정을 능동적으로 설계하고 학생과 함께 탐구하는 구조를 갖는다"고 분석하였다. IB가 제공하는 구조적 모델은 한국 교사의 전문성을 더욱 깊이 실천할 수 있는 아이디어를 제공한다. 이것은 우리나라 교육과정이 강조하는 '핵심역량'을 교사가 가르치고자 할 때 현실적인 도움을 줄 수 있을 것이라 기대한다. 이러한 필요성에 따라 이 책에서는 우리 교실에서 ATL을 익히는 수업을 준비·진행·성찰하는 방법을 소개하고자 한다.

학습하는 방법을 가르치기 위한 수업

ATL을 재구성하기

ATL 다섯 가지 기능을 현재 한국의 교실 상황과 교육과정을 고려하여 여섯 가지 '학습하는 방법'으로 나누었다. 소통하는 방법, 생각하는 방법, 대인 관계 방법, 조사하는 방법, 자기관리 방법, 아름다움을 느끼는 방법으로 재구성한 다음, 학년의 성취기준을 분석하고, 수업으로 진행할 세부 기능을 선별하였다. 그런 다음 각각의 기능을 가장 잘 익힐 수 있는 수업 전략을 선정하고 활용하였다.

IB ATL vs. 2022 개정 교육과정 vs. 본 도서

IB ATL	2022 개정 교육과정	본 도서
자기관리 기능	자기관리 역량	자기관리 방법
조사 기능	지식정보처리 역량	조사하는 방법
사고 기능	창의적 사고 역량	생각하는 방법
의사소통 기능	협력적 소통 역량	소통하는 방법
대인 관계 기능	공동체 역량	대인 관계 방법
-	심미적 감성 역량	아름다움을 느끼는 방법

수업 개요로 한눈에 파악하기

ATL 수업 개요 작성은 수업의 방향성을 가지고 수업의 설계도를 그리는 작업이다. 수업 개요를 정리하는 과정에서 교사들은 수업의 목적을 명료화하고, 아이들에게 이것이 가장 적합한 방법인지 다시 고민하게 된다. ATL 수업 개요에 들어갈 요소를 결정할 때는 IB의 ATT(교수 접근 방법) 중 '탐구에 기반'한다는 것을 활용하여 '탐구 질문' 항목을, '개념적 이해를 추구함'을 반영하여 '일반화' 항목을 넣었다. 아래에서 이 책에서 다루는 수업 개요에 공통적으로 들어가는 요소를 좀 더 자세히 알아보자.

- **일반화** 수업을 통해서 학생들이 이해하기를 바라는 것을 학습 목표의 성격을 띤 한 문장으로 표현하였다.
- **학습하는 방법** ATL의 다섯 가지 기능에 2022 개정 교육과정의 심미적 감성을 추가한 것으로, '학습하는 방법'이라고 표현했으며, 각 수업에서 다루는 기능이 무엇인지 시각적으로 드러내었다.
- **세부 기능** 세부 영역 또는 하위 기능을 뜻한다. 각 기능은 세부 기능으로 나뉘는데, 예를 들어 사고 기능 하위에는 비판적 사고, 창의적 사고처럼 세분화 된 기능이 있다. 여기에서는 '학습하는 방법' 중에서 특히 중점을 두어 수업할 세부 기능을 추출하여 제시했다.
- **탐구 질문** 학생들의 탐구를 이끄는 질문으로 수업 설계에서 중요한 역할을 한다. 학생들의 흥미를 유발하고, 핵심 개념이 포함되어 있다.
- **관련 성취기준** 학습 내용과 관련한 성취기준으로, 2022 개정 교육과정에 제시된 학년별 성취기준 중에서 수업과 관련된 부분을 추출한 것이다. 각 기능이 2022 개정 교육과정의 성취기준 중 어느 과목, 어느 학년과 연결되는지를 알 수 있다.
- **전략** 기능을 익히기 위한 구체적인 수업 전략이다. 각각의 세부 기능에 2~3가지의 가장 효율적인 전략을 활용하여 기능을 잘 익힐 수 있도록 구성하였다.

수업의 과정: 수업 준비하기-수업 진행하기-수업 성찰하기

수업 개요를 짠 후에는 수업의 실제와 관련한 논의가 진행된다. 여기에서는 '수업 준비하기-수업 진행하기-수업 성찰하기' 3단계로 계획하여 실행했다. 수업 준비하기에서는 대상 학년과 차시 구성을 어떻게 하고 각 차시에서 어떤 수업이 진행되는지를 소개한 다음, 수업에 활용하는 그림책, 교과서, 유튜브 영상, 신문 기사, 교육용 앱과 같은 다양한 자료를 안내한다. 수업 진행하기는 실제 수업이 이루어지는 과정을 그려내며 교사가 진행했던 수업 방식이나 사용했던 활동지, 학생들의 반응을 담았다. 수업 성찰하기는 조금 생소할 수 있지만, 사실 가장 중요한 부분이라고 할 수 있다. IB에서는 항상 교사와 학생의 성찰을 강조한다. '성찰'은 고차원적 사고 과정의 하나이다. 교사로서 아무리 열심히 수업을 준비해도 항상 아쉬운 점이 남는다. 수업 전에는 자신의 계획을 성찰하고, 수업 중간, 수업이 끝난 후에도 성찰을 통해 수업을 돌아본 내용을 기록하고, 다음 수업에 반영한다. 수업에 대한 순간순간의 성찰은 다음 수업 준비에 영향을 주기 때문에 수업 준비-진행-성찰은 순환적인 과정이 되어 결국 수업의 질을 높이고, 학생들의 학습에 긍정적인 영향을 준다. 그래서 '수업 성찰하기' 부분에는 각 수업을 마친 후에 느꼈던 점 혹은 더 보완하고 싶었던 부분을 솔직하게 다루었다.

1부가 이 책에서 다루는 개념과 용어에 대한 개괄적 설명이었다면, 2부에서는 초등학생에게 필요한 '학습하는 방법' 중 세부 기능을 선택하여, 구체적인 전략과 활동을 담은 현장의 수업 사례를 소개한다. 수업을 어떻게 설계하고 적용할지는 우리가 만나는 학생들의 특성과 상황에 따라 달라질 수 있다. 다만 아이들에게 필요한 것을 가르쳐 주고 싶은 절실한 마음은 모든 교사가 같을 것이라 믿는다. 숱한 고민과 시도, 성찰이 담긴 사례가 각각의 교실에 의미 있는 배움을 만들어 가고, 교사와 학생이 평생 학습자로 성장하는 여정에 작은 도움이 되기를 기대한다.

2부 교실에서 학습하는 방법 익히기

01 소통하는 방법을 배우는 수업
02 생각하는 방법을 배우는 수업
03 대인 관계 방법을 배우는 수업
04 조사하는 방법을 배우는 수업
05 자기관리 방법을 배우는 수업
06 아름다움을 느끼는 방법을 배우는 수업

01 소통하는 방법을 배우는 수업

학교에서는 교사와 학생, 학생과 학생 등 상호 간에 무수한 의사소통을 한다. 그래서 의사소통 기능은 학생이 학습을 하기 위해 갖춰야 할 필수적인 기능이다. 학습에서 소통이 일어나는 영역을 세부적으로 나눈다면 수업에서 교사의 설명과 친구의 의견을 듣고, 스스로 이해하고 말하면서 정보를 교환하는 기능, 주어진 탐구 자료를 읽고 쓰는 문해력이 있다. 나아가 AI나 디지털 학습 도구를 활용해 정보를 수집하고 조사하고, 상황에 맞는 소통의 형식을 선택하는 것 또한 의사소통 기능에 포함된다. 교사는 학생들이 학습의 맥락에서 소통하는 방법을 구체적으로 배우고 연습하고 적용할 수 있는 기회를 마련해야 한다.

소통하는 방법을 생각하면 보통 '듣기, 말하기, 읽기, 쓰기' 네 가지를 떠올린다. 그중 듣기와 말하기는 언어를 익힐 때 가장 먼저 이루어지고, 학교 수업에서도 자주 사용되는 기능이다. 따라서 1장에서는 듣기와 말하기라는 가장 기본적인 기능에 중점을 두려고 한다. 의사소통 기능에서 듣기와 말하기는 친구와 일상을 나누는 대화 차원에 그치지 않는다. 학습에 필요한 내용을 잘 듣고, 자신이 준비한 자료를 구조화하고, 연습하여 청중 앞에서 발표를 하는 '목적을 가진 듣기와 말하기'를 뜻한다. 각 과목별로 살펴보면 사회과에서는 지역 사회의 문제를 해결하기 위한 토론 활동이 있고, 수학과에서도 문제를 제시하고 어떻게 해결할 수 있는지 이야기를 나누는 시간이 있다. 과학과에서도 조사한 내용을 보고서의 형태로 정리해서 말하고 친구들의 발표를 들어야 하는 경우가 많다. 이처럼 다양한 수업에서 듣기와 말하기가 이루어지는데도 막상 아이들은 어떻게 듣고, 어떻게 말해야 하는지 배워본 적이 없는 경우가 많다. 학기 초부터 교사의 설명이나 친구의 의견을 어떻게 듣고, 자신의 생각을 어떻게 말하는지 배우는 시간이 필요한 이유가 여기에 있다. 너무 기본적이고 익숙해서 오히려 제대로 된 방법을 배울 기회가 드문 아이들에게 듣기와 말하기를 배우는 것이 왜 중요한지 스스로 생각하고, 어떻게 듣고 말해야 하는지 익히고, 연습하고 적용할 수 있는 수업을 만들어 보자.

소통하는 방법을 배우는 것은 내용이나 지식보다는 익혀야 할 역량이나 기능과 관계가 더 깊기에, 교육과정에 제시된 성취기준을 보면 기능적·도구적 성격이 강한 국어과와 관련이 깊다. 예를 들어 '목적과 주제에 알맞게 자료를 정리하는 것', '자신감 있는 태도를 지니는 것', '발표를 하는 것' 등은 소통하는 방법을 가르칠 때 필요한 내용을 모두 담고 있다. 성취기준 자체가 하나의 학습 목표가 될 수 있는 것이다. 따라서 소통에 관한 성취기준 중에서 듣기, 말하기와 더 직접적인 것들을 뽑아 보았다. 이들을 배워야 하는 목적을 생각하며, 탐구 질문을 '소통하는 방법을 배우는 것은 나의 학습에 어떤 도움이 될까?'로 선정했다.

◆「소통하는 방법을 배우는 수업」 한 눈에 보기

<table>
<tr><td>일반화</td><td colspan="6">소통하는 방법을 배우는 것은 상황과 맥락에 맞는 의사소통을 할 수 있도록 돕는다.</td></tr>
<tr><td>수업에서 다루는 기능</td><td>의사소통 기능</td><td>사고 기능</td><td>대인 관계 기능</td><td>조사 기능</td><td>자기관리 기능</td><td>심미적 기능</td></tr>
<tr><td>세부 기능</td><td colspan="6">듣기, 말하기</td></tr>
<tr><td>탐구 질문</td><td colspan="6">소통하는 방법을 배우는 것은 나의 학습에 어떤 도움이 될까?</td></tr>
<tr><td>관련 성취기준</td><td colspan="6">[4-국01-03] 상황에 적절한 준언어·비언어적 표현을 활용하여 듣고 말한다.
[4-국01-04] 상황과 상대의 입장을 이해하고 예의를 지키며 대화한다.
[4-국01-05] 목적과 주제에 알맞게 자료를 정리하여 자신감 있게 발표한다.
[4-국04-05] 언어가 의사소통과 관계 형성의 수단임을 이해하고 국어와 한글을 소중히 여기는 태도를 지닌다.
[4-국06-02] 매체를 활용하여 간단한 발표 자료를 제작한다.
[4-국06-01] 지역의 문화유산을 통해 문화유산의 의미와 유형을 알아보고, 문화유산의 가치를 탐색한다.</td></tr>
<tr><td>전략</td><td colspan="6">듣기
- 다섯 가지 듣기 전략으로 구조를 생각하며 듣기
- 한 번 더 듣기 전략을 활용해서 기억하며 듣기

말하기
- 여섯 가지 말하기 전략을 활용하여 기억해서 말하기
- 빛나는 점 한 가지, 바라는 점 한 가지 전략을 사용해서 피드백하기</td></tr>
</table>

'듣기'를 가르치다

STEP 1 듣기를 어떻게 가르칠까?

"듣기를 어떻게 가르칠까?"라는 질문에 누군가는 "듣기는 그냥 들으면 되는 거지, 그걸 굳이 가르쳐야 하냐"고 물을지도 모른다. 듣기를 하나의 영역으로 다루고 있는 국어과 교육과정을 살펴봐도 듣기는 '소통'이나 '대화'에서 당연히 이루어지는 것으로 전제하고 있다. 이런 상황이다 보니 수업 설계에 있어 고민이 많았다. 이에 먼저 듣기 방법에 관한 전략을 찾아 수업을 준비했다. 또 수업 주제나 내용을 비교적 쉬운 것으로 준비했다. 소통하는 방법을 배우려면 듣기와 말하기를 충분히 연습하도록 해야 하는데, 말해야 하는 내용이 어려우면 아이들이 내용을 이해하는 데 더 에너지를 쏟기 때문이다. 따라서 쉬운 내용으로 충분히 말하는 연습을 한 다음, 아이들이 배우는 과목이나 탐구 주제와 관련하여 실제로 발표해 볼 수 있는 기회를 제공하였다. 충분한 연습과 실전을 해 본 아이는 다른 수업에서 발표를 할 때에도 능숙하게 소통하는 기능을 사용할 수 있을 것이라 생각했다.

여기에서 '듣기'는 학습 상황에서의 듣기를 뜻한다. 이는 수업에서 선생님이 설명하는 내용을 듣는 경우, 교과서의 지문을 읽고 친구와 대화를 나눌 때 친구가 하는 말을 이해하는 경우가 포함된다. 아이들이 수업 내용에 집중하고 친구의 의견을 잘 들을 수 있게 하기 위해서 '다섯 가지 듣기 전략'과 '한 번 더 듣기 전략'을 활용할 수 있다.

STEP 2 수업 전략

전략 ① 다섯 가지 듣기

성취기준 '[4-국01-03] 상황에 적절한 준언어·비언어적 표현을 활용하여 듣고 말한다.'는 준언어와 비언어적 표현 활용을 강조하고 있다. 하지만 우리 아이들은 언어적 표현으로만 이루어진 것도 정확하게 듣고 이해하는 것을 어려워한다. 그래서 이번 수업에서는 언어적 표현에 집중하여 듣는 것을 우선적으로 하고 그 뒤에 준언어적·비언어적 표현을 활용할 기회를 주는 방향으로 수업 전략을 구성하였다.

잘 듣는다는 것은 어떤 의미일까? 아이들이 하나의 단어를 익히는 과정을 생각해 볼 수 있다. '사과'라는 단어를 들었다고 해 보자. 처음에는 '사과'의 이미지가 머릿속으로 그려진다. 그리고 그것과 관련된 구체적 경험, 예를 들어 '사과를 맛본 경험', '사과 따기 체험'이 떠오를 수 있다. 이후 '사과'를 소리 내어 말하고, 읽고, 쓸 수 있게 된다. 처음에는 '사과'라는 단어 하나지만 이런 단어들이 모여 구와 절, 문장과 문단 그리고 이야기를 만든다. 아이들이 하나의 이야기를 이해하는 데에도 꽤나 복잡한 여러 과정을 거치는 것이다. 수업 때 이루어지는 교사의 설명도 하나의 이야기이고, 친구와의 대화도 이야기이다. 이러한 점을 고려하여 이야기를 들을 때 사용하면 좋은 전략 다섯 가지를 소개한다.

① 그림을 그리면서 듣기(장면을 만화처럼 그리기, 하나로 통합해서 그리기)

② 몸으로 표현하면서 듣기

③ 줄거리를 메모하면서 듣기

④ 인물의 이름이나 중요한 사건을 기억하면서 듣기

⑤ 의문 가지면서 듣기

다섯 가지의 전략은 순서대로 따르지 않고, 이야기의 내용에 따라 선택하여 활용할 수 있다. 한 편의 이야기를 잘 듣기 위해서는 전체 줄거리를 메모할 수도 있고, 인물의 이름이나 중요한 사건을 자신만의 방법으로 기억하며 들을 수도 있다. 그리고 들으면서 떠오르는 의문을 흘려보내지 않고 붙잡아 자신이 가졌던 질문을 이야기에서 어떻게 해결하는지 생각하면서 들을 수도 있다.

전략② 한 번 더 듣기

어린 시절 아이들의 모습을 떠올려 보자. 재미있는 그림책을 몇 번이고 다시 읽어 달라고 하고 그때마다 재미있어하며 이야기에 푹 빠져든다. 같은 책을 여러 번 읽으면 지루하지 않냐고 물을 수 있지만 우리가 한 번 들었다고 해서 모든 것을 기억하지 못하는 것처럼, 다시 들을 때는 처음에 들리지 않았던 것들이 들리고, 독자로서 좀 더 깊은 감상을 하게 된다. 그런데 요즘에는 읽은 책을 반복해서 읽거나, 들었던 이야기를 한 번 더 들려 달라고 하는 아이들이 많지 않다. 한 번 들을 시간이 부족할 만큼 여유롭지 않아서일 수 있고, 일상에서 워낙 많은 정보들이 쏟아지는 탓일 수도 있다. 게다가 기술이 발달해서 필요하면 얼마든지 다시 정보를 찾거나 재생할 수 있기에 굳이 같은 내용을 또 읽거나 듣는 경우가 드물다.

이러한 점을 고려하여 의도적으로 '듣기' 능력을 높이기 위한 수업 전략으로 '한 번 더 듣기'를 넣었다. 말 그대로 똑같은 텍스트를 한 번 더 듣는 전략이다. 같은 내용을 거듭해서 들으면 아이들은 처음에는 발견하지 못했던 부분을 발견하며 새로운 것을 느끼고, 그 경험이 다시 이야기에 귀를 기울이게 한다. 또 한 번 더 들었을 때 이야기에 대한 이해가 깊어짐을 스스로 느낀 아이들은 한 번 더 듣기를 다른 상황에서도 자연스럽게 사용하게 될 것이다.

STEP 3 수업 준비하기

수업 안내

아이들의 학습 상황에 따라 다르지만 수업은 총 6차시로 계획할 수 있다. 1차시에는 학습에서 듣기가 필요한 상황을 아이들이 직접 생각하게 한다. 듣기를 바로 시작하는 것이 아니라 실제로 듣기가 왜 필요한지, 잘 들으면 뭐가 좋은지 스스로 말해 본다. 2~3차시는 그림책으로 '다섯 가지 듣기 전략'을 익힐 차례다. 그림책은 얇으면서도 반복해서 읽어도 지루하지 않기 때문에 다섯 가지 듣기 전략을 연습하기에 유용한 수업 자료다. 4~5차시에는 본격적으로 언어적 표현으로만 이루어진 '옛이야기'를 듣는데, 이때 앞에서 연습한 듣기 전략 중 하나를 선택하여 사용한다. 마지막으로 6차시에는 앞에서 들었던 '옛이야기'를 다시 들려주면서 처음 들었을 때 기억하는 내용과 다시 들었을 때 내용을 비교한다.

듣기를 가르치는 수업 안내

대상 학년	수업에서 다루는 ATL 기능
4학년	의사소통 기능 > **듣기**
차시	**수업 내용**
1차시	학습에서 듣기가 필요한 상황 떠올리기
2~3차시	그림책 한 권으로 **다섯 가지 듣기 전략** 익히기
4~5차시	**다섯 가지 듣기 전략**을 활용하여 옛이야기 듣기
6차시	**한 번 더 듣기 전략**을 사용하여 옛이야기 다시 듣기

수업 자료

'다섯 가지 듣기 전략'을 익힐 때 사용한 수업 자료는 존 버닝햄의 『검피 아저씨의 뱃놀이』다. 『지각 대장 존』이라는 그림책으로 널리 알려진 존 버닝햄은 어린이의 눈높이에서 이야기를 전개하며, 특히 글과 그림의 관계가 굉장히 유기적이다. 글 없이 그림만 놓고 보아도 이야기를 이해할 수 있을 만큼 그림이 직관적이어서 글자를 읽는 데 익숙하지 않은 아이들도 좋아한다. 또 여러 번 읽을 때마다 새로운 것을 발견할 수 있는 그림책이다. 특히 다섯 가지 전략을 사용하기 위해 여러 번 읽어도 지루해하지 않을 책이 필요했고, 한 권의 그림책 내용이 너무 많으면 시간도 오래 걸리기에 두 가지 조건을 모두 충족하는 『검피 아저씨의 뱃놀이』가 가장 적절하다고 판단하였다.

'다섯 가지 듣기 전략'을 연습한 후 실제로 전략을 활용할 자료는 보리 출판사의 옛이야기 시리즈 중 『두꺼비 신랑』을 골랐다. 한 편을 읽어줄 때 대략 7분 정도 걸린다. 옛이야기는 짧지만 기승전결 구조가 잘 되어 있어서 이야기의 맛을 충분히 느낄 수 있다. 옛이야기는 입에서 입으로 내려오는 글이기에 특히 '한 번 더 듣기 전략'을 실제로 연습해 보기에 좋다.

자료 내용 미리 보기

『검피 아저씨의 뱃놀이』 존 버닝햄 지음, 이주령 옮김, 시공주니어	강가에 살던 검피 아저씨는 배를 가지고 있었다. 어느 날, 개, 고양이, 양, 토끼, 돼지 등 동물들이 차례로 아저씨의 배에 태워 달라고 한다. 검피 아저씨는 친절하게 동물들을 모두 태워 준다. 그러다 마지막에 배가 뒤집히면서 모두가 물에 풍덩 빠지고, 집으로 돌아와 차를 마치고 헤어진다.
『두꺼비 신랑』 서정오 글, 김성민 그림, 보리	우연히 강가에서 두꺼비를 집으로 데려온 할아버지의 옆집엔 세 딸이 있었다. 두꺼비는 그중 막내딸과 혼인을 한다. 혼인 날 두꺼비는 허물이 벗겨져 사람이 되고, 과거 시험을 보러 간다. 하지만 아내가 허물을 잃어버려 남편은 다시 두꺼비로 변하고 만다. 그러나 아내가 역경을 이겨내고 사람이 된 남편을 만난다.

STEP 4 수업 진행하기

1차시 학습에서 듣기가 필요한 상황 떠올리기

수업을 시작할 때 듣기가 왜 중요한지 교사가 직접 설명할 수도 있지만 아이들의 생각을 먼저 들어 본다. 아이들에게 수업이나 자습할 때 듣기가 필요한 때는 언제인지 물었다.

어떤 아이는 국어 교과서 본문 내용을 녹음자료로 들었던 경험을 떠올리며 "국어 수업 할 때 필요해요"라고 말했고, 다른 아이는 비슷한 맥락에서 "수업 시간에 선생님 설명을 들어야 하니까요"라고 대답했다. 그 밖에도 숙제로 내준 오디오북을 들을 때, 친구와 토의를 할 때, 인터넷으로 강의를 들을 때, 아침 방송 조회에서 교장 선생님의 말씀을 들을 때, 월요일 학급 회의에서 친구의 발표를 들을 때 등 듣기가 필요한 다양한 상황들을 말했다.

이어서 "듣기를 잘 하면 공부에 어떤 도움이 될까?"라는 질문을 던지고, 옆 친구와 이야기를 나누게 했다. 아이들은 상대방이 한 말이 이해가 되고, 공감해 줄 수 있고, 수업 시간에 다시 물어보지 않아도 되니 집중력이 올라간다고 했다. 또 잘 들으려고 하면 딴짓을 안 하게 되니, 할 일을 제때 할 수 있다고 했다. 수업을 시작하기 전 이런 도입 활동은 듣기에 대한 아이들의 생각을 미리 알 수 있다는 점에서 의미가 있다. 또한 듣기를 배우는 것이 왜 필요한지 교사가 설명하지 않아도 아이들이 자신이 느낀 것을 떠올리게 해서 다음 활동으로 자연스럽게 연결시킬 수 있다.

2-3차시 그림책 한 권으로 다섯 가지 듣기 전략 익히기

아이들의 이야기를 듣고 그림책 『검피 아저씨의 뱃놀이』를 꺼냈다. 처음에는 듣기 전략에 관해 아무런 정보를 주지 않고 이야기를 들려 주었다. 책의 그림도 보여 주지 않고 처음부터 끝까지 글만 읽어 주고 나서 아이들이 들은 내용을 간단하게 정리하도록 했다. 그런 다음 다섯 가지 듣기 전략을 하나씩 자세하게 설명해 주었다.

첫 번째, '그림을 그리면서 듣기' 전략을 사용할 때는 아이들에게 두 가지 방법 중 하나를 고르게 했다. 이야기책은 이야기를 장면별로 나눠서 만화처럼 표현하거나 전체 이야기를 하나의 장면에 담는 방식이 있다. 이를 활용하여, 아이들에게도 잘 듣기 위해 들은 내용을 그림으로 그려 보게 했다.

두 번째는 '몸으로 표현하면서 듣기'다. 일반적으로 듣기는 가만히 앉아서 듣는 법만을 가르친다고 생각할 수 있다. 하지만 움직이는 것을 좋아하는 아이들은 손이나 몸을 이용해서 들을 때 더 잘 들을 수 있다.

세 번째는 어른들에게도 익숙한 '줄거리를 메모하면서 듣기'다. 여기서 중요한 것은 전체 줄거리를 기억하려고 애쓰면서 들어야 한다는 점이다. 하나의 단어나 장면을 세세하게 기억하려고 하면 뒷부분을 끝까지 듣기 어려우므로, 이야기의 큰 흐름만 메모하면서 듣도록 한다.

네 번째는 '인물의 이름이나 중요한 사건을 기억하면서 듣기'이다. 이야기에는 대부분 주인공이 있고, 어떤 사건이 벌어지면서 이야기가 전개된다. 인물이나 사건에 초점을 두고 들으면 인상적인 장면이나 중요한 사건을 기억하기 더 쉽다.

마지막은 '의문을 가지면서 듣기'다. 이야기를 들으면서 떠오르는 궁금한 점을 붙잡고 있다가 그것이 다음 이야기에서 해결되는지 여부를 생각하며 듣는 것이다.

각각의 듣기 전략에 대해 소개해 준 다음에는 아이들이 이 전략들을 활용하여 다시 『검피 아저씨의 뱃놀이』를 듣도록 한다. 전략을 쓸 때마다 그림책을 읽어 주었기 때문에 아이들은 총 다섯 번을 듣게 된다. 그림을 그리면서 듣는 전략을 연습할 때는 그림을 보여 주면 오히려 방해가 될 것 같아 글만 읽어 주었다. 그다음 전략부터는 그림을 보여 주면서 읽어 주었다.

아이들은 각각의 전략에 집중해서 참여했다. 그림을 너무 자세하게 그리려다가 뒷부분을 놓친 아이도 있고, 의문을 갖는다는 것을 이해하지 못하는 아이도 있었다. 또 몸으로 표현하면서 들을 때 너무 몰입해서인지 소리를 크게 내며 장난스럽게 참여하는 아이 때문에 오히려 잘 듣지 못했다는 아이도 있었다. 하지만 듣기 전략을 사용하면 아이들의 태도가 그냥 들을 때보다 훨씬 진지하고, 더 집중한다는 것을 느낄 수 있다. 그냥 들을 때와 다섯 가지 듣기 전략을 쓰면서 들었을 때 어떤 차이가 있는지 아이들이 말해 준 내용을 정리해 보았다.

- 그냥 들을 때는 좀 긴장되었는데, 듣기 전략을 사용하니 마음이 한결 편안해지고 안심이 된다.
- 듣기 전략을 사용하면 그냥 들을 때와는 다르게 왠지 머릿속에 내용이 잘 기억나고, 집중을 안 하고 있으면 '아! 맞다 집중해야지!'라는 생각이 든다.
- 그냥 할 때는 기억하기가 어려운데 메모를 하면 뭘 써야 할지 집중해야 하니까 더 잘 듣게 되고, 써 놓은 게 있어서 까먹어도 또 보면 되니까 안심이 된다.
- 그림을 그리면서 들으면 그 장면이 더 생생하게 기억난다.
- 의문을 만들려면 집중해서 들어야 한다. 안 들으면 무슨 내용인지 모르고 의문을 못 만든다.
- 그림을 그리면서 들으니 글의 흐름을 놓치지 않으려고 노력하게 된다.
- 듣기 전략을 사용하니까 이야기 속 인물들이 다 기억이 난다.
- 줄거리를 기억하면서 들었는데 예상하지 못한 내용이 나오니까 궁금해서 더 집중해서 듣게 된다.
- 듣고 나서 질문을 만들려고 중요한 내용을 떠올리니까 들은 내용이 더 기억이 잘 난다.

- 그림을 그리려면 내용을 잘 들어야 하니까 이야기에 더욱 빠져드는 것 같다.

4-5차시 다섯 가지 듣기 전략을 활용하여 옛이야기 듣기

다섯 가지 듣기 전략을 연습한 다음에는 자신에게 맞는 전략 하나만 정하게 했다. 메타인지 능력 중 하나가 자신에게 맞는 학습 방법을 선택하는 것이다. 아이들은 자신이 활용할 전략을 선택했고, 교사는 들려 줄 이야기로 옛이야기 『두꺼비 신랑』을 준비했다. 두꺼비로 변한 신랑을 구하기 위해 아내가 위기를 지혜롭게 헤쳐 나가면서 결국 행복한 결말을 맞는 내용이다. 교사는 아이들의 듣는 태도를 관찰하기 위해서 미리 녹음한 음성 파일을 수업용으로 활용했다.

아이들은 다섯 가지 듣기 전략 중 전략 한 가지를 선택해서 7분 동안 옛이야기를 듣고 나서 기억나는 내용을 썼다. 자신이 선택한 전략을 사용해서 옛이야기를 들으니 기억이 잘 나고 내용을 더 잘 이해할 수 있었다는 아이들이 많았다. 이야기를 듣다 보니 의문이 생기고 다음 내용이 상상이 된다거나, 몰입과 집중이 잘 된다는 반응도 있었다. 듣는 것이 지루하지 않았다는 아이에게 이유를 물어봤더니 잘 들으니까 내용을 정확히 알 수 있어서 깊이 알게 되는 것 같았다고 했다. 잘 듣는 것이 곧 깊은 이해와 관련이 있음을 확인할 수 있었다.

6차시 한 번 더 듣기 전략을 사용하여 옛이야기 다시 듣기

다음은 『두꺼비 신랑』을 한 번 더 들을 차례다. 한 번 더 듣고 처음 정리한 글에서 빠진 부분 혹은 틀린 부분을 다른 색깔로 추가하라고 했다. 아이가 쓴 글을 살펴보자.

처음에 쓴 내용

두꺼비가 알고 보니 멋진 남자! 셋째랑 결혼한 후 행복하게. 언니들이 두꺼비 허물을 던짐. 처음으로 돌아가 찾고 다시 행복해짐.

한 번 더 듣고 추가한 부분은 아기가 없었다는 것과 주인공이 했던 일 몇 가지로, 내용이 좀 더 자세해졌다.

한 번 더 듣고 추가한 내용

아기가 없었음. 두꺼비가 말함. 셋째랑 결혼할래요. 두꺼비가 알고 보니 멋진 남자! 셋째랑 결혼한 후 행복하게. 언니들이 두꺼비 허물을 던짐. 할아버지는 논 깎아주기, 콩 털기에, 할머니는 빨래시키기. 호랑이 눈썹 5개. 처음으로 돌아가 찾고 다시 행복해짐.

아이들도 두 번 들으니 처음에는 듣지 못했던 것까지 자세하게 들을 수 있고, 틀린 걸 고쳐야 하니까 더 집중을 하게 된다고 했다. 다른 아이는 다시 들으니까 이야기가 그림으로 더 잘 그려진다고 했고, 검토하는 느낌이 든다고 말했다. 이처럼 이야기를 들을 때 아이들의 머릿속에서는 생각보다 참 많은 일이 일어난다. 한 번 더 들었던 것이 아이들에게는 꽤 신선한 경험이었는지, 다음 날 도서관 수업에서 직접 『두꺼비 신랑』을 빌려 본 아이가 있었다. 선생님이 들려주신 이야기를 듣고 나서 직접 읽어 보고 싶어서 빌렸다고 했다. 듣기가 읽기로 이어질 수 있음을 느끼는 순간이었다.

STEP 5 수업 성찰하기

수업을 마치고 아이들과 대화를 나누다 보면 얼른 받아 적어서 남기고 싶은 말들이 있다. 대화를 통해 아이가 수업에서 어떤 것을 이해했는지, 또 다음 수업에는 어떤 부분을 채워 주어야 할지 실마리를 얻을 수 있다. 아이들에게 "자신이 잘 듣는지 어떻게 알 수 있어?"라는 질문을 한 적이 있다. 한 아이가 자신은 한 번 쭉 들었는데 그 내용이 기억이 잘 나면 듣기가 잘 되었다고 생각한다고 했다. 또 원래 자신은 들을 때 자꾸 딴 생각을 하게 되는데 듣기 전략을 써서 연습을 하니 원래 들었던 지점으로 돌아오려고 애쓰는 자신을 발견한다고 했다. 이번에는 그림 그리기 전략을 사용했지만 다음에는 다른 전략을 써 보고 싶다는 아이의 말을 듣고는 교사로서 듣기 전략을 사용할 기회를 꾸준히 제공해 줘야겠다고 생각했다.

듣기를 가르치는 수업을 처음 준비할 때는 정말 듣기가 이렇게 집중을 필요로 하는지, 잘 듣는 것이 이토록 어려운 것인지 몰랐다. 그런 면에서 단순하고 쉬운 그림책으로 듣기 전략을 연습한 것이 효과적이었고, 아이들이 다시 들으면서 그냥 듣는 것과의 차이점을 스스로 발견하도록 하는 게 중요했다. 누군가는 물어보지 않았는데도 소감에 '앞으로 수업에서 선생님 설명을 들을 때도 듣기 전략을 써 봐야겠다'는 말을 남겼다. 아이들은 사실 누구보다 무언가를 잘 하고 싶고 성장하고 싶은 마음을 가지고 있다. IB의 ATL을 처음 배울 때 아이들이 기능을 배우고 잘 할 수 있도록 연습할 기회를 준다는 관점이 신선했다. 그러한 관점에는 연습을 통해 아이들이 성장할 수 있다는 믿음이 있었다. 그것이 바로 IB에서 말하는 성장 마인드셋이다. 아이들은 살아가면서 듣기를 자주 하게 될 것이다. 그때 수업에서 듣기를 연습했던 시간들이 자신감을 주고, 평생 학습자로 살아가는 데 도움을 주길 바란다.

● 수업 자료 모음

수업에 활용한 활동지	· 다섯 가지 듣기 전략 활동지 · 한 번 더 듣기 전략 활동지  * QR을 촬영하면 수업에 활용한 활동지를 살펴볼 수 있습니다.

'말하기'를 가르치다

STEP 1 말하기를 어떻게 가르칠까?

듣기와 마찬가지로 국어과 교육과정에서 '말하기'는 듣기와 이어지는 단계로 '대화'라는 맥락에서 이루어지는 경우가 많다. 앞서 제시한 관련 성취기준에서처럼 말하기는 학습 상황에서 목적과 주제에 알맞게 자료를 정리하며 발표하는 것 등을 의미한다. IB 수업에서도 학생들은 수시로 자신의 의견을 말해야 하고, 자신이 조사한 탐구 자료나 탐구 결과를 발표해야 한다. 특히 IB PYP의 발표회는 제목 그대로 자신의 탐구 결과를 다른 사람 앞에서 발표하는 것이 중심이 되는 활동이다.

그렇다면 교사의 머릿속에서 말하기를 잘하는 아이들의 모습이나 태도는 어떻게 그려질까? 수업 시간에 자신의 의견을 전달하고, 친구와 소통을 원활하게 하는 아이에게서 발견할 수 있는 특징 몇 가지를 살펴보자.

- 모둠에서 자신의 생각을 말할 때 근거를 들어 말하고 표현한다.
- 학습과 관련하여 의미 있는 피드백을 주고받는다.
- 의견을 나눌 때 타인을 존중하는 자세로 말한다.
- 친구 및 선생님과 다양한 생각을 교류하고 협의한다.
- 친구, 지역 전문가, 학교 선생님 등과 다양한 디지털 환경 및 매체를 사용해서 소통한다.

소통하는 방법을 배우는 수업의 주제로 말하기를 가르칠 때, 교사는 말하기 기능을 능숙하게 익힌 아이의 구체적인 행동을 떠올리며, 전략을 준비한다. 이번에는 '여섯 가지 말하기 전략'과 '빛나는 점 한 가지, 바라는 점 한 가지 전략'을 사용하여 아이들이 학습에서의 말하기를 연습하고 전이할 수 있는 기회를 제공하려고 한다. 말하기 전략을 연습할 내용은 아이들에게 친숙한 주제를 선택하거나 현재 진행되는 수업과 연계할 수 있다.

STEP 2 수업 전략

전략 ① 여섯 가지 말하기

무언가를 말할 때에는 자신이 말하는 주제와 의도, 듣는 청중을 고려해야 한다. 똑같은 주제라도 일곱 살 아이에게 말할 때와 스무 살 대학생에게 말하는 경우는 분명 다를 것이다. 말할 주제가 결정되고, 듣는 청중에 대한 이해를 마쳤으면 다음은 말하기 그 자체를 연습할 차례다. 여기에서는 다양한 말하기 상황 중에서도 수업에서 자신이 조사하거나 준비한 자료를 발표하는 말하기에 초점을 두었다. 먼저 발표를 잘 하는 사람의 특징을 살펴보고 여러 발표 전략을 찾아보면서 아이들이 발표를 할 때 활용할 수 있는 말하기 전략 여섯 가지를 선정했다. 아이들의 수준에 맞고, 다양한 관점과 말하기 양식을 탐색할 수 있는 방법을 포함하고자 '질문을 사용하는 것', '발표 중 예상되는 상황', '정리와 강조' 세 가지의 범주를 정하여 세부 전략을 제시했다.

질문을 사용하는 것

① 질문으로 발표를 시작하기

② 말하기 중간에 잠시 멈추고, 청중에게 질문하기

발표 중 예상되는 상황

③ 잘 듣지 않는 경우, 몸짓을 사용하여 집중시키기

④ 잘 듣는 사람의 반응을 살펴, 분위기를 끌어올리기

정리와 강조

⑤ 중요한 부분을 강조하기(두 번 말하기, 뜸 들이기, 목소리 크게 하기)

⑥ 마지막에 발표 내용을 간단히 정리하기

여섯 가지 전략을 준비할 때는 ①~⑥까지 발표의 흐름을 생각하며 제시했지만 반드시 순서대로 적용할 필요는 없다. 여섯 가지를 모두 배우고 연습하되, 실제 발표에서는 자신이 원하는 전략을 집중적으로 사용해도 된다. 한 번에 너무 많은 전략을 쓰려고 하다가는 오히려 발표 내용 전달이 어려울 수 있기에 각 전략의 목적이나 특징을 충분히 이해하고 발표 상황이나 주제에 맞게 활용하게 하는 것이 좋다.

전략 ② 빛나는 점 한 가지, 바라는 점 한 가지

'빛나는 점 한 가지, 바라는 점 한 가지'는 상대방의 발표나 이야기를 듣고 피드백을 줄 때 사용하는 전략이다. 발표를 들을 때 그냥 듣지 않고 상대방의 빛나는 점 하나와 바라는 점 하나를 적은 후에, 그 내용을 참고하여 각자의 소감을 말한다. 처음에는 긍정적인 부분을 먼저 이야기하고, 그다음에 '이런 부분을 보완하면 더 성장할 수 있다'는 의미를 담아 피드백한다. '빛나는 점 한 가지, 바라는 점 한 가지'는 피드백을 줄 때만이 아니라, 자신의 말하기를 성찰할 때도 쓸 수 있다. 형성평가의 하나로 교사가 학생의 말하기를 평가할 때도 사용할 수 있다.

『교실로 들어온 18 학습접근방법』 활동지 ④

빛나는 점 한 가지, 바라는 점 한 가지

________ 초등학교 _____학년 _____반 이름 ________________

	빛나는 점 한 가지	바라는 점 한 가지
나의 발표에 대한 스스로 평가		
발표한 친구 이름 ( )		
발표한 친구 이름 ( )		
발표한 친구 이름 ( )		
발표한 친구 이름 ( )		

사회평론아카데미

빛나는 점 한 가지, 바라는 점 한 가지 활동지

STEP 3 수업 준비하기

수업 안내

여섯 가지 말하기 전략과 빛나는 점 한 가지, 바라는 점 한 가지 전략을 활용한 말하기 수업은 학년과 학습 상황에 따라 변경할 수 있지만 4학년이라면 6차시 정도로 구성할 수 있다. 말하기라는 기능을 익히는 수업이기 때문에 처음부터 바로 발표를 하는 것이 아니라 쉬운 것부터 어려운 것까지 단계를 차근차근 밟아 나간다. 1차시에는 '발표에 대한 경험'을 나누는 시간을 갖고 발표하는 방법을 배우는 것이 왜 중요한지 생각한다. 2~3차시에는 본격적으로 말하기 전략을 익힌다. 이때는 말할 내용이 준비되었다는 전제 아래 효과적으로 청중에게 전달할 수 있는 여섯 가지 전략을 하나하나 설명하고 연습한다. 교사가 간단한 말하기 예시를 보여 주고 아이들도 각자 말할 내용을 정하는데, '최근에 읽었던 책 중 친구들에게 소개하고 싶은 책'과 같이 친숙하고 가벼운 주제가 좋다. 연습이 더 필요한 경우 교사는 수업 차시를 더 늘릴 수 있다. 4~5차시에는 현재 진행되고 있는 수업과 연계하여 친구들 앞에서 실제 발표를 준비하고 진행한다. 여기에서는 사회과 수업 '국가유산' 탐구 내용과 연결했다. 마지막으로 6차시에서는 '빛나는 점 한 가지, 바라는 점 한 가지'를 사용하여 자신의 발표를 성찰하고, 친구들의 발표에 대해 피드백을 주는 것을 연습한다.

말하기를 가르치는 수업 안내

대상 학년	수업에서 다루는 ATL 기능
4학년	의사소통 기능 > **말하기**
차시	**수업 내용**
1차시	말하기를 배우는 것이 왜 중요한지 생각하기
2~3차시	**여섯 가지 말하기 전략** 익히기
4~5차시	**여섯 가지 말하기 전략**을 활용하여 청중 앞에서 발표하기
6차시	**빛나는 점 한 가지, 바라는 점 한 가지 전략**을 사용하여 피드백하기

수업 자료

말하기 기능을 익히는 연습용 자료는 '내가 아는 우리 학교 맛집', '다시 가고 싶은 여행지'와 같은 부담 없고 친숙한 내용이 좋다. '친구에게 소개하고 싶은 책'으로 했을 때 아이들은 『켄즈케 왕국』, 『초정리 편지』, 『아름다운 아이』, 『불량한 자전거 여행』등을 골랐다. 연습을 가볍고 쉬운 주제로 했다면, 실제 발표 내용은 현재 진행되는 수업과 연계한다. 이미 배우고 있는 내용이고, 수업 내 발표라는 목적이 있기에 아이들도 더 열심히 한다. 사회 수업에서 '우리 지역의 국가유산'으로 탐구 활동을 진행하고 있다면 수업 발표 주제를 '내가 조사한 국가유산'으로 안내할 수 있다. 발표를 진행했을 때 아이들은 직접 조사하고 정리한 내용을 공책 한 쪽에서 두 쪽 분량으로 써 왔다. 발표 주제를 살펴보면, '에밀레종', '신라 금관', '한복', '방산 씨탈', '숭례문', '첨성대', '수원 화성' 등 문화유산도 있고 '사물놀이', '택견' 등의 무형유산도 있다. 발표 내용이 다양한 이유 중 하나는 주제를 아이들이 선택했기 때문이다. 아이들은 자신이 직접 고민하며 선택한 자료로 학습할 때 훨씬 수업에 주인의식을 갖고, 주도성을 발휘한다.

STEP 4 수업 진행하기

1차시 말하기를 배우는 것이 왜 중요한지 생각하기

말하는 방법을 배우는 것이 왜 중요한지 이야기 나누기 위해서 유명한 발표의 예시로 스티브 잡스(Steve Jobs)의 발표 영상과 그레타 툰베리(Greta Thunberg)의 유엔 연설 영상을 제시했다.

잡스는 아이폰, 아이패드를 개발한 애플의 공동 창업자이자 전(前) CEO이다. 그는 신제품을 발표할 때마다 직접 프레젠테이션을 했는데, 청중들의 반응이 대단하여 그의 발표만을 주제로 한 책이 있을 정도다. 핵심적인 아이디어를 담고, 긍정적인 분위기를 형성하면서 청중의 집중도를 높이는 등 잡스만의 특징이 있어서 그의 발표 영상을 선택했다.

툰베리는 청소년 기후활동가로서 어른이 아닌 청소년의 발표라는 점에서 동기 유발에 효과적이라고 생각했고, 발표의 목적 또한 기후 위기에 대한 관심 촉발이라서 교육적 의미가 있다고 판단했다. 또 학교에서뿐만 아니라 학교를 졸업하고 어른이 되어서도 누군가 앞에서 자신의 의견이나 혹은 새로운 정보를 발표할 기회가 있음을 학생들에게 보여 주고 싶었다.

함께 영상을 보고 아이들에게 말하기를 배우는 것이 왜 중요한지 생각하고 나서 친구들과 이야기를 나누었다. 아이들은 말하기가 단순히 소리를 전달하는 것이 아니라 내용을 담는 것이며, 잘된 말하기는 누군가의 생각이나 행동을 변화시킬 수 있음을 느꼈다. 이를 통해 우리가 배우는 말하기 또한 평생에 걸쳐 필요한 기능임을 알고, 자신이 말하고자 하는 것을 효과적으로 전달하는 것이 중요하다는 걸 생각하게 된다. 이런 면에서 학습하는 방법을 배우는 수업을 하기 전에 아이들과 수업의 목적에 대해 이야기를 나눴던 것은 분명 의미가 있었다.

2-3차시 **여섯 가지 말하기 전략 익히기**

아이들이 발표할 때 사용할 수 있는 여섯 가지 전략을 하나하나 익힐 차례다. 여기에 사용되는 전략은 발표를 잘하는 방법에 대한 여러 책*과 국어과 지도서 등을 참고하여 초등학생에 맞게 재구성했다. 여섯 가지 말하기 전략의 목적과 사용 방법을 아이들에게 안내하고, 이해가 안 된다고 하는 부분은 교사가 시범을 보였다. 각각의 전략을 이해한 다음, 아이들은 자신이 준비한 주제를 가지고 전략을 활용해서 말하기 연습을 시작했다. ①번 전략을 넣어서 연습하고, 그다음은 ②번 전략을 써 보는 식이다.

이때 중요한 점은 연습이어도 발표할 내용을 보지 않고 기억해서 말하는 것이다. 내용을 충분히 이해하고 있어야 전략을 잘 활용할 수 있는데, 보지 않고 기억해서 말하게 하는 방법이 매우 효과적이다. 뒤에서도 말하겠지만, 말하기 연습이 끝나고 최종적으로 실제 발표를 할 때는 여섯 가지 전략을 모두 사용하기보다 가장 효과적인 전략을 선택해서 사용하게 한다. 다음은 여섯 가지 말하기 전략에 대한 설명과 아이들의 활용 사례이다.

첫 번째, '질문으로 발표를 시작하기'다. 청중을 집중시키기 위한 전략 중 하나로, 분위기를 환기하는 가벼운 질문일 수도 있고 주제와 관련된 경험을 물을 수도 있다. 어떤 친구는 "이 책을 읽어 본 적이 있나요?"라는 단답형의 질문으로 시작하고, 다른 아이는 "여러분이 무인도에 혼자 떨어지게 된다면 어떨 것 같으세요?"라는 열린 질문을 건넨다. 아이들만의 다양한 방식을 활용하도록 하는 게 좋다. 어떤 방식으로든 시도하도록 기회를 주는 것이 중요하기 때문이다.

두 번째는 '발표 중간에 잠시 멈추고, 청중에게 질문하는 것'이다. '포

* 『서툴러도 괜찮아, 또박또박 네 생각을 말해봐』(이기규, 그린북) 『스티브 잡스 프레젠테이션의 비밀』(카민 갤로, 랜덤하우스코리아) 『말하기를 말하기』(김하나, 콜라주) 등을 참고하였다.

즈(pause)'라고도 하는 말하기 전략으로 의도적으로 말하기를 멈추고 청중에게 질문하면서 반응을 유도하여 집중시키는 전략이다. 말하는 내용이 바뀌거나 분위기를 전환할 때 유용하다. 앞에서 청중을 궁금하게 해놓고 "다음 이야기가 궁금하신가요? 주인공은 어떻게 되었을까요?"라고 질문을 하면서 뒷이야기로 자연스럽게 연결할 수 있다.

세 번째는 청중이 잘 듣지 않는 경우, 몸짓을 사용하여 집중시키는 전략이다. 발표를 하는데 상대방이 집중을 하지 않거나 잘 듣지 않는 경우가 있을 수 있다. 이럴 때 몸짓, 표정, 시선과 같은 비언어적인 행동을 사용하여 집중시키는 전략이다. 조심스레 눈빛을 보낼 수도 있고, 발표와 관련된 주제의 동작을 사용할 수 있다. 『아름다운 아이』라는 책을 소개한 아이는 기억에 남는 장면으로, 선천적 안면 기형으로 태어난 어거스트가 사람들의 따가운 시선 때문에 우주 비행사 헬멧을 쓰고 다니는 것을 몸으로 표현하며 청중을 집중시키는 연습을 했다. 주의할 점은 몸짓과 같은 비언어적인 요소는 언어적 표현을 충분히 익힌 다음에 쓰는 것이 좋다. 너무 자주 사용하면 오히려 집중을 흐트러뜨릴 수 있기 때문이다.

네 번째는 발표를 잘 듣는 사람들을 활용하여 분위기를 끌어올리는 전략이다. 발표가 잘 이루어지고, 청중의 호응도 좋을 때 그 분위기를 지속하거나 상승시킬 필요가 있다. 전체적인 흐름을 보면서 잘 듣고 있는 청중을 발표의 일부에 참여시킬 수도 있고, 자신이 던진 질문에 적극적으로 답을 하는 사람에게 박수를 쳐 주면서 분위기를 끌어올리는가 하면, 발표 시작 단계에서 열심히 반응한 분에게 상품을 주겠다고 제시하는 전략을 세우는 아이도 있었다.

다섯 번째는 발표 중간에 자신의 개성을 드러내어 중요한 부분을 강조하는 전략이다. 짧은 내용의 발표라도 나름의 기승전결이 있고, 핵심적인 내용이 있다. 발표하는 사람은 두 번 말하기, 잠시 뜸을 들이거나 힘주어 강조하기 등을 사용해서 중요한 부분을 나타낸다. 『켄즈케 왕국』을 읽고 주인공이 세계 일주를 하는 장면을 말하는 한 아이는 "항해일지를 썼습니다. 맞습니다. 항해일지입니다"라며 같은 말을 두 번 반복하면서 강조했다. 반대로 잠시 말을 하지 않으며 뜸을 들일 수도 있다. 혹은 목소리 톤을 높이거나 억양을 다르게 하는 것도 생각해 볼 수 있다.

마지막으로 여섯 번째 전략은 지금까지 발표한 내용을 간단히 정리하는 방법이다. 말하는 사람은 발표의 흐름을 미리 알고 있지만, 듣는 입장에서는 앞부분과 뒷부분을 연결하기 쉽지 않다. 특히 요즘 짧은 영상이나 이미지에 익숙해진 사람들은 방금 들은 내용도 기억하기 어려워할 때가 많다. 그래서 중간중간 앞에서 말한 내용을 정리해 주거나 발표의 흐름을 짚어 주고, 끝부분에 짧게라도 내용을 요약해 주면 듣는 사람의 이해를 도울 수 있다. 『켄즈케 왕국』을 소개했던 아이는 발표 끝부분에 "지금까지 제가 소개해 드린 책의 제목은 『켄즈케 왕국』이며 '마이클 모퍼고'라는 작가가 썼습니다. 앞에서도 말씀드렸듯이 등장인물로는 마이클과 켄즈케 할아버지가 나옵니다"라고 말하며 발표를 마무리했다.

아이들도 발표를 잘하고 싶은 마음이 있기에, 발표 전략 옆에 자기만의 방법을 적어 가며 열심히 연습했다. 아래는 평소에 수줍음이 많고, 수업 시간에 별로 손을 들지 않던 아이가 발표 후 쓴 글이다.

> 연습을 하니까 나중에 발표할 때 더 잘할 것 같고, 연습을 하니 더 자세하게 알 수 있었다. 나중에 1번 전략을 더 연습하고 싶다.

여섯 가지 말하기 전략을 적용하면서 아이는 말하기 전략 자체를 더 잘 이해하게 되었고, 발표 내용도 점점 자신의 것으로 소화할 수 있었다. 말로 표현하면서 생각이 정리되는 효과를 경험한 것이다. 자료를 보고 발표하게 하면 글자만 줄줄 읽는데, 그런 경우 내용을 읽느라 청중을 보지 못하고 혼자만 이야기하고 들어가는 경우가 많다. 하지만 발표할 내용을 기억해서 발표를 하게 하면, 내용을 이해했기 때문에 발표 전략을 사용할 여유가 생긴다. 또 막상 소리 내어 말해 보면 자기가 쓴 내용이 어색한 걸 알고는 내용을 자연스럽게 고치기도 한다.

또 다른 아이는 말하기 전략 자체를 배운 게 처음이라며 청중 앞 발표에 대한 기대감을 보였다.

> 발표하기 전략에 이런 방법이 있었다는 걸 새로 알았고, 연습해 보니 뭔가 평소랑 다르게 실력이 늘어난 것 같다. 또 실제로 발표를 했을 때 효과가 있을지 궁금하다. 아, 진짜로 떨린다.

4-5차시 **여섯 가지 말하기 전략을 활용하여 청중 앞에서 발표하기**

이제 본격적으로 여섯 가지 말하기 전략을 실전에 활용해 볼 차례다. 이 수업을 설계할 때 교사는 아이들이 말하기 기능을 어디에 활용하게 할지 미리 계획해야 한다. 이때는 학기 초에 '우리 지역의 국가유산'이라는 탐구 수업을 준비하고 있었기에, 아이들이 각자 소개하고 싶은 국가유산을 선택해 조사하고 정리한 자료를 발표하는 시간에 말하기 기능을 활용할 수 있도록 수업을 설계했다. 또 아이들에게 국어 시간에 먼저 말하기 기능을 연습하고, 사회 시간에 2분 정도 실제 발표를 할 것이라고 날짜와 시간을 예고했다. 아이들도 자신들이 배우는 것이 무엇과 연결되고, 어떤 목적으로 진행하는 것인지 알 때 더 적극적으로 참여하기 때문이다.

수업 시간 발표를 앞두고 집에서 부모님 앞에서 미리 연습한 아이도 있고, 타이머를 맞춰 시간을 재 본 아이도 있었다. 발표 시간이 길지 않기 때문에 하나의 발표에 여섯 가지 전략을 다 쓰기는 힘들고, 발표의 초점이 흐려질 수 있다. 그래서 아이들에게는 각자 발표에 필요하다고 생각하는 한두 개의 전략을 미리 골라 실전에 적용해 보라고 했다. 아이들은 막상 자기 차례가 다가오니 긴장된 모습으로 친구들 앞에 섰다. 아래는 '국가유산' 탐구 내용 중 '에밀레종'을 선택하여 자료를 만든 아이의 발표 내용이다.

아이의 발표 내용

에밀레종

4학년 이○○

여러분은 혹시 에밀레종이라는 종을 들어본 적이 있나요? 에밀레종은 우리나라의 아주 오래 된 큰 종이에요. 진짜 이름은 성덕대왕신종인데, 사람들은 전해 내려오는 이야기를 따라 에밀레종이라고도 불러요. 이 종은 신라시대에 만들어졌고, 지금은 경주국립박물관에 있어요.

에밀레종은 슬픈 전설이 있어요. 종을 만들던 사람들이 아무리 노력해도 소리가 잘 나지 않았대요. 그런데 스님이 "아기를 종에 넣으면 소리가 날 거야"라고 말했대요. 그래서 정말로 한 아기를 넣고 종을 만들었고, 그때부터 종소리가 아주 맑고 멀리 퍼졌어요. 그래서 종소리를 들으면 "에밀레~"하고 아이가 엄마를 부르는 소리 같다고 해요.

이 이야기가 사실이 아닐 수도 있지만, 사람들은 이 전설을 오래도록 기억하고 있어요. 종을 보면 멋진 무늬도 많고, 용의 모양도 있어서 예술 작품 같아요.

에밀레종은 단순한 종이 아니라, 우리 조상들의 지혜와 슬픈 이야기, 아름다운 예술이 담긴 보물이에요. 우리는 이런 소중한 유물을 잘 지켜야 해요.

이 아이의 발표 시간은 약 1분 50초 정도였고, 여섯 가지 말하기 전략 중 '질문으로 시작하기'를 사용했다. 목소리는 작았지만 차분한 태도를 유지했다. 발표 내용을 보지않고 기억한 덕분에 친구들과 눈을 마주치며 여유롭게 준비한 내용을 모두 이야기했다. 발표를 마치고 나서 성찰 시간을 가졌다. 다음에는 말하기 전략을 하나 더 사용하고 싶고, 목소리를 더 크게, 내용도 더 길게 말해 보고 싶다고 했다. 또 말하기 전략을 다음에 어디에서 사용할 수 있을지도 물었더니, "유명한 곤충학자가 되어 뉴스에 나와서 발표를 해야 할 때 말하기 전략을 사용할 수 있을 것 같다"고 답했다.

그 밖에 다른 아이들도 '한복', '불국사', '방산 씨탈' 등 자신의 주제를 진지하게 발표했다. 장래희망이 선생님인 한 아이는 발표를 마치고 나서 "다음에는 발표 내용을 더 잘 외워서 중간에 잊어버려서 더듬지 않고 자연스럽게 이어서 말하고 싶다. 내 꿈이 선생님이기 때문에 더 열심히 할 거다"라고 희망을 내비쳤다. 또 연습했던 것보다 실전이 떨려서 자신이 생각했던 기대에 못 미쳤던 아이는 "막상 친구들 앞에 서니 생각이 하나도 안 났다. 발표하기가 부끄럽다. 발표하기가 싫다"라며 솔직한 마음을 표현하기도 했다.

6차시 빛나는 점 한 가지 바라는 점 한 가지 전략을 사용해서 피드백하기

친구들이 발표를 하는 동안 청중은 무엇을 할까? 발표를 들은 다음 청중들에게도 말할 기회를 주고, 더 집중해서 들을 수 있도록 '빛나는 점 한 가지, 바라는 점 한 가지 전략'을 소개했다. 이는 발표에 대한 피드백 활동의 일환으로, IB 프로그램을 운영하는 국제학교 참관 수업에서 이러한 전략을 사용하는 것을 본 적이 있다. 한 아이가 자기가 쓴 글을 발표하는데, 반 아이들 모두가 자연스럽게 노트를 펼치더니 친구의 이름을 적고 '빛나는 점 한 가지, 바라는 점 한 가지'를 쓰기 시작했다. 발표가 끝나고 발표자와 친구들은 발표에 대해 이야기를 나누며 피드백을 주고받았다. 또 모둠별 역할극을 할 때에도 아이들은 손을 들어서 자연스럽게 상대 모

빛나는 점 한 가지 바라는 점 한 가지 활동지 작성 예시

이름	빛나는 점	바라는 점
나	친구들에게 잘 알려주고 싶어서 열심히 준비했다.	속도가 중간에 갑자기 빨라졌다. 긴장되어 그런가?
친구 1	내가 처음 듣는 내용인데도 이해가 잘 되게 쉽게 설명했다.	목소리가 좀 더 크면 좋겠다
친구 2	듣는 사람의 질문에 잘 대답해 주었다.	내용이 조금 짧았다. 다음에는 더 자세하게 해주면 좋겠다.
친구 3	퀴즈를 준비해서 친구들의 흥미를 끌었다.	머리카락을 손으로 계속 만져서 발표를 듣는데 신경 쓰였다.

둠의 발표에 대해 '빛나는 점 한 가지, 바라는 점 한 가지'를 말했고, 교사도 피드백을 주었다. '잘한 점, 못한 점'이라고 이분법적으로 나누지 않고, '빛나는 점, 바라는 점'으로 표현한 것도 좋았다. 또 빛나는 점을 먼저 말하게 한 것도 피드백을 듣는 상대방을 배려한 듯했다.

그 모습에서 아이디어를 얻어 '내가 소개하고 싶은 국가유산'을 발표할 때 발표자 스스로도 자신의 말하기를 돌아보며 빛나는 점과 바라는 점을 쓰게 하고, 듣는 아이들도 친구의 발표에 대해 빛나는 점과 바라는 점을 써 보게 했다. 내용을 쓸 때는 단순한 느낌보다는 발표 장면을 떠올리며 자세하게 쓰도록 했다.

구체적인 말하기 전략을 배우고 연습한 뒤에 실제 말하기에 적용하고, 친구에게 피드백을 주는 일련의 과정을 통해 아이들은 말하기가 쉽지 않음을 경험했다. 한편 연습하고 노력하면 더 잘하게 된다는 것도 직접 체험할 수 있었다. 친구들의 발표를 들으면서 메모를 해야 하기 때문에 긴 내용을 쓰지는 못하고 아주 간단하게 몇 개 단어로만 남긴 아이들도 있었다. 그래서 아이들의 피드백을 보고 궁금한 점을 묻고 이야기를 나누며 수업을 마쳤다.

"연습 때보다 잘한 것 같다고 느낀 이유가 뭔지 궁금한데 말해 줄 수 있을까?"

"직접 발표하니까 처음에는 긴장됐는데 친구들이 제가 쓴 질문하기 전략에 잘 대답해 줘서 떨리는 마음을 줄일 수 있었어요. 친구들이 도와줬기 때문에 잘할 수 있었던 것 같아요."

STEP 5 수업 성찰하기

말하기를 가르치는 수업을 통해 다른 사람 앞에서 말하는 건 생각보다 아이들에게 부담스럽고 어려운 일이라는 걸 다시금 알게 되었다. 운동이든 미술이든 처음부터 잘하는 사람이 드문 것처럼, 발표하기도 배우고 연습하면서 익히는 것이 필요한 기능이었다. 수업을 마칠 때쯤 우리가 연습하고 활용했던 여섯 가지 말하기 전략을 아이들의 생활에서 어떻게 사용할 수 있는지, 또 발표하기가 능숙해진다면 어떤 도움이 될지, 나만의 새로운 말하기 전략을 추가한다면 어떤 것을 추가할 수 있을지 물었다.

"나중에 200명쯤 되는 사람들 앞에 서서 발표할 때 제일 먼저 질문 던지기 전략을 사용하고 싶고, 내 이름부터 소개하는 전략을 추가하고 싶다."

"내가 갖고 싶은 디지털 패드가 있는데 아빠에게 패드가 왜 필요한지 학교에서 배운 발표하기 전략을 활용해서 설명하고, 아빠에게 패드를 꼭 받고 싶다."

"동생이랑 싸웠을 때 형이라서 억울할 때가 있는데 아빠와 엄마에게 말할 때 말하기 전략을 쓸 것 같다."

아이들의 대답을 들으니 여섯 가지 말하기 전략을 다시 활용할 수 있는 기회를 꼭 만들어야겠다는 생각이 들었다. 또 피드백에 집중해서 참여하고 같은 모둠에서 친구들과 성찰을 나누는 모습을 보니, 교사로서 아이들의 발표에 대한 피드백을 어떻게 주어야 할지 더욱 진지하게 고민하게 되었다. 소통하는 방법을 배우는 수업에서 아이들의 성취도는 각각 다르다. 아이마다 출발점과 속도 등이 다르기 때문이다. 이때 교사는 아이들을 상대적으로 비교할 것이 아니라 그들이 배우는 과정을 지속적으로 살피면서 아이들이 처음에 비해 얼마나 변하고 성장했는지 봐야 한다. 즉 아이들의 태도나 기능을 꾸준히 관찰하고 기록하는 것이 중요하다. 결국 학습하는 방법을 가르치는 수업은 일회성으로 끝내는 것이 아니라 교육과정과 수업 전반에서 지속적으로 이루어질 필요가 있다.

● 수업 자료 모음

수업에 활용한 활동지	· 여섯 가지 말하기 전략(연습편, 실전편) 활동지 · 빛나는 점 한 가지, 바라는 점 한 가지 활동지 * QR을 촬영하면 수업에 활용한 활동지를 살펴볼 수 있습니다.
도움이 되는 자료	· 『낯선 그림책의 세계』(유영호, 학교도서관저널) · 『문맹』(아고타 크리스토프, 한겨레출판)

02 생각하는 방법을 배우는 수업

우리는 매일 새로운 정보를 접하며, 당장 내일을 예측하기 어려운 세상 속에서 살아가고 있다. 이러한 환경일수록 지식을 수동적으로만 받아들이지 않고, 능동적으로 생각하고 판단하여 받아들이는 것이 매우 중요하다. 학습에서 '생각한다는 것'은 단순히 정답을 찾는 것을 넘어선다. 아이들은 정보를 비판적으로 바라보고, 정보에 대한 다양한 관점을 고려해야 한다. 또한 참신한 아이디어를 만들어 내고, 배우고 익힌 지식을 다양한 상황에 적용할 수 있어야 한다. 자신의 학습 과정을 되돌아보는 성찰 또한 사고 기능에 포함된다. 교사는 아이들이 생각하는 방법을 배우고, 연습하고, 여러 상황에 적용할 수 있는 기회를 주기 위해, 아이들의 특성과 수준에 맞는 가장 필요한 학습 기능을 선정해서 수업을 계획한다.

2장에서는 여러 사고 기능 중에서도 '비판적 사고'와 '창의적 사고'에 초점을 두고자 한다. '비판적 사고'는 정보 과밀화 사회에서 꼭 필요한 사고 기능임에도, 학교에서 이를 기르기 위해 수업을 한 사례는 많지 않다. 실제 수업을 했을 때에도 아이들은 '비판적'이라는 단어를 부정적인 의미로 생각하고 있는 경우가 많았고, 아이들 스스로 자신들이 무언가를 비판한다는 것을 낯설어한다는 느낌을 받았다. '창의적 사고'는 탐구 학습의 핵심 기능으로, 학습자 주도성을 촉진한다. 이는 단순히 정해진 답을 찾는 것을 넘어, 새로운 방식으로 답을 찾거나 질문을 생성하고 아이디어를 만들고 개선하는 과정에서 발현된다. IB 학교에서는 학생이 이러한 창의적 사고를 바탕으로 다양한 관점을 고려하고, 학습에 주도적으로 참여하도록 돕는다. 이를 위해 질문을 만드는 연습과 다양한 관점으로 생각해 보는 연습이 필요하다. 그래서 아이들과 함께 비판적 사고와 창의적 사고가 무엇인지, 왜 그런 사고 기능을 익혀야 하는지, 어떻게 시도해 볼 수 있는지를 생각하고, 수업을 통해 직접 연습해 볼 수 있도록 하였다.

비판적 사고의 경우 우리나라 교육과정에 제시된 성취기준 중 '비판적 사고'에 해당 되는 분석, 정리, 일반화, 평가 등과 관련한 요소를 추출하고 아이들의 수준에서 할 수 있는 것들을 선별했다. 이어서 비판적 사고와 관련한 탐구 질문을 설정하고, 비판적 사고를 익힐 텍스트나 자료도 준비했다. 이때 구조화가 가능하거나 단계가 있는 전략을 활용하면 더욱 수월하게 비판적 사고 기능을 가르칠 수 있다. 창의적 사고는 성취기준을 고려하기보다 실제로 창의적 사고 기능을 기르기 위해 아이들에게 필요한 기능이 무엇인지 선정하여 '다양한 관점으로 생각하기'와 '질문 생성하기'에 초점을 두어 수업을 설계하였다.

생각하는 방법을 배우는 수업을 통해 사고 기능을 익힌 아이들은, 생각하기가 요구되는 다른 학습에서도 이를 자연스럽게 전이하여 사용할 수 있다.

◆「생각하는 방법을 배우는 수업」 한 눈에 보기

<table>
<tr><td>일반화</td><td colspan="6">생각하는 방법을 배우는 것은 다양한 상황에서 올바른 판단을 하는 데 도움을 준다.</td></tr>
<tr><td>수업에서 다루는 기능</td><td>의사소통 기능</td><td>사고 기능</td><td>대인 관계 기능</td><td>조사 기능</td><td>자기관리 기능</td><td>심미적 기능</td></tr>
<tr><td>세부 기능</td><td colspan="6">비판적 사고, 창의적 사고</td></tr>
<tr><td>탐구 질문</td><td colspan="6">비판적, 창의적으로 생각하는 능력은 우리의 판단과 선택에 어떤 변화를 만들까?</td></tr>
<tr><td>관련 성취기준</td><td colspan="6">[4국01-01] 중요한 내용과 주제를 파악하며 듣고 들은 내용을 요약한다.
[4국02-02] 문단과 글에서 중심 생각을 파악하고 내용을 간추린다.
[4국02-04] 글에 나타난 사실과 의견을 구분하고 글쓴이와 자신의 의견을 비교한다.
[4국01-05] 목적과 주제에 알맞게 자료를 정리하여 자신감 있게 발표한다.
[6국02-04] 문제 상황과 관련된 다양한 관점의 글을 읽고 이를 문제 해결에 활용한다.
[6국03-04] 독자와 매체를 고려하여 내용을 생성하고 표현하며 글을 쓴다.</td></tr>
<tr><td>전략</td><td colspan="6">비판적 사고
- 벤 다이어그램으로 두 인물의 공통점과 차이점 찾기
- 의문 갖기 전략을 활용해서 인물 평가하기
- 인물들의 문제 해결 방법에 대해 일반화하기

창의적 사고
- 내용 질문과 생각 질문으로 질문 분류하기
- 질문 마라톤 전략으로 다양한 질문 만들기
- 만약에 전략으로 새로운 관점으로 생각하기
- 개념 노래를 활용하여 질문 만드는 연습하기
- 개념 렌즈를 활용한 질문 만들기 전략으로 다양한 질문 만들기</td></tr>
</table>

'비판적 사고'를 가르치다

STEP 1 비판적 사고를 어떻게 가르칠까?

비판적 사고 기능을 익힌 아이라면 어떤 행동을 보일까? ATL은 학생들이 배워야 하는 학습에 초점을 두기 때문에 그 기능을 충분히 익혔을 때 보이는 아이의 행동에 주목할 필요가 있다. IB는 초등부터 고등 교육 프로그램까지 연속적인 성격을 지니기 때문에 아이들이 익혀야 할 ATL도 학년이 올라갈수록 더 정교해지고 수준이 높아진다. 그럼 초등학교 수준에서 비판적 사고를 하는 아이는 어떤 특징을 보이는지 생각해 보자.

- 수집한 정보나 자료를 꼼꼼하게 분석하고, 그것들이 어떻게 연결되는지 질문한다.
- 주장이나 의견에 대한 근거를 찾거나, 이것이 사실인지 아닌지 검증한다.
- 선입견이나 편견 없이 정보를 평가한다.
- 여러 가지 의견이나 시각을 들어 보고, 다양한 관점에서 아이디어를 고려한다.
- 일반화된 주장이나 패턴, 결론을 분석하고 시험해 본다.
- 문제 해결이나 프로젝트 과정에서 더 좋은 방안을 제시한다.

이제 막 초등학교에 입학한 아이가 자신의 주장에 대한 근거 자료를 수집하고 분석하는 것은 어려운 일이다. 하지만 여러 사람의 다양한 생각을 들어 보는 것은 시도해 볼 만하다. 그렇다면 초등학교 중학년 정도의 아이들에게 비판적 사고를 어떻게 가르칠 수 있을까? 비판적 사고는 무엇인가를 분석하고, 평가하고, 자료를 정리하는 것 등 다양한 과정을 거쳐 형성된다. 4학년 아이들의 수준에서 비판적 사고 과정을 경험하고 연습할 수 있도록 벤 다이어그램으로 내용 분석하기, 주어진 자료에 대해 의문 갖기, 일반화 전략을 활용한 수업을 준비했다.

STEP 2 수업 전략

전략 ① 벤 다이어그램

비판적으로 생각하기 위해서는 대상의 특징을 정확하게 파악해야 한다. 이때 대상을 다른 대상과 비교해 보면 각자의 특징 중 두드러지는 부분을 분석할 수 있다. 그러한 점에서 벤 다이어그램은 무언가를 비교하거나 분석하기에 간단하면서도 유용한 틀이다.

벤 다이어그램은 시각적으로 의미하는 바가 직관적으로 보이고 표

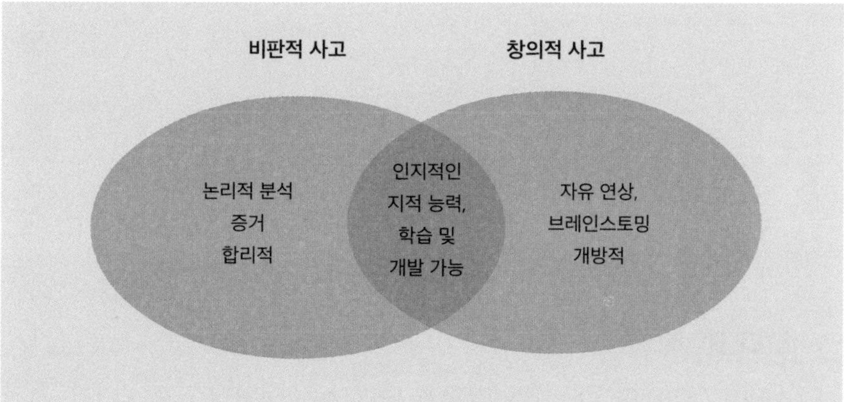

비판적 사고와 창의적 사고를 벤 다이어그램으로 분석한 예시

현하기 단순해서 초등학생들이 전략 자체를 이해하기 쉽다는 장점이 있다. 아이들은 두 대상의 공통점과 차이점을 벤 다이어그램에 정리하면서 자료를 더 꼼꼼하게 보게 되고, 비판적 사고의 하나인 분석하기를 연습할 수 있다.

전략 ② 의문 갖기

비판적으로 사고한다는 건 어떠한 정보나 의견을 그대로 받아들이는 것이 아니라 "정말 그럴까?", "왜 그럴까?" 등의 의문을 갖는 것이다. 우리가 무엇인가를 평가하거나 선택하는 순간을 떠올려 보자. 예를 들어 음식점의 높은 별점 리뷰를 보고 들어갔다가 실망한 경험이 한 번쯤은 있을 것이다. 음식의 맛이나 가게 분위기를 평가한 글을 읽을 때 좀 더 비판적으로 생각한다면 "혹시 광고성 홍보물은 아닐까?", "왜 소개 내용이 다 비슷할까?"처럼 의문을 가질 수 있다. 이러한 경험을 토대로 아이들에게 비판적 사고를 위한 '의문 갖기'를 가르치고자 했다. 의문의 형식은 아래와 같이 정해 주었다. 처음에 어떻게 질문을 해야 할지 모르는 아이들에게 자기 생각을 꺼내서 표현할 수 있다는 점에서 유용한 전략이다.

의문의 형식

왜 (등장인물) 은/는 ______ 할까? 내 생각은 ______ 인데.

전략 ③ 일반화

우리는 매 순간 생각하고, 판단을 내리고, 무엇인가를 결정한다. 결정할 때에는 그동안 겪었던 자신의 경험이나 배경지식, 다른 사람들의 조언

등을 고려하여 최적의 선택을 위해 애쓴다. 구체적인 사실이나 자료 등을 연결하고 개념으로 통합하여 결론을 내리는 과정이자 결과가 바로 '일반화'이다. 이 과정을 거치는 데 필요한 능력이 고차원적인 비판적 사고 기능이다. 예를 들어 '내가 모르는 사람에 대한 이야기를 들었을 때는 한 번 더 사실인지 확인하는 게 좋다'라는 문장은 무수한 경험들을 연결짓고 통합하는 사고 과정을 거쳐 형성된 자신만의 일반화 문장이다. 하지만 경험을 통한 일반화를 모든 상황에 적용할 수는 없기에, 자신이 내린 결론을 다시 비판적으로 검토하고 살펴보는 과정이 필요하다. 일반화를 쉽게 이해할 수 있는 하나로는 '속담'이 있다. 예를 들어 '소 잃고 외양간 고친다'는 미리 준비하지 않고 있다가 손해를 본 숱한 사례가 공통의 이해를 거쳐 하나의 문장으로 굳어진 것이다. 하지만 일반화를 비판적으로 검토하는 것이 필요하다는 말은 여기에서도 적용할 수 있는데, 미리 준비하는 것이 항상 맞는 것만은 아닐 수도 있기 때문이다(너무 일찍 준비해서 일이 취소되는 경우 비용이나 다른 손해도 발생할 수 있다). 일반적이라고 해서 모든 경우에 그렇지는 않다는 것을 이해하는 데에도 비판적 사고가 필요하다.

STEP 3 수업 준비하기

수업 안내

비판적 사고 수업은 학년과 상황에 따라 재구성할 수 있지만, 4학년을 대상으로 총 8차시 수업으로 계획할 수 있다. 1차시에는 비판적 사고를 배우는 것의 중요성을 함께 생각하고, 2차시에는 수업 자료인 동화 『마법사 똥맨』을 듣거나 읽는 과정을 통해 내용을 충분히 이해한다. 3차시부터 벤 다이어그램 전략을 활용하여 책 속 나타나는 주요 등장인물 두 명을 선택하여 공통점과 차이점을 찾아 분석하는 비판적 사고 활동을 본격적으로 시작한다. 5~6차시에는 줄거리 중 기억에 남는 사건과 인물의 말과 행동을 요약하고 여기에 의문을 갖는다. 마지막으로 7~8차시에는 책에서 벌어지는 사건에 대한 인물들의 해결 방법을 정리하고 종합하여 아이들이 일반화할 기회를 제공한다.

비판적 사고를 가르치는 수업 안내

대상 학년	수업에서 다루는 ATL 기능
4학년	사고 기능 > **비판적 사고**
차시	**수업 내용**
1차시	비판적 사고가 왜 중요한지 생각하기
2차시	『마법사 똥맨』 듣거나 읽기
3~4차시	**벤 다이어그램**으로 두 인물의 공통점과 차이점 찾기
5~6차시	**의문 갖기 전략**을 활용해서 인물 평가하기
7~8차시	인물들의 문제 해결 방법에 대해 **일반화**하기

수업 자료

비판적 사고를 위한 수업 자료로 공공연한 사실이나 과학적인 원칙, 원리를 사용하기는 어렵다. 반면 동화에는 등장인물과 그들에게 일어나는 사건과 배경, 주변 인물, 문제 해결의 방법이 서사적으로 그려져 있다. 그렇기에 인물을 분석하고, 평가하고, 인물의 생각이나 행동을 바탕으로 일반화를 하는 비판적 사고를 기르는 수업에서 동화를 활용할 수 있다. 동화를 선정할 때는 수업 대상인 4학년 아이들의 실생활과 연결되어 있는지, 또래 친구들이 등장하는 책인지, 아이들이 주체적으로 생각하고 문제를 해결해 나가는 내용인지 고려하였고, 송언 작가의 『마법사 똥맨』을 선택했다. 초등학교 3학년인 두 아이를 통해 학교에서 화장실에 가는 것에 대한 상반된 태도를 볼 수 있어 비판적 사고를 익히는 수업에 적합하다고 보았다.

자료 내용 미리 보기

『마법사 똥맨』 송언 글, 김유대 그림, 창비	별명이 '똥맨'인 고귀남은 학교에서 못 말리는 장난꾸러기이다. 선생님에게도 늘 혼나지만 항상 당당하다. 반면 박동수는 2학년 때 학교에서 똥을 싸다가 친구들에게 놀림을 받고 '똥수'라는 별명까지 얻게 된 기억 때문에 학교에서 똥 싸는 것을 어려워한다. 둘은 짝꿍이지만 서로 많은 면이 다르다.

STEP 4 수업 진행하기

1차시 비판적 사고가 왜 중요한지 생각하기

아이들에게 '비판'이라는 단어를 들으면 어떤 생각이 드는지 묻자 '잘못을 지적하는 것'처럼 부정적으로 느끼는 경우가 많았다. 그래서 수업을 시작하기 전에 '비판적 사고'의 개념 자체를 명확하게 하는 것이 필요하다고 생각했다. 아이들과 함께 비판적 사고의 정확한 뜻을 알아보기 위해 사전을 찾아보며 이야기를 나누었다. 비판적 사고는 어떤 하나에 치우치지 않고 합리적으로 분석하고 이해하고 결정하는 사고를 말한다. 이를 바탕으로 비판적 사고를 배우는 것이 왜 중요한지 생각하고, 짝과 생각을 나누고, 전체와 공유하는 시간을 가졌다. 아이들은 다른 친구의 말만 듣고 오해했다가 사이가 멀어지는 경우, 물건을 살 때 순간 마음에 드는 점만 보고 덜컥 사 버린 경우, 짧은 영상 매체를 보고 잘못된 뉴스를 믿는 경우 등 일상에서 비판적 사고가 필요한 경우가 많다는 것을 서로의 이야기를 통해 이해할 수 있었다. 그 후 아이들에게 또래가 등장하는 동화를 통해서 비판적 사고를 하는 연습을 해 보자고 제안하며 수업 자료인 『마법사 똥맨』을 소개했다.

2차시 『마법사 똥맨』 듣거나 읽기

앞에서도 동화를 이용한 수업이 있었지만, 자료로 사용할 때는 내용을 충분히 이해할 수 있도록 듣거나 읽는 시간을 주어야 한다. 따라서 아이들이 시간을 두고 읽을 수 있게 학교 도서관이나 학급에 여유분의 책을 미리 준비하고, 아이들에게도 사전에 안내하였다. 간혹 책 읽는 속도나 이해하는 수준이 다른 경우 오디오북을 활용하거나, 여러 번 반복해서 읽거나 듣게 한다. 특히 반복해서 이야기를 들으면 이미지로 전환되는 과정이 빠르게 진행되어 내용에 대한 이해가 깊어진다. 반 전체가 읽는 시간을 정해 같이 읽거나 줄거리 발표나 요약하기를 통해 내용을 스스로 정리하는 시간을 주어도 좋다. 내용 자체를 깊이 있게 이해했을 때 수업에서도 의미 있는 산출물이 나오는 경우가 많다.

3-4차시 벤 다이어그램으로 공통점과 차이점 찾기

아이들은 『마법사 똥맨』을 읽고 두 인물의 공통점과 차이점을 찾아 벤 다이어그램에 정리하며 비교하는 활동을 했다. 겹치지 않는 양쪽에는 두 인물의 이름과 차이점을 쓰고, 가운데에는 공통점을 쓰게 했다. 아이들이 최대한 많이 생각할 수 있게 각각 다섯 가지 이상 적으라고 하였다.

벤 다이어그램을 활용해서 두 인물을 분석할 때 간혹 책 밖의 내용 혹은 '머리카락이 있다', '사람이다' 처럼 너무 뻔한 차이점이나 공통점을 적는 경우가 있다. 이럴 때는 책 속에 나온 내용을 근거로 해서 찾도록 해야 한다. 아이들은 이런 점을 어려워하면서도 애를 쓰며 책 내용을 떠올리고, 찾아보면서 열심히 써 내려갔다. 쓰고 나서는 친구들과 바꿔 보며 자신에게는 없는 부분을 찾아 의견을 교환하는 시간을 가졌다. 아이들이 벤 다이어그램을 통해 찾아낸 두 인물의 차이점과 공통점을 살펴보자.

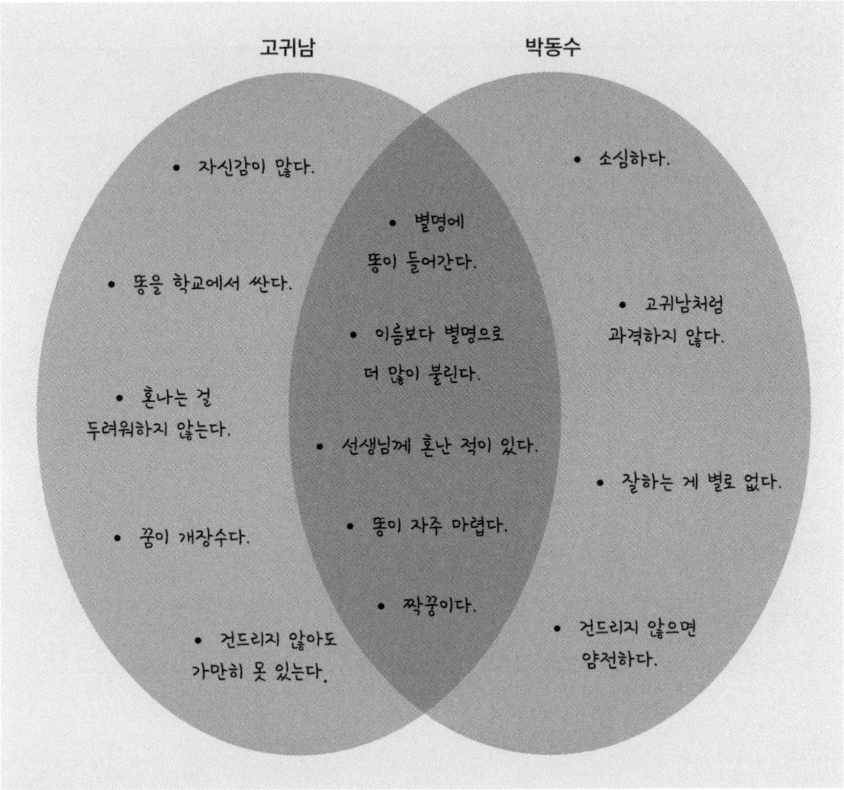

아이들이 벤 다이어그램으로 분석한 고귀남과 박동수

고귀남과 박동수의 차이점

고귀남	박동수
• 씩씩하다.	• 소심하다.
• 장난꾸러기다.	• 사고뭉치가 아니다.
• 똥 싸는 걸 당연하다고 생각한다.	• 똥 싸는 걸 부끄러워한다.
• 선생님한테 많이 혼나도 당당하다.	• 선생님 말을 잘 듣는다.
• 창피함이 없고 장난이 많다.	• 겁이 많다.
• 자신감이 있고 친구들에게 먼저 말을 건다.	• 똥수라고 불리는 걸 싫어한다.
• 장래희망이 개장수다.	• 안경을 썼다.
• 친구들을 자주 웃긴다.	• 처음에는 똥을 못 쌌지만 나중에 고귀남의 도움으로 똥을 시원하게 싼다.
• 할머니를 싫어한다.	• 부메랑을 뺏길 뻔했다.
• 동수의 부메랑을 찾아주었다.	

고귀남과 박동수의 공통점

- 둘 다 남자이다.
- 초등학생이고 같은 반이다.
- 짝꿍이다.
- 둘 다 별명에 '똥'이 들어간다.
- 둘 다 선생님에게 거짓말을 했다.
- 서로 의지한다.
- 선생님한테 혼난 적이 있다.
- 똥이 자주 마렵다.
- 선생님 사진에 절을 했다.
- 고귀남과 박동수는 둘 다 별명으로 더 많이 불린다.

아이들이 쓴 내용을 보면 사건과 관련된 인물의 특징이 구체적으로 드러난 편이다. 또 여러 번 읽은 아이일수록 자세하고 더 많은 내용을 찾아냈다. 벤 다이어그램으로 두 인물의 특징을 분석했을 때 아이들은 어떤 것을 느꼈을까?

- 즉흥적으로 쓸 때는 기억이 잘 안 났는데, 칸을 나누고 그 안에 쓰니 뭔가 전문가가 된 것 같아서 더 잘 기억나고 친구와 의견을 나누니 더 즐겁게 느껴졌다.
- 만약 내가 과학자나 수학자가 되면 이런 비판적 사고가 많이 필요한 것 같고, 표(벤 다이어그램)를 만들어서 논문을 발표하거나 그럴 때 사용할 수 있을 것 같다.
- 등장인물의 특징을 설명하는 데 도움이 되는 것 같다.
- 벤 다이어그램을 사용하니 정리하기 편하고 그 내용을 알아보기가 쉽다.

야구를 좋아하는 한 아이는 비판적 사고 수업을 하는 도중에 주말에 야구 수업을 받고 돌아와서 아빠가 찍어 주신 자신의 연습 영상을 봤을 때가 떠올랐다고 했다. 영상을 보고 분석하면서 타격 자세나 야구 배트 잡는 방법을 바꿀 수 있었는데 그런 게 비판적 사고 같다는 것이었다. 또 방과후 학교 프로그램을 신청할 때 자기가 원하는 두 가지를 이렇게 비교해 보면 결정하는 데 도움이 될 것 같다고 말한 아이도 있었다. 영화 보는 걸 좋아하는 아이는 영화를 보고 나서 주인공을 벤 다이어그램으로 분석하면 인물들의 관계나 특징을 더 잘 알 수 있어서 이해가 더 잘될 것 같다고 했다.

5-6차시 의문 갖기 전략을 활용해서 인물 평가하기

다음으로는 책 속 인물의 말과 행동에 대해 아이들이 의문을 갖는 시간을 가졌다. 의문을 갖기 전에 아이들은 줄거리에서 기억에 남는 사건을 정리하고, 사건의 중심인물을 찾았다. 그다음에는 사건을 더 풀어서 쓸 기회를 주었다. 아이들이 선택할 수 있도록 인물 또는 인물의 관계를 중심으로 풀어 쓰는 두 가지 방법을 제시했다. 아이들은 쓴 내용을 바탕으로 의문을 만드는데 이때, 앞서 설명한 '의문의 형식(왜, 주어, 내 생각, 물음표)'을 사용하게 한다. 내 생각에 무엇을 써야 하는지 아이들이 궁금해하면 교사는 "그게 궁금한 이유가 뭔지 더 생각해 보자"라고 말하며 생각하는 것을 도와준다.

중심인물을 '고귀남'으로 정한 아이는 '고귀남이 1교시 국어 시간에 선생님이 피리 부는 사나이를 읽어 주는데 선생님을 약 올렸다'라는 사건을 풀어 썼다. 그러고 나서 아이가 가진 의문은 다음과 같다.

- 왜 고귀남은 수업 시간에 장난을 쳤을까? 수업 시간에 집중하면 더 똑똑해지고 혼나지 않는데 왜 그랬을까?
- 왜 고귀남은 선생님이 읽어주는 피리 부는 사나이를 듣지 않고 장난쳤을까? 이야기를 들으면 더 재미있을 텐데.

아이의 의문에는 수업 시간에 장난을 친 고귀남에 대한 평가가 포함되어 있다. 아이는 수업 시간에 집중하면 똑똑해지고 혼나지 않을 거라는 자기만의 생각을 갖고 있었기에 고귀남의 행동에 질문을 던졌다. 아마 수업 시간에 장난을 치거나 선생님의 이야기를 듣지 않는 것에 동의하지 않거나 뭔가 본인과는 다르다고 판단했을 것이다. 책 속 인물을 어떻게 평가했는지 확인할 수 있는 다른 의문도 살펴보자.

- 아이들은 왜 똥을 싼다고 박동수를 놀렸을까? 그건 자연적인 현상인데.
- 박동수는 왜 고귀남이 배추 때문에 잘못을 뒤집어썼을 때 정직하게 말하지 못했을까? 내가 고귀남이라면 너무 억울할 것 같아 궁금하다.

의문 갖기를 통해 아이들은 등장인물이 왜 그런 말 또는 행동을 했을지 전체 맥락 속에서 파악하며 사건을 한 번 더 비판적으로 생각하게 된다. 교사는 아이들이 쓴 의문을 읽으면서 그들이 어떻게 생각하고 판단하는지 알 수 있다. 의문 갖기로 끝내지 않고 친구들과 서로 질문을 주고받으며 답을 해주면 좋다. 그 과정에서 친구의 의문을 더 집중해서 읽게 되고, 다양한 관점을 발견할 수 있기 때문이다.

7-8차시 인물들의 문제 해결 방법에 대해 일반화하기

일반화하기는 아이들이 가장 어려워했던 활동이다. 일반화는 우리나라 교육과정의 '핵심 아이디어', IB 프로그램에서는 '중심 아이디어'와 같은 맥락으로 볼 수 있다. 즉 아이들이 궁극적으로 도달해야 하는 깊이 있는 이해를 하나의 문장으로 표현한 것이다.

『마법사 똥맨』을 읽고 어떻게 일반화를 해 볼까 고민하다가, 동화는는 주인공이 문제 또는 시련에 놓이고, 그것을 해결해 나가며 이야기가 전개된다는 사실이 떠올랐다. 책을 읽다 보면 독자는 어느새 주인공과 같이 사건을 풀어 가는 느낌이 들거나, 책 속 주인공이 사용한 방법을 내 삶에서 적용하고 싶은 마음이 든다. 그래서 아이들에게 책 속 등장인물 두 명 또는 세 명을 선택해서 그들이 겪는 문제와 해결 방법을 조사하게 했다. 이 과정에서 예상치 못한 일도 있었다. 해결 방법을 쓸 때는 주요 인물들이 책 속에서 문제를 해결한 방법을 찾아야 하는데, 많은 아이들이 자기가 생각한 해결 방법을 쓰는 경우가 많았다. 평소 독자로 동화를 읽고 있다 보니 주인공의 입장에서 생각하거나 정리해 본 경험이 많지 않아서인 듯했다.

주요 인물이 고민한 문제와 해결 방법

① 주요 인물 1 이름	④ 주요 인물 2 이름
박동수	고귀남
② 주요 인물 1이 고민한 문제	⑤ 주요 인물 2가 고민한 문제
체육 시간에 노란색 부메랑을 잃어버렸다. 분명 동수의 것인데 양만호가 갖고 있었다. 동수는 억울해 했다.	귀남이가 실수로 상추를 뽑았는데 그 장면을 3학년 5반 아이한테 들켰다. 그래서 선생님께 불려 가게 되었다.
③ 해결 방법	⑥ 해결 방법
동수는 부메랑 사건을 선생님께 일러바쳐 문제를 해결하려고 하는데 만호가 자꾸 우겨 해결을 못했다. 그런데 귀남이가 해결했다.	선생님은 10분 엎드려뻗쳐 시키고 반성문을 쓰게 했다. 고귀남은 끙끙대면서 반성문을 썼다.

위의 내용처럼 아이들 각자 두 인물이 고민한 문제와 해결 방법을 정리한 다음, 그것에 대한 각각의 장단점을 친구와 논의하는 과정을 가졌다. 이때 아이들은 주인공이 사건을 해결한 방식을 비판적으로 생각하게 되고, 다른 친구의 의견을 들으면서 서로의 생각을 비교할 수 있다. 바로 일

반화에 들어가는 경우 구체적이지 않거나 너무 광범위한 일반화를 만들 수 있기 때문에, 이 과정이 필요하다. 그다음 두 인물의 해결 방법에서 공통점을 찾아 "둘 다 친구나 선생님을 통해 문제를 해결했다"라는 아이들 수준에서의 일반화 문장을 만들었다. 일반화 문장을 쓰고 나서는 여기에 다시 의문을 가졌다.

"왜 두 주인공은 문제를 스스로 해결하지 못하고 다른 사람을 통해 해결했을까?" 여기에서 '스스로 해결하지 못하고'가 바로 아이의 생각이다. 아이는 주인공들이 선생님이나 친구의 도움이 아니라 스스로 해결했으면 하는 바람이 있었던 것이다. 이처럼 자신이 만든 일반화에 다시 의문을 가져 봄으로써 앞에서 배웠던 '의문 갖기' 전략을 한 번 더 활용할 수 있고, 자신의 일반화를 비판적으로 생각해 볼 수 있다.

STEP 5 수업 성찰하기

결론적으로 말하면 아이들은 일반화를 굉장히 어려워했다. 이유를 물어 봤더니 "고민을 쓰고 해결 방법을 쓰는 건 단순해서 쉬웠는데 일반화를 하는 건 생각을 더 많이 해야 하고 복잡해서 어려웠다"는 답이 돌아왔다. 아이들의 의견을 듣고 나니, 일반화를 하기 전에 몇 가지 일반화 문장의 예시를 제시하거나('책 속 주인공들은 문제 상황에서 또래 친구들과 힘을 합쳐서 해결해 간다', '주인공은 어려움이 닥쳐도 피하지 않고 재치를 발휘해서 헤쳐 나간다' 등), '주인공은 (　　　　)의 방식으로 사건의 문제를 해결한다'처럼 일반화 문장의 빈칸을 채우게 하는 등 일반화를 차곡차곡 밟아갈 수 있는 단계를 추가해 생각을 구체화하는 과정을 넣어야겠다는 생각이 들었다.

이번 수업은 교사도 학생들도 끊임없이 생각해야 하는 시간이라서 쉽지만은 않았다. 하지만 함께 책을 읽고, 다양한 활동으로 비판적으로 생각하는 방법들을 계속 활용할 수 있다면 자신의 생각을 분석하고 정교화하는 데 있어 강력한 학습 도구가 될 것이다. 또 학교에서 배운 것을 아이들이 자신의 삶에서도 적용하며 충분히 전이할 수 있다는 걸 느꼈고, 그것이 바로 교사로서 아이들에게 비판적으로 사고하는 법을 가르쳐야 하는 이유 중 하나임을 깨달았다.

● 수업 자료 모음

수업에 활용한 활동지	· 벤 다이어그램 활동지 · 의문 갖기 활동지 · 일반화하기 활동지 * QR을 촬영하면 수업에 활용한 활동지를 살펴볼 수 있습니다.
도움이 되는 자료	· 『왜 비판적으로 사고해야 하는가』(리처드 폴·린다 엘더, 궁리) · 『비판적 사고 가르치기』(벨 훅스, 피와이메이트) · 창비 오디오스쿨 (https://audioschool.kr/audio)

'창의적 사고'를 가르치다

STEP 1 창의적 사고를 어떻게 가르칠까?

창의성은 타고나는 능력일 뿐만이 아니라, 교육을 통해 충분히 길러질 수 있는 역량이다. 특히 2022 개정 교육과정에서는 '창의적 사고 역량'을 핵심역량 중 하나로 제시하며, 모든 교과에서 이를 함양하는 것을 중요한 목표로 삼고 있다. 창의적 사고란 기존의 틀을 벗어나 사고의 폭을 넓히는 것을 의미한다.

창의적 사고를 하는 아이는 어떤 특징이 있을까?

- 관찰한 사실에서 패턴을 찾아 탐구할 질문으로 전환한다.
- 다양한 관점에서 아이디어를 확장한다.
- 제한된 시간 안에서 아이디어를 많이 만들고 결합하거나 용도를 바꾸어 본다.
- 그림이나 글 등 다양한 방법으로 생각을 가시화한다.

그렇다면 창의적으로 생각하는 방법은 구체적으로 어떻게 가르칠 수 있을까? 창의적 사고를 기르기 위한 수업 방법으로, '질문 만들기'와 '다양한 관점으로 생각하는 연습'을 수업에 활용할 수 있다. 교사는 학생들에게 좋은 질문을 기대하지만, 질문을 만드는 것 자체가 연습을 필요로 하는 고차원적인 사고 활동이다. 질문 생성 과정에서 관찰·분석·추론·상상이 결합하기 때문이다. 그래서 이 과정 자체가 학생들의 창의적 사고를 자극하고 성장시킨다. 아이들이 다양한 관점에서 생각하고, 질문을 만들 수 있도록 질문의 유형을 명시적으로 가르쳐 주고, 다양한 관점에서 질문을 만들 수 있는 여러 전략을 활용하고자 한다.

STEP 2 수업 전략

전략 ① 질문 분류하기

질문을 분류해 보는 활동은 아이들의 사고를 구조화하고, 창의적인 질문을 만들어 낼 수 있는 튼튼한 기반이 된다. 질문을 만들기 전에 분류 기준을 익히면, 생각의 방향을 잡고 다양한 질문을 시도해 볼 수 있다. 질문 분류의 기준은 다양하다. 일반적으로 육하원칙이나 정답의 유무 등으로 나눌 수도 있지만, 그림책을 읽은 후 할 수 있는 질문의 성격에 따라 다음과 같이 크게 두 가지 유형으로 나눌 수 있다.

- 내용 질문(Content questions) 책 속에서 바로 찾을 수 있는 사실이나 정보를 묻는 질문
  예) 주인공은 어디에 살았나요?

- 생각 질문(Thinking questions) 자신의 이유, 견해, 가능성 등을 바탕으로 답해야 하는 질문
  예) 왜 주인공은 그런 선택을 했을까요?

질문 분류하기 전략은 약 10분 동안 진행할 수 있다. 먼저 두 가지 질문에 대해서 모둠별로 한 명씩 돌아가며 질문을 읽는다. 그런 다음 질문을 듣고 내용 질문인지 생각 질문인지 의견을 나눈다. 모든 질문에 대한 분류

가 끝난 후, 질문에 대한 답을 해 보고 좋은 질문에 투표하는 것으로 마무리한다.

아이들이 내용 질문과 생각 질문에 대한 경험이 없다면, 교사가 미리 준비한 질문을 가지고 분류하는 활동부터 시작하는 것이 좋다. 아이들이 질문 유형을 익힌 후에는 직접 질문을 만든 뒤 분류하는 활동으로 확장할 수 있다. 이때는 '질문 마라톤 전략'(전략 ②)으로 만든 질문을 모둠 간에 바꿔서 분류해 보는 방식도 효과적이다

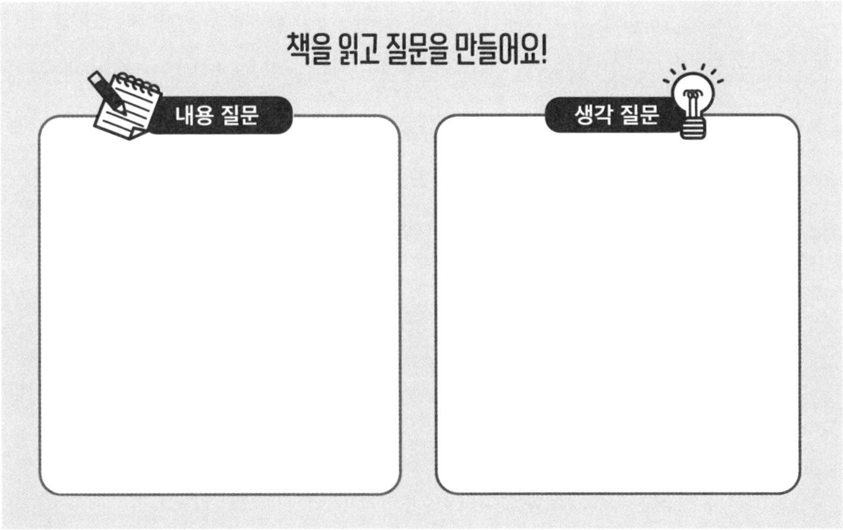

내용 질문과 생각 질문 활동지

전략 ② 질문 마라톤

질문 마라톤 전략은 주어진 시간 안에 가능한 한 많은 질문을 만들어 내는 전략이다. 이 전략의 핵심은 쉬지 않고 꾸준히 질문을 생성하는 것이며, 목표는 정답을 찾는 것이 아니라 자유롭게 생각을 확장하며 다양한 질문을 만들어 보는 데 있다. 그림책을 읽은 후 질문 마라톤 전략을 적용

할 때는, 본격적인 질문을 만들기 전에 그림책의 내용을 충분히 이해하는 과정이 필요하다. 그래서 '주인공은 누구인가?', '어떤 사건이 있었는가?' 등 주요 내용 질문에 답을 해보는 활동을 한 후, 모둠이나 짝과 함께 돌아가며 '1분 동안 이야기 기억하여 말하기' 활동을 진행한다. 질문을 만들기 위해서는 이야기의 줄거리에 대한 이해가 충분해야 하기 때문이다. '기억하여 말하기' 활동이 익숙하지 않은 아이나 책의 내용이 다소 복잡하거나 긴 경우에는 시각적 도구를 활용할 수 있다. 등장인물 카드를 제시하거나 주요 사건을 정리한 장면 사진을 보여 주기, 등장인물이 많은 경우에는 인물 관계도를 함께 보여 주기 등이다. 이러한 활동은 아이들이 이야기 내용을 명확히 기억하고, 질문 마라톤 전략을 더욱 효과적으로 활용할 수 있도록 도와준다.

전략 ③ 만약에

만약에 전략은 자유로운 상상을 통해 창의적 사고를 유도하는 활동이다. "만약 전기가 없다면?", "만약 비가 그치지 않는다면?", "만약 동물들이 말을 할 수 있다면?"과 같이 상상력을 자극하는 조건을 제시하면 아이들은 익숙한 사물이나 현상을 낯선 시각으로 바라보고 문제 상황을 새롭게 정의하게 된다. 이 전략은 특히 '변화', '연결성', '관점' 같은 개념과 연결될 수 있으며, 문제를 상상하고 해결 방안을 구상하는 사고 과정을 통해 자신의 생각을 말하거나 쓰는 활동으로 확장할 수 있다. 창의적인 스토리텔링, 극본 쓰기, 포스터 만들기 등 다양한 표현 활동과 연계하면 효과가 더욱 높아진다. 교사가 '만약에' 카드를 제작하여 나눠주고, 익숙해지면 아이들이 직접 제작하여 활용할 수도 있다.

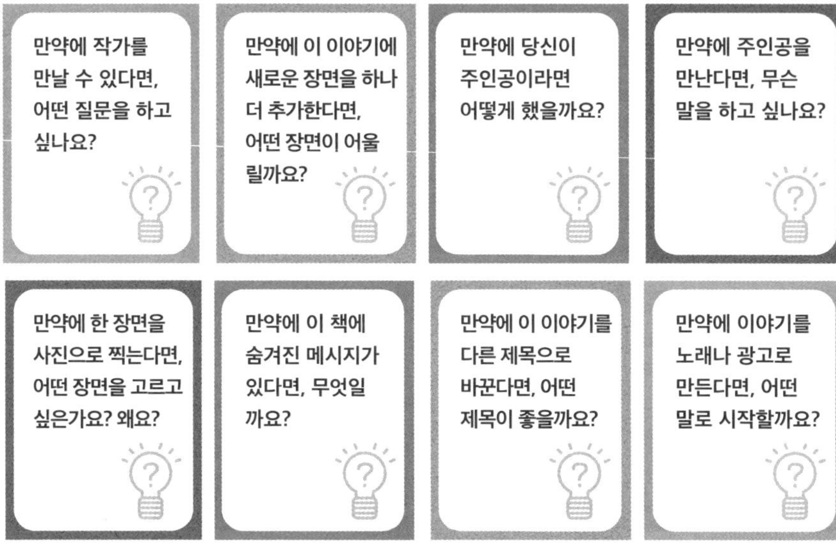

'만약에' 카드 질문 예시

전략 ④ '개념 노래' 활용하기

하나의 주제에 대해 다양한 질문을 만드는 일은 창의적 사고의 발판이 된다. 질문의 폭과 깊이를 넓히기 위해서는 세상을 여러 시각에서 바라볼 필요가 있다. 이러한 다각적 시각을 가능하게 하는 것이 IB에서 말하는 '명시된 개념'이다. 이를 '개념적 렌즈'라고 부르기도 하는데, 어떤 렌즈를 통해 보느냐에 따라 같은 사물도 다양하게 생각해 볼 수 있어, 사고의 폭을 넓혀 준다.

IB PYP에서는 아이들이 세상을 다양한 관점에서 이해하도록 일곱 가지 명시된 개념을 제시한다. 형태, 기능, 인과관계, 변화, 연결성, 관점, 책임을 포함하는 명시된 개념은 복잡한 주제를 탐구하고 질문을 구성하는 데 도움을 주는 사고의 틀로서, 학습자가 내용을 깊이 있게 이해하게 하고 풍부한 질문을 만들 수 있도록 돕는다.

- 형태 사물이나 개념이 어떤 모양이나 특징을 가지는지 탐구할 수 있다.
- 기능 그것이 어떻게 작동하며, 어떤 역할을 하는지 주목할 수 있다.
- 인과관계 어떤 일이 왜 일어났는지를 원인과 결과의 관점으로 살펴볼 수 있다.
- 변화 시간의 흐름에 따라 무엇이 달라졌는지를 이해하게 한다.
- 연결성 사물이나 사건이 다른 요소와 어떤 관련이 있는지를 파악하게 한다.
- 관점 서로 다른 입장에서 바라볼 때 어떤 생각의 차이가 있는지를 이해하도록 한다.
- 책임 개인이나 집단이 어떤 선택을 해야 하고, 그 선택에 따라 어떤 실천을 해야 하는지를 고민하게 한다.

예를 들어 "식물의 뿌리는 어떻게 생겼는가?"라는 질문은 '형태'의 렌즈로 바라볼 때 만들어질 수 있다. '기능'의 렌즈로 질문을 만든다면 "식물의 뿌리는 어떤 역할을 하는가?"라고 물을 수 있다. 이처럼 어떤 렌즈로 바라보느냐에 따라 다른 질문이 만들어질 수 있다. 이는 아이가 하나의 주제 또는 사물을 다양한 관점에서 질문하도록 도와주며, 폭넓게 생각해 볼 수 있게 한다.

그렇다면 교사가 명시된 개념을 이해하는 것은 어떤 도움이 될까? 교사 역시 탐구의 흐름을 설계할 때, 명시된 개념이 탐구의 범위를 설정하는 유용한 도구가 된다. 예를 들어 '동물'이라는 주제를 가르친다고 해 보자. 명시된 개념 중 어떤 개념적 렌즈로 탐구를 설계할 것인지에 따라 학습 내용이 달라질 수 있다. '변화'의 렌즈로 탐구한다면, 아이들은 동물의 한살이를 중심으로 변화의 과정을 탐구할 수 있다. '인과관계'의 렌즈를 사용하면, 환경 변화에 따라 동물이 왜 적응해 왔는지를 탐구하게 된다. '연결성'의 렌즈를 선택하면, 동물과 우리 생활의 관련성을 중심으로 탐구할 수 있다. 이처럼 교사가 일곱 가지 개념 중 어떤 렌즈를 선택하는지에 따라 탐구의 초점이 달라진다.

명시된 개념은 탐구 수업을 시작하기 전에 학생과 교사가 먼저 공통으로 이해해야 한다. 이를 쉽게 익히기 위해 '개념 노래'를 활용할 수 있다.* 이 노래는 '탐구는 질문에서 시작하고, 좋은 질문은 다양한 렌즈로 바라볼 때 나온다'는 메시지와 함께 일곱 가지 명시된 개념을 핵심 질문과 짝지어 소개한다. 아이들은 반복해 듣고 따라 부르며 개념을 자연스럽게 익히고, 이후 각 렌즈를 활용해 스스로 질문을 만들 준비를 갖추게 된다.

명시된 개념 노래 영상

* QR을 촬영하면 일곱 가지의 명시된 개념을 쉽게 이해할 수 있는 노래를 들을 수 있습니다.

전략 ⑤ **개념 렌즈를 활용한 질문 만들기**

명시된 개념은 아이들이 깊이 있는 탐구 질문을 만들도록 돕는 유용한 도구다. 각각의 렌즈를 통해 아이들은 하나의 주제를 다양한 시각으로 바라볼 수 있다. 예를 들어 '환경 문제'를 일곱 가지 렌즈를 통해 바라보고

---

* 개념 노래는 2024년 10월 31일 Suno AI를 활용해 제작했다. 당시 학생들이 일곱 가지 개념 용어를 어려워하는 모습을 보고, 조금 더 즐겁게 다가갈 수 있는 방법을 고민했다. 여러 번 시도한 끝에 반복적인 가사와 단순한 멜로디로 된 노래를 골라 영상으로 만들었고, 학교의 모든 학생들이 함께 부르며 개념 용어에 친숙해질 수 있도록 했다.

『교실로 들어온 IB 학습접근방법』 활동지 ⑮

개념 활동지
어떤 렌즈로 만든 질문일까요?

________ 초등학교 _____학년 _____반 이름 ________________

개념 렌즈	형태	기능	인과관계	변화	연결성	관점	책임

관련 질문	명시된 개념
1 로봇은 어떻게 생겼나요?	
2 왜 블록이 무너졌을까요?	
3 놀이가 끝나면 무엇을 정리해야 할까요?	
4 시간이 지나면 비눗방울은 어떻게 되나요?	
5 비눗방울 놀이를 안전하게 하려면 어떻게 해야 할까요?	
6 사람과 동물은 어떻게 서로 도움을 주고 받나요?	
7 우산은 언제 사용하나요?	
8 친구는 어떤 놀이를 좋아할까요?	
9 사과는 무슨 색이에요?	
10 왜 꽃에 물을 주어야 할까요?	
11 신발은 왜 신고 다니나요?	
12 씨앗이 자라면 무엇이 되나요?	
13 어떤 동물을 가장 좋아하나요?	
14 우리 동네 사람들은 어떻게 서로 도와줄까요?	

사회평론아카데미

개념 활동지(저학년용)

질문을 만들면 다음과 같다.

- 형태 환경 문제에는 어떤 종류와 특징이 있나요?
- 기능 대중교통은 환경 문제를 줄이는 데 어떤 역할을 하나요?
- 인과관계 왜 환경 문제가 생겼나요?
- 변화 과거와 지금은 어떻게 달라졌고, 앞으로 어떻게 변할까요?
- 연결성 환경 문제와 우리의 생활 방식과 건강 등은 어떻게 관련되어 있나요?
- 관점 사람이나 집단에 따라 환경을 바라보는 생각은 어떻게 다를까요?
- 책임 개인·지역 사회·기업·국가는 환경을 위해 무엇을 해야 하나요?

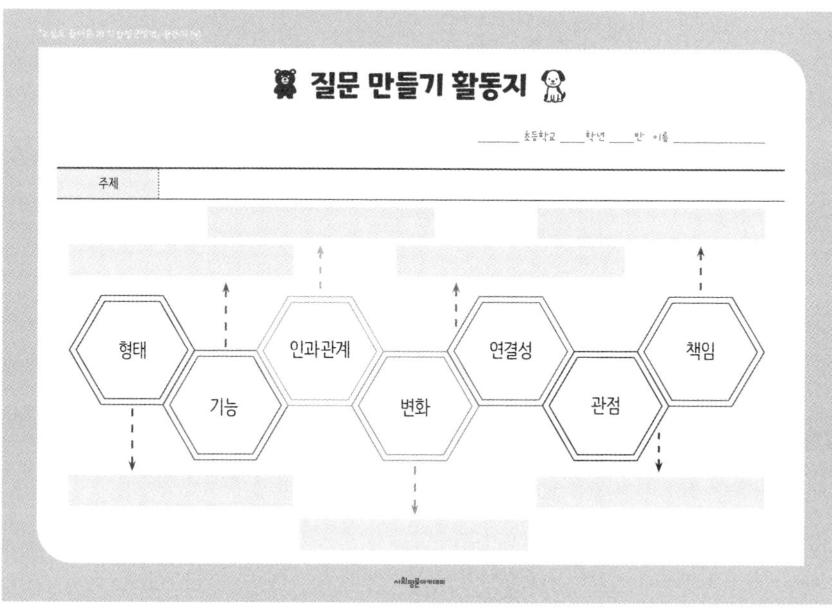

질문 만들기 활동지

하나의 주제에 대해 다양한 렌즈로 질문을 만드는 활동은 생각하는 힘을 길러 준다. 또한 자신이 만든 질문을 친구들과 나누고 함께 분류하거나 수정하면서, 사고의 유연성과 협업 능력도 함께 기를 수 있다. 개념 활동지를 활용해 '이 질문은 어떤 렌즈로 만든 질문일까?'에 대해 개별 또는 짝 활동으로 풀어 보게 하고, 익숙해지면 명시된 개념으로 질문 만들기를 진행한다. 저학년은 연필이나 로봇 등 구체적인 물건을 대상으로 진행하는 것이 좋고, 고학년이나 명시된 개념에 익숙한 아이들을 대상으로는 우정, 웰빙, 인권 등 추상적 주제로 확장해 적용하는 것이 좋다.

STEP 3 수업 준비하기

수업 안내

창의적 사고를 위한 질문 만들기 수업은 총 1~4차시로 구성할 수 있다. 질문 만들기만 진행할 경우 1차시로도 운영이 가능하며, 그림책과 연계할 경우 2~4차시 구성이 적절하다. 이 수업은 5학년을 대상으로 그림책을 활용하여 다양한 관점에서 생각하고 질문을 만들어보는 과정에 중점을 두어, 총 4차시로 진행되었다. 이 수업은 1~2차시, 3~4차시를 묶어 80분 단위의 블록타임으로 운영하였다. 학생들이 활동의 맥락이 끊기지 않고 질문을 만들고 확장하는 과정에 몰입할 수 있도록 한 것인데, 각 차시별로 나누어 수업할 수도 있다. 1차시에는 그림책 『무례한 친구가 생겼어요』와 『거북이자리』를 읽는다. 먼저 『무례한 친구가 생겼어요』를 읽고 질문 만들기 활동을 진행한다. 책을 읽은 후 내용 파악을 위한 질문을 한 후, 짝과 함께 책의 줄거리를 기억하여 '1분 말하기' 활동을 진행한다. 다음으로 질문은 책 속에 답이 있는 '내용 질문'과 생각을 요구하는 '생각 질문'으로 구분할 수 있다는 것을 명시적으로 안내한 후, '질문 마라톤 전략'을 활용하여 제한된 시간에 여러 질문을 만든다. 아이들은 붙임쪽지 하나에 질문을 하나씩 쓰며, 정해진 시간 안에 가능한 한 많은 질문을 만들도록 한다. 이렇게 모둠별로 정해진 시간 안에 질문을 만들었다면, 다른 모둠과 질문들을 교환한다. 다른 모둠의 질문을 받아서 한 명씩 돌아가며 질문을 선택하여 읽고, 다른 아이들은 질문에 대해 답하고 해당 질문이 '내용 질문'인지 '생각 질문'인지 맞히는 활동을 한다. 이 과정은 질문의 유형을 자연스럽게 익히고, 질문의 깊이에 대해 성찰하는 기회를 제공한다.

2차시에는 『거북이자리』를 읽고, 줄거리를 모둠 안에서 돌아가며 기억하여 말한 후 '만약에 카드'를 활용해 모둠별로 다양한 관점에서 생각하고 말하는 활동을 진행한다. 카드는 보이지 않게 뒤집어 두고 차례로 하나씩 뽑아 질문하며, 다른 모둠원들은 자유롭게 답한다.

3~4차시에는 두 책의 내용을 비교하여 공통된 주제를 찾고, 이를 바탕으로 질문을 만든다. 먼저 개념 노래를 활용해 일곱 가지 명시된 개념을 복습한 뒤, 교사가 준비한 명시된 개념 활동지에 예시 질문이 어떤 개념에 해당하는지 작성한다. 그다음 앞서 찾은 공통 주제를 바탕으로 각 개념에 맞는 질문을 모둠별로 만든다. 마무리 단계에서는 만든 질문을 모둠별로 공유하고, 탐구하고 싶은 '좋은 질문'을 투표한 뒤 그 이유를 나눈다.

창의적 사고를 가르치는 수업 안내

대상 학년	수업에서 다루는 ATL 기능
5학년	사고 기능 > **창의적 사고**
차시	**수업 내용**
1차시	그림책 읽고 내용 파악하기 **질문 마라톤 전략**으로 다양한 질문 만들기 **내용 질문과 생각 질문**으로 질문 분류하기
2차시	그림책 읽고 내용 파악하기 **만약에 전략**을 사용하여 다양한 관점에서 생각하기
3차시	**개념 노래**로 명시된 개념과 친해지기 **개념 활동지**로 명시된 개념 파악하기
4차시	**개념 렌즈를 활용한 질문 만들기 전략**으로 다양한 질문 만들기

수업 자료

창의적 사고를 위한 질문 만들기 수업에서는 아이들이 쉽게 공감할 수 있는 그림책과 반복 활용이 가능한 노래와 활동지를 수업 자료로 선정하였다. 질문을 만드는 능력은 단기간에 형성되는 것이 아니기에, 아이들이 익숙하고 흥미를 느낄 수 있는 자료를 통해 반복적으로 사고해보는 경험이 중요하다.

『무례한 친구가 생겼어요』는 친구 사이의 관계를 생각해 볼 수 있는 책이며, 『거북이자리』는 자아 존중과 친구와의 관계라는 주제를 다루고 있다. 두 책 모두 '공동체', '관계', '우정'을 주제로 탐구할 때 활용될 수 있는 책이다. 이 두 책을 선정한 이유는 저학년부터 고학년까지 쉽게 공감할 수 있는 주제를 다루고 있으며, 짧은 이야기 속에 주제와 감정이 명확히 드러나 질문 만들기 활동에 적합하기 때문이다. 또한 4차시라는 제한된 시간 안에 아이들이 다양한 방법으로 질문을 만드는 연습이 중요하기 때문에 글의 양이 많지 않은 그림책을 선정하였다.

자료 내용 미리 보기

『무례한 친구가 생겼어요』 크리스티나 퍼니발 지음, 케이티 드와이어 그림, 콘텐츠그룹 포레스트	새로운 학교로 전학 온 지니는 금세 학교의 인기 만점 친구가 된다. 하지만 이유 없이 자신을 미워하는 친구 때문에 마음이 불편해지고, 지니는 이 문제를 해결하기 위해 자신의 감정을 솔직하게 표현한다.
『거북이자리』 김유진 지음, 책읽는곰	서우는 또래보다 느려 친구들이 '북이'라고 부른다. 어느 날 집으로 돌아오는 길에 수족관에서 거북이를 한참 보던 서우는 집에 오자마자 종이로 거북이를 만든다. 그런데 신기하게도 종이 거북이가 살아 움직이고, 서우는 그 거북이와 함께 신비로운 바닷속 여행을 떠난다.

STEP 4 수업 진행하기

1차시 ① 창의적 사고의 의미와 중요성 생각하기

수업을 시작하기 전 '나는 누구일까요?' 퀴즈를 냈다.

> 나는 눈에 보이지 않아요.
> 질문할수록 쑥쑥 자라요.
> 사람들은 나 때문에 즐겁기도, 힘들기도 해요.
> 나는 누구일까요?

아이들은 퀴즈를 듣고 '사고'라고 말하였다. 이번 수업이 사고 기능 중 아이들에게 창의적으로 생각하는 힘을 기르기 위한 수업이라는 걸 안내하기 위해서 낸 퀴즈였다. 그리고 아이들에게 다음과 같은 질문을 던졌다.

"창의적으로 생각한다는 것은 무엇일까요?"

"창의적으로 생각하는 것이 왜 중요할까요?"

질문은 받은 아이들은 먼저 조용히 생각하며, 3분 동안 자신의 생각을 글로 정리하였다. 이후 모둠별로 친구들과 생각을 나누면서 창의적으로 생각한다는 것을 '다양한 관점으로 생각하기', '새로운 아이디어를 만드는 것'으로 정리했다. 또한 창의적 사고가 중요한 이유로는 우리가 경험하는 다양한 문제들은 단순히 알고 있는 지식만으로는 해결할 수 없기 때문이라고 말했다. 이처럼 바로 그림책을 읽기보다, '창의적으로 생각하는 것이 무엇인지', '왜 배움에서 중요한지'를 탐색해 보는 시간을 먼저 가졌다. 이 사전 활동은 아이들에게 앞으로의 학습 초점을 명확히 설정해 주었기에 더욱 의미 있는 시간이었다.

1차시 ② 질문 마라톤 전략으로 '내용 질문'과 '생각 질문' 만들고 분류하기

그림책『무례한 친구가 생겼어요』를 읽어 준 뒤 내용을 확인할 수 있는 다양한 질문을 하게 했다. 그런 다음 짝과 함께 1분씩 줄거리를 기억하여 말하는 '1분 말하기' 연습을 하게 했다. 아이들은 1분 동안 주인공의 이름, 주인공이 겪은 어려움, 그것을 해결하기 위해 했던 노력 등을 구체적으로 이야기했다. 줄거리를 이해한 뒤에는 다양한 관점에서 생각하며 질문을 만드는 것이 중요하다고 안내했다.

이어 질문을 책 속에 답이 있는 '내용 질문'과 생각해서 답을 해야 하는 '생각 질문'으로 나눌 수 있음을 설명하고, 아이들이 이해했는지 확인하기 위해 몇 가지 예시 질문을 제시했다. 아이들은 각 질문이 내용 질문인지 생각 질문인지 구분해 보았다. 이제 질문을 만들 차례다. 다음으로 교사는 붙임쪽지 묶음을 들고 말했다.

"오늘 우리는 창의적 사고 기능을 기르기 위해, 다양한 질문을 만드는 '질문 마라톤'을 할 거예요. 질문 하나당 붙임쪽지 한 장! 떠오르는 대로 쓰세요. 맞고 틀림은 걱정하지 말아요! 질문 마라톤의 핵심은 제한된 시간에 끊임없이 질문을 만드는 것입니다. 이때 내용 질문과 생각 질문을 모두 만들어야 해요."

아이들은 책상 위 붙임쪽지를 활용해 5분이라는 제한된 시간 안에 다양한 질문을 만들어 냈다. 조용한 교실엔 사각사각 펜 소리만 가득했다. 어떤 아이는 쉬지 않고 질문을 써 내려가 붙임쪽지를 차곡차곡 쌓았고, 어떤 아이는 잠시 고민하다가 친구가 쓴 붙임쪽지를 보고 미소 지으며 자신의 생각을 적었다. 완성된 질문들은 4절 도화지 위에 붙였다. 활동이 끝난 뒤, 모둠에서 만든 질문 세트는 4절 도화지와 함께 다른 모둠으로 옮겨 갔다.

"이제 모둠별로 돌아가며 한 사람씩 붙임쪽지를 골라 읽어 볼 거예요. 나머지 친구들은 그 질문에 답해 보고, '내용 질문'인지 '생각 질문'인지 맞혀 봅시다."

"'지니는 전학을 가서 어떤 어려움이 있었나요?' 이건 어떤 질문일까요?"

"자, 봐봐! 책 속에서 바로 답을 찾을 수 있지? 그러니까 이건 내용 질문이야!"

아이들은 대화를 하면서 정답 찾기에만 머물지 않고 서로의 답을 경청하였고, 질문을 더 나은 방향으로 바꾸어 보려는 시도도 이어졌다. 질문을 분류하는 동안 아이들은 질문에 답해 보기도 하고, 질문을 평가해 보기도 하면서 질문과 한층 가까워졌다. 질문 분류가 끝난 뒤 아이들에게 물었다.

"살펴본 질문들 중 탐구하고 싶은, 매력적인 질문은 무엇인가요?"

아이들은 각자 다른 색 네임펜으로 마음에 드는 질문 세 개를 골라 하트나 별 표시로 투표했다. 이 일련의 과정에서 아이들은 창의적 사고가 질문에서 시작되며, 질문을 나누는 과정에서 함께 생각을 넓혀 갈 수 있다는 것을 자연스럽게 체득했다. 수업을 마칠 무렵, 책상 위에는 형형색색의 질문이 가득했고, 이는 아이들이 질문 만들기를 놀이처럼 즐기며 질문과 한층 친해지는 경험을 했음을 보여 주는 결과물이었다.

2차시 '만약에 전략'으로 다양한 관점에서 생각하기

다음으로 『거북이자리』를 읽어 주었다. 그림책을 읽은 후 내용에 관해 모둠별로 돌아가며 '기억하여 말하기' 활동을 하였다. 친구들과 함께 줄거리를 이해한 후,다양한 관점으로 사고를 확장하는 연습을 하기 위해 4명씩 모둠을 만든 후 '만약에 카드'를 나눠 주었다. 카드에는 '만약에 주인공을 만난다면?', '만약에 이 일이 우리 반에서 일어난다면?', '10년이 지난 뒤에는 어떤 일이 생길까?', '이 이야기가 다른 동물의 이야기였다면?', '주인공이 나였다면 어떻게 했을까?' 등과 같은 문장이 적혀 있었다.

아이들은 모둠별로 돌아가며 '만약에 카드' 더미에서 질문 카드를 한 장씩 뽑았다. 모둠 안에서 한 아이가 카드를 읽으면, 다른 친구들이 차례로 자신의 생각을 말하는 방식이었다. 아이들에게는 『거북이자리』와 관련해서 활동을 하라고 했는데, 그러자 한 아이가 자발적으로 손을 들고, 그 전 그림책에 대해 이야기해도 되는지 질문하기도 하였다.

"만약에 이 책에 숨겨진 메시지가 있다면, 무엇일까요?"라는 질문에 한 아이는 『무례한 친구가 생겼어요』를 언급하며, 건강한 공동체를 위해서는 자신의 감정을 명확하게 표현하는 것이 중요하고, 모든 사람에게 무조건 친절할 필요는 없다고 말하였다.

"만약에 책 속 장면을 사진으로 찍는다면 어떤 장면을 고르고 싶은가요?"라는 질문에는 『거북이자리』에서 주인공 서우가 거북이를 좋아하는 다른 친구를 만나는 장면을 고르고 싶다고 답한 아이가 있었다. 그 이유를 묻자, "항상 혼자 있어서 외로워 보이던 서우가 그 장면에서는 행복해 보였기 때문"이라고 설명하였다.

"만약에 이 이야기를 다른 제목으로 바꾼다면?"이라는 질문에는 『거북이자리』의 제목을 "거북이를 통해 만난 친구", "친구를 만나다", "느리지만 행복해"로 바꾸고 싶다는 의견이 나왔다. 『무례한 친구가 생겼어요』의 제목은 "건강한 우정을 위한 방법", "친구를 사귀는 방법", "무례한 친구를 대하는 방법" 등 책 내용을 담은 다양한 의견이 제시되었다.

아이들은 '만약에 카드'에 적힌 다양한 질문을 통해 생각을 넓힐 수 있었다. 이 활동은 단순히 질문을 만드는 데 그치지 않고, '만약에'라는 상상 도구를 활용해 등장인물의 감정을 깊이 이해하고, 상황을 다르게 해석해 보는 경험으로 확장할 수 있었다. 아이들은 책 속 인물을 자신의 삶과 연결해 보고, 이야기의 메시지를 스스로 재구성해 보며 더 깊이 있는 생각과 감정 이입을 시도하였다. 이를 통해 사고의 유연성과 창의적 상상력은 물론, 다른 사람의 입장을 고려하는 공감 능력도 함께 기를 수 있었다.

만약에 카드 중 가장 좋은 카드를 선택해보라고 했을 때 가장 많은 표를 받은 것은 '만약 그림책의 제목을 바꿔서 쓴다면?'이었다. 아이들은 그림책의 제목을 바꾸어 보는 활동을 가장 흥미로워했다. 자신이 작가라면 어떤 제목을 붙였을지 상상해 보는 과정에서, 아이들은 이야기의 핵심을 자신만의 언어로 표현하며 내용을 재해석하였다. 이를 통해 자연스럽게 그림책의 주제에 대한 이해를 더욱 깊이 있게 확장할 수 있었다.

3차시 명시된 개념 노래로 익히고, 질문 분류하기

명시된 개념 일곱 가지를 담은 노래를 아이들과 함께 듣고, 따라 부르는 활동을 진행했다. 멜로디가 좋아서 계속 따라 부르게 된다고 하였다. 익숙한 멜로디의 동요풍이라 그런지, 아이들은 금세 따라 부르며 개념 단어들을 자연스럽게 익혔다. 노래를 부른 뒤에는 교사가 미리 준비한 명시된 개념 활동지를 두 명에 한 장씩 나눠 주었다. 제시된 질문이 어떤 개념에 해당하는지 짝과 함께 의견을 나누며 쓰는 활동지였다.

"직업이 개인의 삶과 사회에 어떤 역할을 하나요?는 직업의 중요성을 생각할 수 있네. 기능으로 만들어진 질문 같아!"

"음, 과학 기술의 발달이 환경 보호에 도움이 된다고 할 수도 있고, 아니라고 할 수도 있으니 이건 관점에 해당되는 것 같아."

처음엔 개념 이름조차 낯설어하던 아이들이 자신의 생각을 근거와 함께 말하며 질문을 분류하고 개념을 언어화하는 모습이 인상적이었다.

4차시 주제와 명시된 개념을 연결한 질문 만들기

개념을 익히고 예시 질문을 바탕으로 분류하는 활동까지 마친 뒤, 아이들이 직접 질문을 생성하는 단계로 수업을 확장했다. 앞서 읽은 두 그림책의 공통 주제를 떠올리며 "두 책에서 공통으로 담긴 주제가 무엇일까?"라고 묻자, 아이들은 '친구, 우정, 관계, 공동체, 웰빙'이라고 답했다. 질문을 만들 때 참고할 수 있도록 아이들이 말한 단어들을 칠판에 정리했다.

아이들은 '개념 노래'와 질문 분류 연습을 통해 질문 생성에 필요한 개념적 렌즈(명시된 개념)를 이미 익힌 상태였으므로, 이제 읽은 이야기의

IB PYP 명시된 개념

형태 책임 인과관계 변화 연결성 관점 기능

관련 질문	명시된 개념
1. 감정에는 어떤 종류가 있고, 어떻게 나타나나요?	형태
2. 뼈는 우리 몸에서 어떤 역할을 하나요?	기능
3. 기후 변화의 원인은 무엇인가요?	인과관계
4. 과거와 현재의 생활방식은 디지털 기술로 인해 어떻게 달라졌나요?	변화
5. 과학 기술의 발달이 환경 보호에 도움이 될까요?	관점
6. 공동체의 웰빙을 위해 어떠한 노력을 할 수 있을까요?	책임
7. 사람들의 생활 습관과 환경은 어떤 관계가 있나요?	연결성
8. 직업은 개인의 삶과 사회에 어떤 역할을 하나요?	기능
9. 공동체에서 갈등이 일어나는 이유는 무엇일까요?	인과관계
10. 과거와 오늘날의 교통 수단과 통신 수단은 어떻게 달라졌나요?	변화
11. 개인의 웰빙과 공동체의 웰빙은 어떻게 연결되어 있나요?	연결성
12. 지속가능한 사회를 위해 어떤 노력을 할 수 있나요?	책임
13. 문화유산을 보존하기 위해 출입을 금지해야 할까요?	관점
14. 국가유산에는 어떤 종류가 있나요?	형태

명시된 개념 활동지 작성 사례

내용을 바탕으로 개념을 적용해 질문 만들기에 도전했다. 각 모둠은 먼저 질문의 주제를 하나씩 정했고, '관계, 웰빙, 우정, 친구' 등 다양한 주제가 선정되었다. 이후 일곱 가지 렌즈로 해당 주제에 관한 질문을 만드는 시간을 가졌다. 이때 형태·변화·책임 렌즈에서는 비교적 수월했으나, 기능·연결성·관점 렌즈에서는 어려움을 겪는 모둠도 있었다. 이러한 모둠에는 추가 예시를 제시하여 개념을 다시 생각해 볼 수 있도록 도왔다. 예를 들어 "좋은 친구와 공부는 관련이 있을까요?"라는 질문을 통해 '연결성' 렌즈를 더 명확히 이해하게 했다.

명시된 개념으로 질문을 만들 때, 눈에 보이는 물건은 비교적 쉽지만 친구나 관계처럼 추상적인 주제는 어려운 편이다. 그런데도 아이들이 다양하고 깊이 있는 질문을 만들어 낸 점이 놀라웠다. 질문을 만든 후에는 모둠별로 가장 흥미로운 질문을 세 개씩 뽑아 공유하였다.

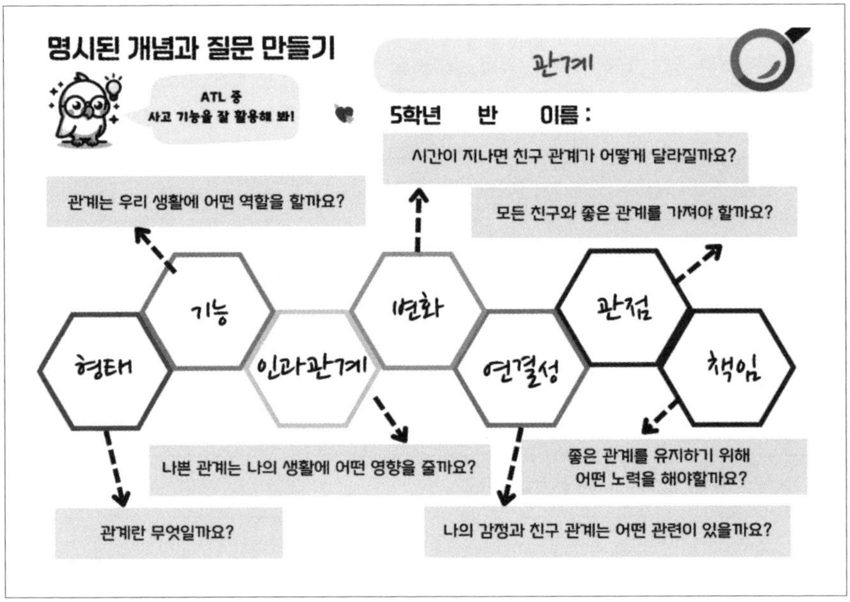

명시된 개념과 질문 만들기 활동지 작성 사례

STEP 5 수업 성찰하기

탐구 학습의 핵심은 질문이다. 질문이 다양하게 나올수록 탐구의 과정은 더욱 즐거워지고, 아이들의 사고는 더욱 깊고 활발해진다. 물론 다양한 질문을 하는 힘은 단기간에 길러지지 않지만, 교실 안에서만큼은 아이들이 질문하는 것의 즐거움을 경험했기를 바랐다. 이번 수업에서 특히 기억에 남는 장면은, 아이들이 명시된 개념 노래를 신나게 따라 부르며 7가지 개념을 모두 정확히 외운 순간이다. 가사를 반복하며 노래를 부른 경험 덕분에 아이들은 각 개념의 의미를 자연스럽게 익힐 수 있었고, 개념을 바탕으로 질문을 만들어보는 활동으로도 자연스럽게 이어질 수 있었다.

처음에는 "질문이 어려워요."라고 말하던 아이들도, 점차 자신만의 언어로 궁금한 점을 표현하고, 그것을 친구들과 나누는 경험을 통해 질문이 생각을 여는 열쇠라는 사실을 체감하는 듯했다. 특히 명시된 개념을 활용하여 다양한 질문을 만들어보는 활동에서는 아이들이 모둠 안에서 서로의 질문을 듣고 확장하며, 협력적으로 더 높은 수준의 사고로 나아가는 모습을 보여주었다.

이 수업을 통해 '창의적 사고'란 무엇을 새롭게 발명하거나 기발한 답을 떠올리는 것에만 국한되지 않으며, 질문을 던지고 새로운 관점으로 생각해 보려는 태도 자체가 창의성의 출발점임을 다시금 확인하게 되었다. 아이들이 질문을 통해 서로 다른 생각을 연결하고, 하나의 주제를 다각도로 바라보는 과정을 지켜보며, 창의적 사고도 이러한 활동을 통해 기를 수 있다는 가능성을 발견하였다. 따라서 질문 만들기는 질문에 대한 답을 찾는 탐구 활동이 진행되지 않아도, 그 자체로 창의적 사고를 기르는 훌륭한 전략이라 할 수 있다. 질문하는 능력이 아이들의 자연스러운 사고 습관으로 자리 잡기 위해서는, 교사가 '질문 만들기 활동'이라는 구조화된 기회를 지속적으로 제공하여 반복적인 연습을 하는 것이 중요하다.

● 수업 자료 모음

수업에 활용한 활동지	· 명시된 개념 활동지 · 질문 만들기 활동지 * QR을 촬영하면 수업에 활용한 활동지를 살펴볼 수 있습니다.

03 대인 관계 방법을 배우는 수업

대인 관계 기능은 아이들이 공동체 안에서 다른 사람들과 긍정적인 관계를 형성하고, 협력적인 분위기에서 함께 배울 수 있도록 하는 중요한 능력이다. 아이들은 친구들과 함께 공동체 활동을 하는 과정에서 다양한 관점을 이해하고 공동의 목표를 이루기 위해 서로 맞춰 가는 방법을 점차 익히게 된다. 이러한 기능은 자연스럽게 발전할 수도 있지만, 긍정적인 관계를 유지하는 방법을 명확하게 가르친다면 아이들이 협력적 탐구 활동을 더욱 효과적으로 수행하게 할 수 있다. 나아가 또래 관계가 원만해짐으로써 아이들이 학교생활에 더 잘 적응하고 긍정적인 태도를 갖게 되는 것이다. 그렇다면 대인 관계 기능을 충분히 갖춘 아이는 어떤 모습일까?

이 기능은 자신과 타인의 감정을 인식하고 조절하는 '내적 역량'에서 출발하여 다른 사람의 상황에 공감하고 배려하며, 협력의 가치를 이해하고 실천하는 '대인적 역량'으로 확장된다. 두 가지 역량은 별개로 구분되지 않고, 상황에 따라 유기적으로 연결되어 복합적으로 작용한다. 대인 관계 기능을 충분히 갖춘 아이는 내적 역량과 대인적 역량을 모두 갖추어 다른 사람을 공감하고 배려하며 협력을 실천하는 모습을 보일 것이다.

교실 현장에서 대인 관계 기능을 지도할 때는 학급 분위기나 아이들의 관계 수준을 고려해, 가장 필요하다고 느껴지는 부분부터 단계적으로 접근하는 것이 효과적이다. 특히 아이들이 공동체 안에서 친구들과 함께 배우는 즐거움을 경험할 수 있도록 돕기 위해 공감, 협력, 그리고 갈등 해결이라는 세 가지 핵심 요소를 중심으로 지도하는 것이 중요하다.

3장에서는 우선 아이들이 상대방의 입장을 이해하고 마음을 헤아리는 공감의 중요성을 살펴본다. 공감은 서로를 존중하는 교실 문화를 형성하는 첫걸음이다. 이어서 친구들의 차이를 인정하고 각자의 강점을 살려 공동의 목표를 이루기 위해 협력하는 방법을 다룬다. 그러한 과정에서는 필연적으로 의견 충돌이나 갈등이 발생할 수 있다. 따라서 갈등을 평화적으로 해결하는 방법을 다룰 것이다.

대인 관계 기능이 충분히 길러지지 않으면 교실 속에서 불필요한 갈등이 반복되고, 수업의 흐름이 자주 끊기게 된다. IB의 탐구 중심 수업에서는 팀 프로젝트, 모둠 토의, 공동 결과물 제작 등 협력해야 하는 상황이 자주 등장한다. 그러나 서로에 대한 이해가 부족하거나 함께 탐구하는 방법을 익히지 못하면, 일부 아이가 소외되거나 특정 아이가 모든 역할을 부담스럽게 떠안는 일이 생기기 쉽다. 이런 모습은 단순히 역할 배분의 문제가 아니라, 서로를 이해하고 협력하는 방법을 알지 못해 나타나는 상황으로 이해할 수 있다.

자신과 타인의 감정을 이해하고 표현하는 능력, 갈등을 조정하고 해결하는 태도, 협력을 위한 소통과 책임 분담은 미래 사회에서도 꼭 필요한 핵심역량으로 평가된다. 그러므로 교사는 아이들이 가장 필요로 하는 대인 관계 기능이 무엇인지 (먼저) 파악하고, 아이들이 교실 안팎에서 이 기능을 자연스럽게 실천하며 일상생활과 연결해 배워갈 수 있도록 지원해야 한다. 이러한 경험을 통해 아이들은 서로를 더 잘 이해하고 존중하는 법을 익히며, 함께 성장하는 긍정적인 교실 문화를 만들어 갈 수 있을 것이다.

◆「대인 관계 방법을 배우는 수업」 한 눈에 보기

<table>
<tr><td>일반화</td><td colspan="6">의미 있는 학습은 구성원 간의 공감을 바탕으로 한 협력과, 필연적으로 발생하는 갈등을 해결하려는 노력을 통해 이루어진다.</td></tr>
<tr><td>수업에서 다루는 기능</td><td>의사소통 기능</td><td>사고 기능</td><td>대인 관계 기능</td><td>조사 기능</td><td>자기관리 기능</td><td>심미적 기능</td></tr>
<tr><td>세부 기능</td><td colspan="6">공감, 협력하는 기능, 갈등을 해결하는 기능</td></tr>
<tr><td>탐구 질문</td><td colspan="6">우리는 어떻게 의미 있는 학습을 함께 만들어갈 수 있을까요?</td></tr>
<tr><td>관련 성취기준</td><td colspan="6">[4도01-01] 자신의 감정을 소중히 여기며 존중하는 태도를 바탕으로 내가 누구인가를 탐구한다.
[4도02-02] 친구 사이의 배려에 대한 올바른 이해를 바탕으로 일상생활에서 배려에 기반한 도덕적 관계를 맺을 수 있는 방안을 탐색한다.
[4도02-03] 공감의 태도가 필요한 이유를 이해하고 도덕적 상상력을 바탕으로 대상과 상황에 따라 감정을 나누는 방법을 탐구하여 실천한다.
[4국01-04] 상황과 상대의 입장을 이해하고 예의를 지키며 대화한다.
[4국01-06] 주제에 적절한 의견과 이유를 제시하고 서로의 생각을 교환하며 토의한다.
[6도01-03] 정직의 의미와 정직하게 살아가는 것의 중요성을 탐구하고, 정직과 관련된 갈등 상황에서 정직하게 판단하고 실천하는 방법을 익힌다.
[6국05-05] 작품에 대한 이해와 감상을 바탕으로 하여 다른 사람과 적극적으로 소통한다.</td></tr>
<tr><td>전략</td><td colspan="6">공감하기
- 관점 탐구 활동하기
- 서클맵(Circle Map)으로 개념을 탐색하고 정의하기
- LTE 전략을 사용하여 공감 말하기
- 말해요 / 행동해요로 구체화하여 표현하기

협력하기
- 북크리에이터를 활용한 학급 강점 책 만들기
- 틱택토(Tic-Tac-Toe) 전략으로 '협력'에 대한 개념 문장 만들기
- 나침반 침 전략으로 다양한 관점에서 협력 탐구하기
- WOW 전략으로 협력 성찰 점검표 만들기

갈등을 해결하기
- 비폭력 대화 4단계 전략
- 상황극 전략</td></tr>
</table>

'공감하기'를 가르치다

STEP 1 공감하기를 어떻게 가르칠까?

유독 공감을 잘하는 아이는 친구가 속상해하면 다가가 "괜찮아?"라고 물어보거나, 조용히 이야기를 들어준다. 그런 모습을 볼 때마다 "공감은 타고나는 능력일까?"라는 생각이 든다. 물론 성격적으로 공감을 더 자연스럽게 표현하는 성향을 지닌 아이도 분명히 있지만 공감은 선천적인 성향만으로 결정되는 능력이 아니다. 반복적인 경험과 구조적인 활동을 통해 누구나 충분히 기를 수 있는 사회 정서적 역량이다. 특히 IB PYP에서는 '공감 능력'을 긍정적인 대인 관계를 형성하고 협력적인 공동체 문화를 만드는 핵심 기능으로 제시하고 있다. 그렇다면 교실에서 아이들에게 공감을 어떻게 지도할 수 있을까?

공감은 상대방의 입장과 감정을 이해하고, 그 마음에 적절히 반응하는 사고와 행동의 과정이다. 단순히 "괜찮아!"라고 위로하는 수준을 넘어, 상대방의 입장에서 생각하고, 상대방의 관점에서 상황을 해석해 보며, 칭찬과 격려의 말을 하거나 고민을 해결하기 위해 함께 노력하는 등 관계를 긍정적으로 형성하기 위해 필요한 핵심 기능이다.

이번 수업은 관점 탐구와 공감하는 말하기 전략을 중심으로, 아이들이 공감하는 방법을 실천적으로 익힐 수 있도록 구성하였다. 구체적으로는 주제가 비슷한 두 권의 그림책, 써클 맵, 공감 LTE 전략, T차트, 역할 놀이 등을 통해, 아이들이 상대방을 이해하는 경험을 확장하고, 공감의 말과 행동을 실천하는 방법을 차례차례 익혀 가도록 하였다.

STEP 2 수업 전략

전략 ① 관점 탐구

상대방의 입장을 이해하는 것이 공감의 시작이다. 아이들이 이야기 속 인물이 되어 그 마음을 깊이 느껴 볼 수 있도록, 관점 탐구 활동을 활용한다. 이 활동은 등장인물의 입장에서 상황을 바라보고, 등장인물이 겪은 감정과 생각을 하나씩 짚어 보며 자연스럽게 공감을 확장하는 과정이다. 관점 탐구 활동지는 다섯 가지 질문으로 구성된다.

1. 나는 누구인가? 자신을 등장인물에 대입해 본다.
2. 어떤 사건이나 행동에 대해 말하고 싶은가? 인물이 처한 상황을 차분히 정리한다.
3. 그때 어떤 감정이었나요? 인물의 마음에 직접 이입해 본다.
4. 그 행동을 한 이유는 무엇일까? 인물이 그런 선택을 한 이유를 추측한다.
5. 누구에게 어떤 질문을 하고 싶은가? 더 깊이 인물의 상황을 탐색한다.

이렇게 인물이 되어 상황을 바라보고 마음을 짐작하는 과정은 단순한 내용 이해를 넘어, 아이들이 이야기 속 인물의 감정을 자연스럽게 공감해 보는 중요한 경험이 된다. 관점 탐구 활동을 할 때는 먼저 이야기의 핵심 사건을 함께 정리해 전체 줄거리를 충분히 파악한 후 진행하는 것이 효과적이다. 아이들은 등장인물이 겪었던 사건이나 행동을 선택해 인물의 입장을 스스로 생각해 보고, 활동지를 바탕으로 인물의 마음을 충분히 들여다본다. 이후 '등장인물이 되어 인터뷰하기'와 같은 후속 활동으로 확장하면, 아이들은 인물의 관점에 더욱 몰입하며 공감하는 힘을 한층 키울 수 있다.

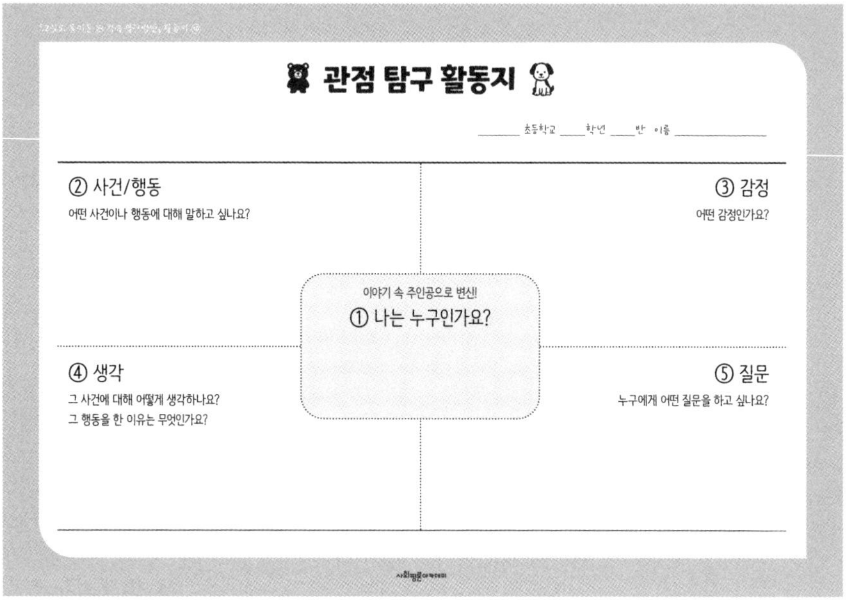

관점 탐구 활동지

전략 ② 서클맵으로 개념을 탐색하고 정의하기

아이들이 새로운 개념을 자유롭게 탐색하고, 자신의 배경지식을 구조화할 수 있도록 돕는 대표적인 시각적 사고 도구가 서클맵(Circle map)이다. 서클맵은 미국 교육학자 데이비드 하이어(David Hyerle, 1996)가 개발한 씽킹맵(Thinking Maps)의 한 유형으로, 특히 개념을 정의하거나 생각을 확장할 때 효과적으로 사용된다. 씽킹맵은 아이들의 사고를 시각적으로 정리하고 확장하기 위한 여덟 가지 유형으로 구성된다.

서클맵은 씽킹맵 중에서도 아이들이 가장 쉽게 시작할 수 있는 기본적인 사고 확장 도구다. 중심 원에 탐구할 개념을 쓰고, 그 개념과 관련해 떠오르는 단어를 바깥 원에 자유롭게 적어 가는 방식이다.

또한, 바깥 원을 둘러싼 프레임(Frame of Reference)을 함께 활용하면 사고를 더 넓힐 수 있다. 원래 프레임은 정보를 어디서 알게 되었는지를

씽킹맵(Thinking Maps)의 유형별 목적, 활용 예시 및 특징

유형	목적	활용 예시 및 특징
서클맵 (Circle Map)	배경지식을 활성화하고 개념 정의하기	자유롭게 떠오르는 생각, 관련 단어, 사례 정리. 주제 탐색이나 사전지식 확인에 적합
버블맵 (Bubble Map)	대상의 특징이나 성질 탐색하기	외형, 성격, 감정 등 구체적 특징 묘사. 인물 분석이나 사물 설명에 활용
더블버블맵 (Double Bubble Map)	두 대상의 공통점과 차이점 비교하기	비교·대조를 시각적으로 구조화. 비슷한 점과 다른 점을 명확히 파악 가능
트리맵 (Tree Map)	정보를 분류하고 체계적으로 조직하기	주제별, 기준별로 분류 정리. 자료 정돈이나 범주화에 효과적
브레이스맵 (Brace Map)	전체를 부분으로 세분화하여 분석하기	전체와 부분의 관계를 시각적으로 파악. 사물의 구성요소 분석에 유용
플로우맵 (Flow Map)	사건이나 과정의 순서를 구조화하기	시간 흐름이나 절차적 순서 정리. 이야기의 흐름, 실험 과정 정리 등
멀티플로우맵 (Multi-flow Map)	원인과 결과를 함께 분석하고 정리하기	원인과 결과를 동시에 시각화. 사건의 원인 파악과 결과 예측에 효과적
브릿지맵 (Bridge Map)	관계 연결 또는 유추(비유) 설명하기	관계 표현, 비유, 유추 연결. 두 개념 간의 관계를 구체적으로 표현

출처: Hyerle, D. (1996). *Visual tools for constructing knowledge: Mapping the techniques*. Alexandria, VA: ASCD.

적는 공간이지만, 교실 상황에 맞게 아이들의 구체적인 경험이나 느낀 점, 또는 더 알고 싶은 질문을 쓰는 용도로 수정해 사용할 수 있다.

서클맵의 가장 큰 장점은 아이들이 어렵게 느낄 수 있는 추상적인 개념을 자신만의 언어로 풀어낼 수 있다는 점이다. 활동을 통해 친구들과 생각을 나누고, 서로 다른 관점을 비교하며, 자연스럽게 개념을 확장하는 기회를 만들 수 있다. 단순히 지식을 정리하는 수준을 넘어, 학생 스스로 개념을 깊이 이해하고 실생활과 연결해 보는 데 유용하다.

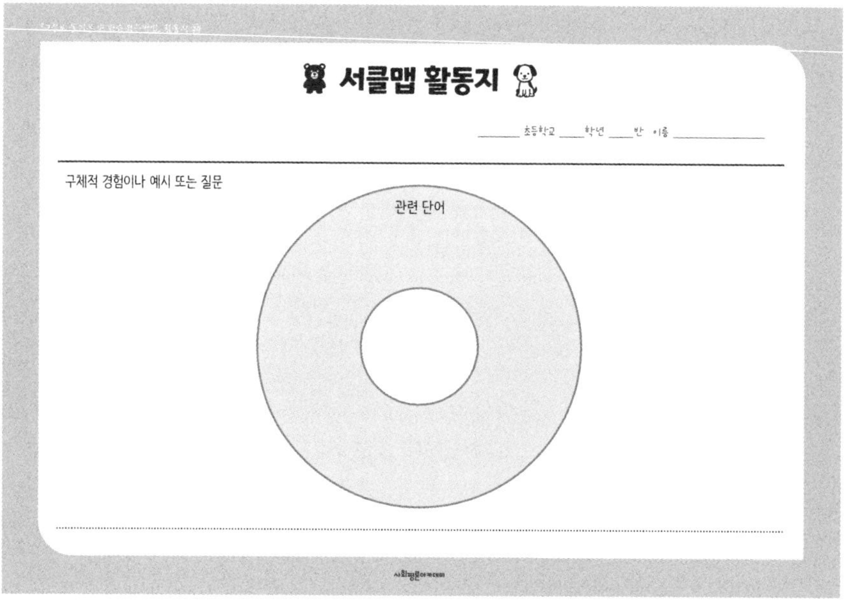

서클맵 활동지

전략 ③ 공감 말하기를 위한 LTE

공감은 마음을 이해하는 데서 끝나는 것이 아니라, 말과 행동으로 표현될 때 관계가 깊어진다. 아이들이 공감의 의미를 실제 생활 속에서 자연스럽게 실천할 수 있도록 교실에서는 LTE 전략을 활용한다.

LTE는 "Let's Talk with Empathy(공감하며 대화해요!)"의 약자로, 공감하는 대화를 단계별로 실천할 수 있도록 구성된 말하기 전략이다. 아이들은 이 전략을 통해 상대방의 마음을 생각하고, 구체적인 표현으로 공감을 전하는 방법을 익힌다.

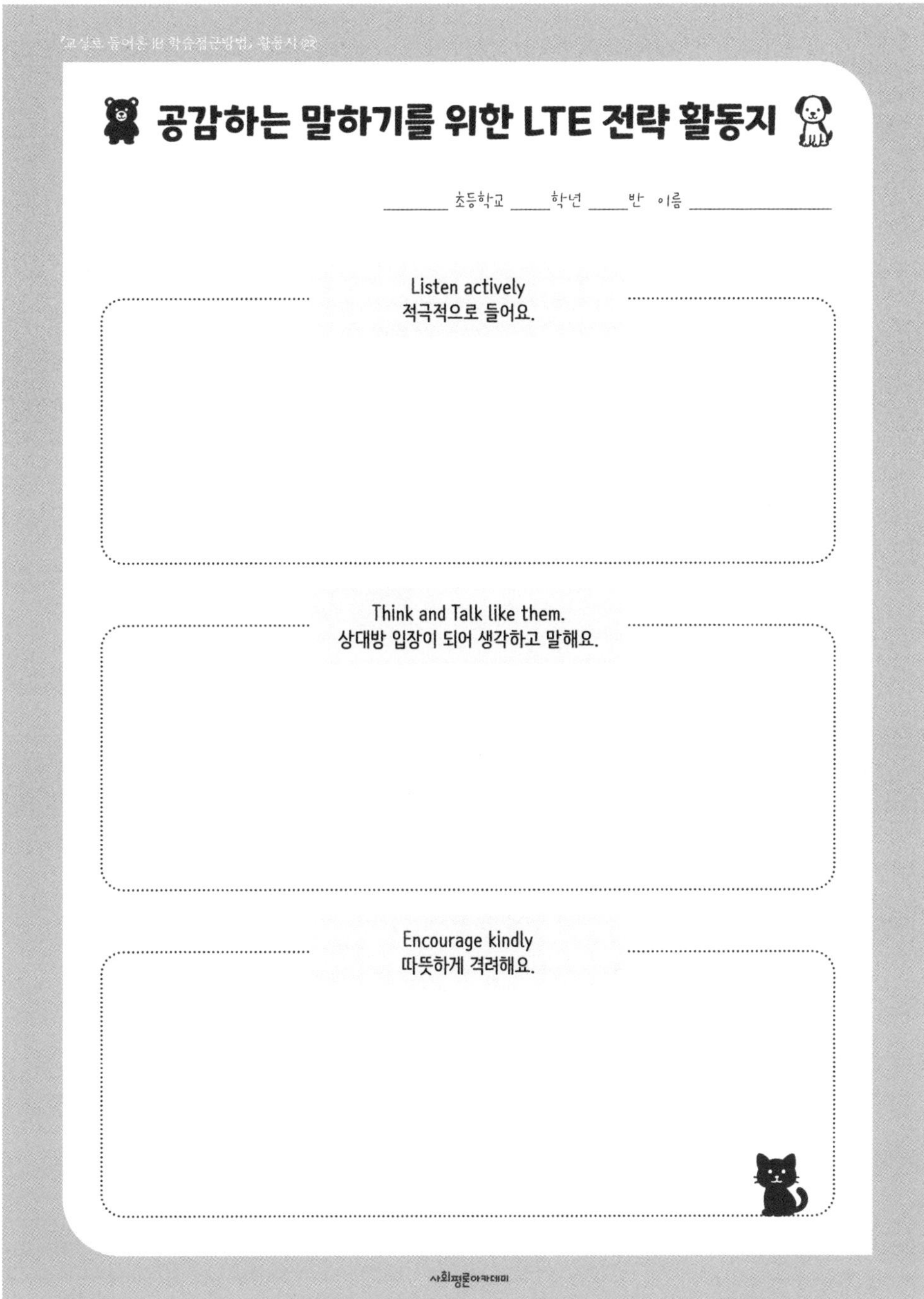

『교실로 들어온 IB 학습접근방법』 활동지 ㉒

공감하는 말하기를 위한 LTE 전략 활동지

_______ 초등학교 _____학년 _____반 이름 _______________

Listen actively
적극적으로 들어요.

Think and Talk like them.
상대방 입장이 되어 생각하고 말해요.

Encourage kindly
따뜻하게 격려해요.

사회평론아카데미

LTE 전략 활동지

아이들이 공감 표현을 더 자연스럽게 익히기 위해서는, 그림책 속 등장인물 대화 완성, 역할극, 실생활 상황 적용 등의 활동을 반복적으로 경험할 필요가 있다. 이를 통해 공감 표현을 언어로 구조화하고, 실제 상황에 연결하는 연습이 이루어진다.

LTE의 의미 및 말하기 예시

약자	의미	말하기 예시
L	Listen actively (적극적으로 듣기)	"응, 계속 이야기해 봐"라고 말하며 고개를 끄덕이거나 눈을 맞추며 들어 준다.
T	Think and Talk like them (상대방 입장이 되어 생각하고 말하기)	"내가 너였다면 속상했을 것 같아"라고 말하며 마음을 알아 준다.
E	Encourage kindly (따뜻하게 응원하고 격려하기)	"괜찮아, 넌 충분히 잘할 수 있어"라고 말하며 힘을 준다.

또한 학생 수준과 교실 상황에 따라 표현을 더 쉽게 바꾸거나, 아이들이 자신만의 공감 표현을 스스로 만들어 보는 것도 효과적이다. 약어 형태로 간결하게 정리된 LTE 전략은 아이들이 필요할 때 쉽게 떠올리고 활용할 수 있도록 도와주며, 이를 통해 공감의 의미를 단순히 이해하는 차원을 넘어, 실제 말과 행동으로 실천해 볼 수 있도록 한다.

전략 ④ 말해요/행동해요 구체화하기

앞선 LTE 전략이 공감하는 대화의 방법(How-to-Talk)을 익히는 데 중점을 두었다면, 말해요/행동해요 구체화하기 전략은 한 걸음 더 나아가 공감의 표현을 '말(언어)'과 '행동(몸짓, 실천)'으로 명확히 구분하고 정리해 보는 활동이다.

이 전략은 아이들이 공감하는 사람의 말과 행동을 구분하여 구체적으로 정리하고, 실생활 속에서 실천할 수 있는 표현으로 확장하는 데 목적이 있다. 특히 추상적인 사회 정서적 개념을 시각적으로 구조화할 수 있도록 T차트를 기반으로 만든 활동지에 '말해요/행동해요'로 구체화할 수 있도록 한다.

T차트는 '말해요(표현)'와 '행동해요(실천)'로 구분해 정리할 수 있는 도구로, 아이들이 표현을 한눈에 파악하고, 필요할 때 쉽게 떠올릴 수 있도록 돕는다.

T차트 예시 ① 공감하는 사람은

공감하는 사람은	
이렇게 말해요	**이렇게 행동해요**
"내가 너였다면 속상했을 것 같아." "그랬구나, 네 마음 이해해." "괜찮아, 내가 도와줄게."	고개를 끄덕여 주기 상대방을 바라봐 주기 끼어들지 않고 끝까지 듣기

'말해요/행동해요'로 구체화하기는 공감뿐 아니라 교실 속 다양한 사회 정서적 역량을 실천하는 데 확장하여 사용할 수 있다. 예를 들어, '배려'라는 개념을 실천할 때도 다음과 같이 정리할 수 있다.

T차트 예시 ② 배려하는 사람은

배려하는 사람은	
이렇게 말해요	**이렇게 행동해요**
"필요한 거 있으면 말해." "조심해, 다치지 마."	문 열어 주기 도움이 필요할 때 먼저 다가가기

아이들은 이 전략을 통해 '공감', '배려', '협력' 등 다양한 관계 중심 개념을 말과 행동으로 구체화하는 연습을 반복하며, 실제 상황 속에서 실천하는 경험을 쌓을 수 있다. 말과 행동으로 구분해서 구체화하는 전략은 사회 정서적 역량을 교실 속 실천으로 연결하는 효과적인 방법이 될 수 있으며, 아이들의 관계 형성 능력을 길러 주는 데 도움이 된다.

STEP 3 수업 준비하기

수업 안내

아이들의 학습 수준과 교실 상황에 따라 유연하게 조정이 가능하지만, '공감하기'를 가르치는 수업은 총 4차시로 구성하는 것을 기본으로 한다. 핵심은 아이들이 공감의 의미를 구체적으로 이해하고, 말과 행동으로 자연스럽게 실천할 수 있도록 돕는 데 있다. 이를 위해 그림책, 사고 도구, 대화 전략 등을 유기적으로 연결한 5학년 대상의 4차시 수업 사례를 제시한다.

1차시에는 그림책을 바탕으로 등장인물의 입장과 마음을 들여다보며, 상대방을 이해하는 것이 공감의 출발점임을 경험하게 한다. 이때 관점 탐구 활동지를 활용해 아이들이 인물의 감정을 구체적으로 짚어 보고, 자연스럽게 공감의 필요성을 느낄 수 있도록 한다.

2차시에는 아이들이 공감이라는 개념을 스스로 탐색하고 정리할 수 있도록, 씽킹맵의 한 유형인 서클맵을 활용한다. 아이들은 자신의 경험과 생각을 바탕으로 '공감'이라는 주제를 자유롭게 확장하고, 이를 바탕으로 '우리 반만의 공감 정의'를 함께 만들어 본다. 이어서 구체적인 실천을 돕는 공감 LTE 전략을 소개하고, 그림책 속 상황에 적용해 보며 공감 표현을 익히는 실습을 진행한다.

3차시에는 아이들이 말해요/행동해요 구체화하기 전략을 활용해 공감하는 사람의 말과 행동을 시각적으로 정리한다. T차트를 통해 공감 표현을 구조화하고, 친구들과 생각을 비교하며 표현을 확장해 가는 과정이다. 4차시에서는 학교생활 속 실질적인 상황을 바탕으로 역할극을 진행하며, LTE 전략을 실제 대화 속에 적용해 본다. 아이들은 공감 표현을 자연스럽게 사용하며 긍정적인 관계 형성과 공감의 효과를 직접 느낄 수 있다. 이러한 흐름은 아이들이 공감이라는 추상적인 개념을 머리로만 이해하는 데 그치지 않고, 자신의 언어와 행동으로 실천하는 힘을 기를 수 있도록 돕는다.

공감하기를 가르치는 수업 안내

대상 학년	수업에서 다루는 ATL 기능
5학년	대인관계 기능 > **공감하기**
차시	**수업 내용**
1~2차시	그림책 읽고 **관점 탐구 활동지**로 등장인물 입장 되어보기 **서클맵**으로 공감이 무엇인지 개념 정의하기
3~4차시	**공감 말하기 LTE 전략**으로 명시된 개념과 친해지기 **말해요/행동해요 구체화하기 전략**으로 공감 탐구하기 후 **역할극**하기

수업 자료

아이들이 자연스럽게 공감의 의미를 이해하고, 교실과 생활 속에서 실천할 수 있도록 그림책 『하늘을 나는 사자』, 『곰씨의 의자』와 각각의 활동지를 중심으로 수업을 구성하였다. 공감은 말로만 가르치고 배울 것이 아니라, 아이들이 직접 느끼고 표현해 보는 과정을 통해 길러지는 힘이다. 그래서 아이들이 쉽게 몰입하고, 자신의 경험과 연결할 수 있는 자료를 선정하는 것이 중요하다.

『하늘을 나는 사자』는 돌이 되었던 사자가 누군가의 따뜻한 위로의 말로 마음을 열고 다시 하늘을 나는 장면에서, 관계 속 상처를 회복하고 본래의 모습을 되찾는 과정을 상징적으로 보여 준다. 아이들이 상대의 입장과 마음을 이해하는 것이 관계 회복의 출발점임을 자연스럽게 느낄 수 있도록 돕는 그림책이다. 『곰씨의 의자』는 조용히 차 마시기를 좋아하는 곰씨에게 활기찬 토끼들이 찾아오며 시작되는 내적 갈등에 초점을 맞춘다. 곰씨는 자신과 성향이 다른 토끼들로 인해 점차 불편함을 느끼지만, 관계가 어색해질까 봐 그 마음을 솔직하게 표현하기 어려워한다. 이 책은 서로 다른 성향을 존중하는 것과 자신의 감정을 표현하는 것이 긍정적인 관계에 얼마나 중요한지 익히게 한다.

이외에도 아이들이 공감의 의미를 확장하고 구체적으로 표현해 볼 수 있도록 다양한 전략 활동지를 수업 자료로 함께 구성하였다. 이 자료들은 공감을 말과 행동으로 구체화하고, 아이들이 이를 실생활에 자연스럽게 연결할 수 있도록 돕는다. 교사의 상황이나 학급 특성에 따라 자료의 난이도나 표현을 조정하거나, 아이들이 직접 표현을 만들어 보는 방식으로 확장하여 활용할 수 있다. 반복적인 공감 학습을 통해 아이들은 관계 속에서 서로를 이해하고 존중하는 태도를 기를 수 있다.

자료 내용 미리 보기

『하늘을 나는 사자』 사노 요코 지음, 천개의바람	근사한 갈기와 우렁찬 목소리를 지닌 사자는 고양이들을 대접하기 위해 매일 사냥을 나간다. 그렇게 날마다 고양이들을 대접하다 너무 지친 사자는 결국 쓰러져 황금빛 돌이 되고 만다.
『곰씨의 의자』 노인경 지음, 문학동네	따스한 햇살 아래에서 차 마시는 것을 좋아하는 곰씨의 의자에 자유분방하고 활기찬 토끼들이 찾아온다. 처음엔 이들과 함께하는 시간이 즐거웠지만, 점차 자신과 다른 토끼들로부터 거리를 두고 싶어진다. 그러나 곰씨는 그런 마음을 입 밖으로 꺼내기가 쉽지 않다.

STEP 4 수업 진행하기

1-2차시 ① 공감의 의미와 중요성 생각하기

수업을 시작하기에 앞서, 이번 수업이 '공감'을 배우는 시간임을 안내하였다. 그런 다음 아이들에게 질문을 던졌다.

"공감한다는 것은 어떤 걸까요?"

"왜 우리는 공감하는 사람이 되어야 할까요?"

아이들은 조용히 생각을 정리한 뒤, 각자의 생각을 짧게 글로 적어 보았다. 이후 모둠별로 서로의 생각을 나누며, 공감이란 '상대방 입장에서 생각하는 것', '친구 마음을 알아주는 것', '같이 속상해하거나 기뻐하는 것' 등으로 표현하였다. 공감이 필요한 이유에 대해서도 "친구와 잘 지내기 위해 필요하다", "서로 기분을 상하게 하지 않으려면 공감해야 한다"고 말했다. 그림책을 읽기 바로 전에, '공감이란 무엇인지', '왜 배움에서 중요한지'를 아이들 스스로 생각해 보는 시간을 통해 공감의 필요성을 자연스럽게 느끼게 해주었다.

1-2차시 ② **그림책 읽고, 관점 탐구로 인물의 마음 이해하기**

그림책 『하늘을 나는 사자』와 『곰씨의 의자』를 읽는 도중, 중요한 장면에서 아이들에게 질문을 던졌다.

"이 장면에서 사자는 어떤 기분일까?"

"다른 친구들은 어떻게 느꼈을까?"

"내가 사자였다면 어떤 마음이 들었을까?"

『곰씨의 의자』를 읽을 때도, 곰씨와 토끼들의 입장을 비교해 보며 서로를 오해하거나 점차 마음을 이해하는 과정을 살펴보았다. 이후 아이들은 관점 탐구 활동지를 작성하며, 등장인물이 되어 인물의 생각과 감정, 행동을 하나씩 정리하였다. 처음엔 다소 어려워했지만, "무슨 일이 일어났나?", "그때 어떤 기분이었을까?"와 같은 질문에 답하며 점차 등장인물의 마음을 자연스럽게 짐작하기 시작했다. 특히, 등장인물의 행동에 대해 "왜 그렇게 했을까?"를 함께 고민하는 과정에서는 단순히 이야기 이해를 넘어 등장인물의 마음을 헤아리며 공감하는 연습으로까지 확장할 수 있었다. 이 활동을 마친 뒤, 아이들은 서로의 마음을 잘 이해하면 관계가 좋아진다는 점을 자연스럽게 느끼게 되었고, 공감이 관계 속에서 중요한 이유를 배울 수 있었다.

1-2차시 ③ 서클맵으로 공감의 의미 탐구하고, 우리 반만의 정의 만들기

이어서 서클맵을 활용해 공감의 의미를 확장하였다. 교사는 가운데 원에 '공감'이라는 단어를 적고, 가운데 원과 바깥 원 사이에는 공감하면 떠오르는 단어를 적어보도록 안내하였다.

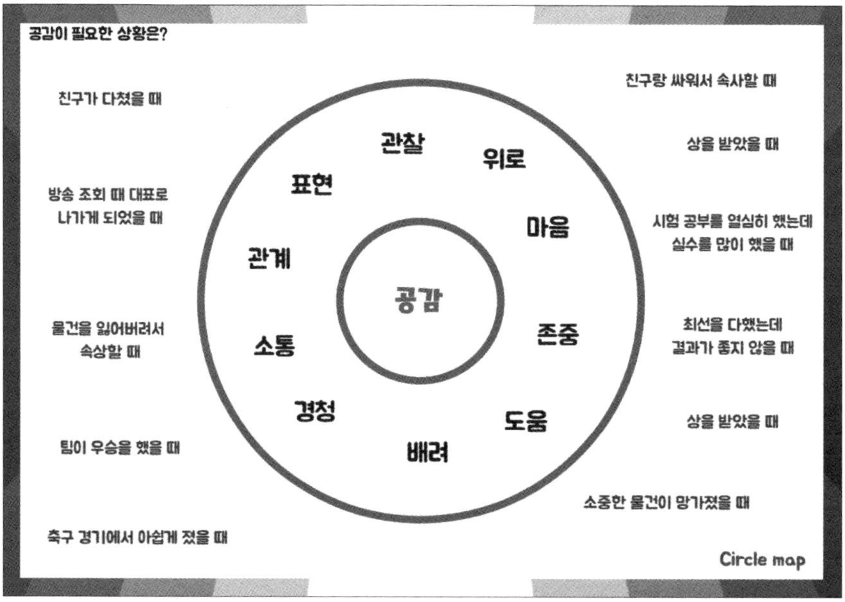

'공감'을 주제로 한 서클맵 활동지 작성 사례

"공감하면 어떤 단어가 떠오르나요?"

아이들은 '마음', '위로', '관계', '소통' 등 다양한 단어를 자연스럽게 떠올렸다. 이때 떠오르는 단어를 적으면 그 이유도 함께 말하게 하였다. 그리고 원 바깥 공간에는 '공감이 필요한 상황은 언제일까요?'라는 질문에 답하도록 하였다. 아이들은 물건을 잃어버렸을 때, 시험을 망쳤을 때

등 위로가 필요한 다양한 상황을 적으며 자신의 경험을 이야기했다. 그런데 갑자기 한 아이가 손을 들고 질문했다.

"선생님 『하늘을 나는 사자』에서 돌이 된 사자와 『곰씨의 의자』의 곰씨 모두 위로받을 상황이긴 했는데요. 공감은 슬프거나 힘든 상황만 하는 것이 아니라 기쁠 때도 할 수 있지 않아요?"

이 질문에 잠시 활동을 멈추고, "공감은 힘들거나 슬픈 상황에서만 하는 것일까?"라는 질문에 모두 함께 생각하는 시간을 가졌다. 공감이 마음을 이해하고 표현하는 것이라면, 좋은 일에 함께 기뻐해 주거나 진심으로 축하해 주는 것도 공감이라는 대화가 오갔다. 이렇게 공감의 의미를 조금 더 확장한 후 공감이 필요한 다양한 상황을 함께 적어 내려갔다.

서클맵을 완성한 후 모둠에서는 서클맵 안의 단어 중 공감을 정의하기 위해 필요한 단어를 함께 토의해서 정한 후 붙임쪽지에 '공감이란'이라고 적고, 각각의 모둠이 생각하는 공감에 대해 문장으로 정리하였다. 아이들이 만든 공감의 정의는 다음과 같다.

공감이란

상대방이 도움이 필요한지 관찰하고, 상대방의 입장을 고려하며 긍정적인 마음으로 소통하는 것이다.

공감이란

상대방의 입장을 이해하고, 상대방의 말을 경청하며 위로하는 것이다.

공감이란

슬프거나 기쁜 일이 생겼을 때 상대방의 마음 관리를 위해 긍정적인 말과 행동을 해 주는 것이다.

3-4차시 ① 공감 LTE 전략 익히고, 실습하기

공감의 개념을 정리한 뒤, 아이들에게 LTE 전략을 소개하고 다음과 같은 질문을 생각하게 했다.

'적극적으로 듣는다는 것이 무엇일까?'

'상대방의 입장이 되어 충분히 생각하면 어떤 말을 할 수 있을까?'

'힘들 때 어떤 말을 들으면 힘이 날까?'

이러한 질문을 생각하며 L, T, E 각 단계별로 자신이 실제로 할 수 있는 말이나 행동을 생각하게 했다. 아이들은 LTE 활동지에 자신이 생각한 내용을 정리하여 각자 메모를 하였다.

LTE 전략을 살펴본 후 관점 탐구 활동지를 다시 보았다. 이번에는 그림책 속 인물이 되어, LTE 순서에 따라 공감하는 대화를 실습하였다. 모둠에서 한 명씩 등장인물이 되어 관점 탐구 활동지를 보며 자신의 감정을 이야기했다. 그리고 다른 친구는 LTE 순서를 보며 공감하는 말하기를 연습해 보았다.

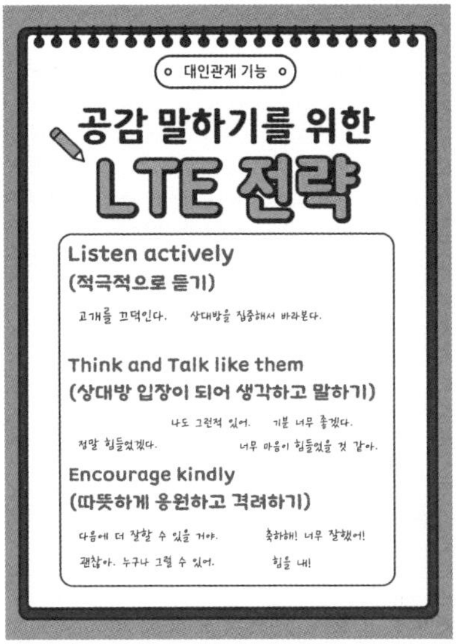

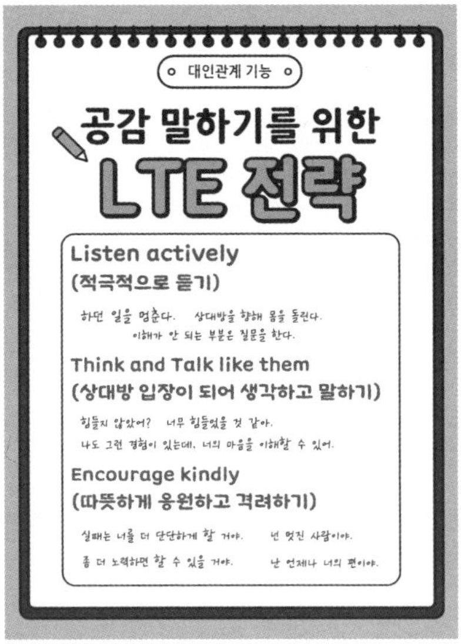

공감 말하기를 위한 LTE 전략 활동지 작성 사례

"나는 하늘을 나는 사자야. 매일 찾아오는 고양이들 때문에 매일 사냥을 해야 해서 너무 힘들었어."

"사자야. 낮잠을 자고 싶었는데 매일 사냥을 해야 해서 너무 피곤하고 힘들었겠다. 그래서 돌이 되었구나. 이제 일어났으니 낮잠도 자고 행복하게 지내면 좋겠어."

이렇게 LTE 전략을 살펴보며 관점 탐구 활동지를 다시 활용해 공감하는 말하기 연습까지 진행하였다.

3-4차시 ② **말해요/행동해요 구체화하기 전략으로 공감 행동과 표현 정리하기**

마지막으로, 말해요/행동해요 구체화하기 전략을 통해 공감 표현을 말과 행동으로 정리하는 시간을 가졌다. T차트를 활용해 '공감하는 사람은 이렇게 말해요', '공감하는 사람은 이렇게 행동해요'로 구분하여 아이들이 직접 자신만의 표현을 적어 보도록 하였다.

공감하는 사람은

이렇게 말해요	이렇게 행동해요
"아~"	하던 것을 멈추고 상대방을 본다.
"그렇구나~"	눈을 보며 반응한다.
"정말? 속상했겠다."	잘 듣고 질문한다.
"나도 그런 적이 있어."	토닥여 준다.
"다음에는 더 잘할 수 있을 거야."	눈물을 보이면 휴지를 갖다 준다.
"넌 할 수 있어! 힘을 내."	힘내라고 편지를 써 준다.
"축하해!"	좋은 일은 밝게 웃으며 칭찬한다.
"정말 대단하다."	기쁜 일은 박수를 쳐 준다.

공감하는 사람 T차트 활동지 작성 사례

아이들은 모둠별로 지금까지 했던 활동을 통해 구체화된 '공감'을 말과 행동으로 구분해서 적기 시작하였다. “힘내라고 편지를 써 준다” 또는 “기쁜 일에는 박수를 쳐 준다”와 같이 새로운 아이디어가 나오기도 하였다. 앞서 경험한 공감에 대한 인식 확장이 있었기에(117쪽) 그림책에서 다룬 위로의 상황을 넘어 기쁜 상황을 위한 공감까지 생각할 수 있었고, 이를 비롯한 여러 새로운 의견이 나오는 것도 가능했다.

3-4차시 ③ 공감 역할극 구상하기

공감의 의미와 전략 그리고 공감하는 방법을 구체적으로 살펴본 후 실제 생활에서 공감이 필요한 상황을 넣어 짧은 역할극을 구상하게 하였다. 그림책을 활용해 공감을 연습했기 때문에, 보다 실제적으로 공감하는 표현을 연습하게 하고 싶어 역할극 활동을 진행했다. 아이들은 공감이 필요한 상황과 역할을 정하고, 공감하는 말과 행동을 생각한 후 간단한 대본을 작성하였다. 시간이 없어서 공연은 다음 날 진행되었지만, 이렇게 짧은 역할극을 준비하는 과정에서도 아이들은 협력하는 모습을 보여 주었고, 실제 대인관계 상황을 떠올리며 공감하기 위해서는 어떻게 말해야 하는지 진지하게 고민하였다.

이렇게 공감을 단계적으로 이해하고 실천하는 흐름을 통해 아이들은 ‘상대방의 마음을 헤아리는 힘’이 관계를 긍정적으로 바꾸는 출발점임을 체험하였다. 교실 속 공감은 단순한 지식이 아닌, 말과 행동으로 실천하며 익혀야 하는 태도이다. 다양한 전략과 활동을 통해 아이들이 이런 점을 자연스럽게 느끼도록 하며 수업을 마무리하였다.

STEP 5 수업 성찰하기

교실이라는 작은 공동체 안에서 아이들은 매일 다양한 상황 속 여러 감정을 경험한다. 친구와의 오해, 실수, 다툼, 그리고 작은 친절 속에서 아이들은 자연스럽게 공감의 필요성을 느끼고 배워 간다. 이번 수업 역시 그 과정의 일부였다.

아이들은 '공감'이라는 단어를 알고는 있었지만 실제로 친구의 입장에서 생각하거나 따뜻한 말이나 행동으로 공감을 표현하는 것은 어려워하는 모습을 볼 수 있었다. 특히 수업 초반에는 "괜찮아"와 같은 짧은 말이나 얕은 위로로 공감을 표현하는 데 그치는 경우가 많았다.

그러나 그림책을 함께 읽고 인물의 관점을 탐구하며 마음을 들여다본 뒤에는 조금씩 변화가 나타났다. 아이들은 사자의 외로운 마음을 상상하며 "내가 너와 같은 상황에 처했다면 쉬지도 못하고 매일 사냥을 나가야 해서 슬펐을 것 같아"라고 말하거나, 곰씨와 친구들의 입장을 비교하며, 같은 상황도 서로의 입장에 따라 다르게 느낄 수 있다는 것을 자연스럽게 이해했다. 공감을 말로 표현하는 LTE 전략을 익히면서 아이들의 언어에 더 구체적인 진심이 담기게 되었다.

특히 인상적이었던 순간은 모둠별로 공감의 정의를 만드는 과정이었다. 모둠마다 도출된 정의가 달랐고, 이를 공유하는 것만으로도 배움이 깊어지는 시간을 경험할 수 있었다. 다만 아쉬웠던 점도 있었다. LTE 전략을 배운 후 '말해요/행동해요 구체화하기 전략' 순서로 활동을 진행했는데, 활동 순서를 바꿔 먼저 공감하는 사람이 어떤 말을 하고 어떤 행동을 하는지 구체적으로 생각한 뒤, 이를 내재화하기 위한 전략으로 LTE를 소개했다면 어땠을까? 아이들이 전략을 더 잘 기억할 수 있었을 것이라는 생각이 들었다.

또한 LTE 전략은 교사에게는 기억하기 쉬운 명칭이었지만, 영어에 익숙하지 않은 아이들에게는 다소 낯설 수 있다는 점도 발견했다. 모둠 활동을 관찰하던 중 한 아이가 LTE를 '경공격'이라고 외우는 것을 발견했다. 이유를 물으니 "잘 공감하기 위해서는 경청하고, 공감하는 말을 하고, 격려해야 하기 때문"이라고 설명했다. 이를 보며 아이들이 명확하게 이해하고 기억할 수 있도록 수준에 맞는 전략명을 고민할 필요가 있다고 성찰했다.

그림책 선정에 대해서도 생각이 깊어졌다. 『하늘을 나는 사자』와 『곰씨의 의자』는 자신의 마음을 표현하는 것의 중요성을 탐구하기에 적합한 책이었다. 한 아이가 두 책의 공통점을 이야기하며 "공감하는 말을 하기 위해서는 먼저 자신의 감정을 솔직하게 이야기하는 것이 중요하다"라고 말했을 때, 감정을 명확하게 표현하는 것이 공감 형성을 위해 얼마나 중요한지 분명히 드러났다. 따라서 다음 공감 수업에서는 먼저 자신의 감정을 명확하게 표현하는 방법을 다룬 후, 공감 말하기 수업으로 연결하는 것이 좋겠다는 생각을 하게 되었다.

아이들은 앞으로도 다양한 갈등과 오해를 경험하며 그 속에서 성장하게 될 것이다. 이번 수업을 통해 공감의 언어와 행동을 구체적으로 익힌 만큼, 다음 갈등 상황에서 스스로 선택할 수 있는 가능성은 한층 높아졌다고 믿는다. 결국 공감은 건강한 교실 공동체를 만드는 기초이며, 서로의 생각을 존중하고 함께 배우는 탐구 문화를 조성하는 중요한 바탕이다. 교사는 일상 속 다양한 상황과 연결해 아이들이 공감할 수 있는 작은 기회를 꾸준히 마련해야 한다. 그래야 아이들의 말과 행동 속에 공감이 자연스럽게 자리 잡고, 교실이 건강한 공동체로 성장할 수 있을 것이다.

● 수업 자료 모음

수업에 활용한 활동지	· 관점 탐구 활동지 · 서클맵 활동지 · LTE 전략 활동지 · 말해요/행동해요 활동지	* QR을 촬영하면 수업에 활용한 활동지를 살펴볼 수 있습니다.

'협력하기'를 가르치다

STEP 1 협력하기를 어떻게 가르칠까?

초등 고학년으로 갈수록 학습 과제는 더 복잡해지고 사회적 관계도 다양해지기 때문에, 아이들에게는 단순한 협력 기술을 넘어 자신의 강점을 인식하고 이를 관계 속에서 긍정적으로 발휘하는 능력이 요구된다. ATL에서 제시하는 대인 관계 기능은 크게 두 범주, 즉 '사회 정서적 지능'과 '긍정적인 대인 관계 및 협력 능력'으로 구성된다. 사회 정서적 지능을 함양하기 위해서는 타인의 감정을 인식하고, 감정을 조절하며, 갈등을 해결하는 역량이 필요하다. 또한 긍정적인 대인 관계를 형성하고 협력하는 능력을 기르기 위해서는 공감과 배려를 실천하고, 모둠 안에서 적극적으로 협력하며 학습하는 태도가 요구된다.

협력은 단순히 '함께 있는 모습'만으로는 유지되지 않는다. 각자가 어떤 역할을 맡을 수 있는지, 타인을 어떻게 도울 수 있는지에 대한 자기 이해와 관계에 기여하려는 의지가 밑바탕이 되어야 한다. 비고츠키(Vygotsky, 1978)의 사회적 구성주의에 따르면, 지식은 사회적 상호작용 속에서 공동으로 구성되며 학습은 타인과의 협력을 통해 확장된다. 이러한 점에서 협력은 대인 관계 기능 속에서 자기 인식과 사회적 기여가 자연스럽게 연결되는 핵심 영역이라 할 수 있다.

2022 개정 교육과정에서도 '협력적 소통 역량'을 주요 핵심역량 중 하나로 제시하며, 이를 함양하기 위해 협력적 문제 해결과 존중의 태도를 기르는 학습 경험을 강조하고 있다. 따라서 교사는 아이들이 협력의 의미

를 스스로 탐색하고, 관계 속에서의 자신의 위치를 성찰하며, 구체적인 협력 전략을 도출할 수 있는 구조적인 수업을 설계해야 한다. 예를 들어, 이야기 속 인물을 통해 협력의 본질을 발견하게 하거나, 자신의 강점이 팀 안에서 어떤 역할로 연결될 수 있는지를 탐색하는 활동, 그리고 협력 과정에서 마주하는 감정과 갈등을 공유하고 해결 방안을 모색하는 활동 등이 있다.

이러한 수업은 아이들이 단순히 공동 작업을 '잘' 수행하는 수준을 넘어, 민주적인 의사소통과 존중의 태도를 갖춘 협력적인 학습자로 성장하는 기반이 된다. 나아가, 각자의 강점이 집단 안에서 의미 있게 발휘되고, 그 경험이 관계를 더욱 긍정적으로 이끌수록 협력은 단순한 기술이 아닌 학습자 내면의 태도로 자리 잡게 된다. 협력할 수 있는 능력을 갖춘 아이는 다음과 같은 행동을 보인다.

- 자신의 강점을 인식하고, 이를 공동의 목표 달성을 위해 기여하는 데 활용한다.
- 자신의 의견을 정중하게 표현하고, 타인의 의견도 경청한다.
- 공동의 목표를 향해 타인과 적극적으로 협력한다.
- 역할을 나누고, 각자의 책임을 다하는 태도를 보인다.
- 친구가 어려움을 겪을 때, 도움을 주거나 함께 해결책을 찾아보려 한다.
- 갈등이 생겼을 때, 감정을 조절하며 문제를 평화롭게 해결하려고 노력한다.

아이들은 학교생활에서 다양한 협력 상황을 경험한다. 이때 협력이 원활히 이루어지려면 단순한 역할 분담을 넘어, 자신이 어떤 방식으로 관계에 기여할 수 있는지를 아는 것이 중요하다. 따라서 교실에서 교사는 자신을 이해하고, 협력의 의미와 필요성을 배우는 학습 경험을 제공해 줄 필요가 있다.

이러한 학습 경험을 통해 아이들은 대인 관계 속에서 자신이 어떤 사람인지 이해하고, 자신의 강점을 바탕으로 공동체에 기여할 방법을 고민하게 된다. 관계 속에서 나를 인식하고, 타인과의 상호작용을 통해 성장하는 이러한 경험은, 아이가 학습 공동체의 일원으로서 더욱 주도적이고 성숙하게 성장하는 든든한 밑거름이 될 것이다.

STEP 2 수업 전략

전략 ① 북크리에이터

북크리에이터(Book Creator)는 웹 기반의 디지털 저작 도구로, 글, 그림, 사진, 오디오 등 다양한 형식을 결합해 전자책 형태의 결과물을 만들 수 있는 플랫폼이다. 사용법이 비교적 직관적이며, 한글 입력도 가능하여 디지털 제작 경험이 많지 않은 아이들도 손쉽게 활용할 수 있다는 장점이 있다.

북크리에이터는 공식 웹사이트를 통해 접속할 수 있으며, 교사 계정으로 가입한 후 학급을 생성하고 학생을 초대하는 방식으로 운영된다. 이때 학생은 개인 이메일 없이도 개별 QR코드나 링크를 통해 접속할 수 있어, 초등학교 교실에서 활용하기에 특히 적합하다.

이 도구는 아이들이 자신이 배운 내용을 시각적으로 구성하고 표현하는 데 효과적이다. 예를 들어, 아이는 자신이 한 일을 문장으로 작성하고, 그 내용을 상징하는 이미지 또는 그림을 삽입하거나 직접 녹음한 음성을 추가하여 개성 있는 디지털 페이지를 제작할 수 있다. 이렇게 완성된 각자의 페이지는 모둠 또는 학급 단위로 묶어 전자책(e-book) 등 하나의 공동 결과물로 만들 수 있다. 완성된 전자책은 온라인으로 공유하거나 PDF 파일로 저장하여 학급 자료로도 활용 가능하다.

수업에 적용할 때, 교사는 아이 수준에 따라 기본 템플릿을 제공하거나 자유롭게 구성할 수 있도록 지도하여 활동의 난이도와 표현 범위를 조절할 수 있다. 자유로운 형식으로 표현할 수 있는 기회를 제공하면, 아이들은 더욱 창의적인 결과물을 제작하고 디지털 매체 활용 역량도 함께 기를 수 있다.

다만, 북크리에이터의 메뉴와 버튼은 영어로 구성되어 있으므로, 수업 전에 간단한 시연이나 안내 자료를 함께 제공하면 아이들의 이해를 돕고 활용 효과를 높일 수 있다.

북크리에이터 활용 화면

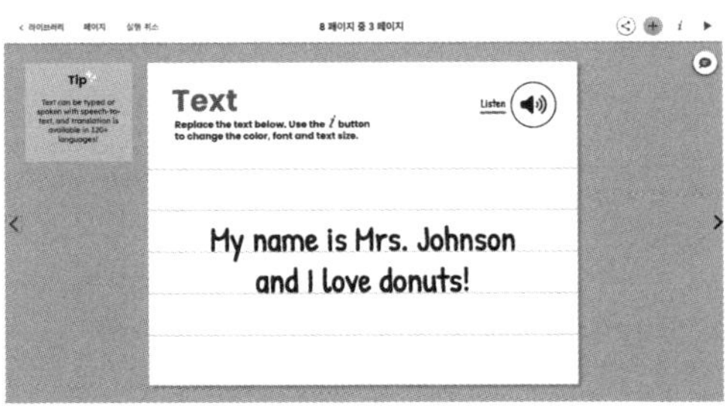

* QR을 촬영하면 수업을 위해 만든 북크리에이터 예시를 볼 수 있습니다.

전략 ② 틱택토

틱택토(Tic-Tac-Toe) 전략은 특정 개념에 관해 공동의 이해를 형성하는 과정이 필요할 때 사용할 수 있는 전략이다. 먼저, 가장 가운데에 집중적으로 생각할 개념을 적는다. 다음으로 단어 주위에 해당 개념과 관련하여 떠오르는 단어를 채워가며 사고의 폭을 넓힐 수 있다. 예를 들어, "우정이란 무엇일까?"에 관해 아이들이 생각해 보기를 원한다면, "우정"을 가장 가운데에 적는다. 그리고 해당 개념을 설명하기 위해 필요한 단어들을 쓴다. 아이들은 친구, 관계, 행복 같은 단어를 적을 것이다. 모든 단어가 채워진 후에는 모둠에서 단어를 살펴보며, 해당 개념을 정의하기 위해

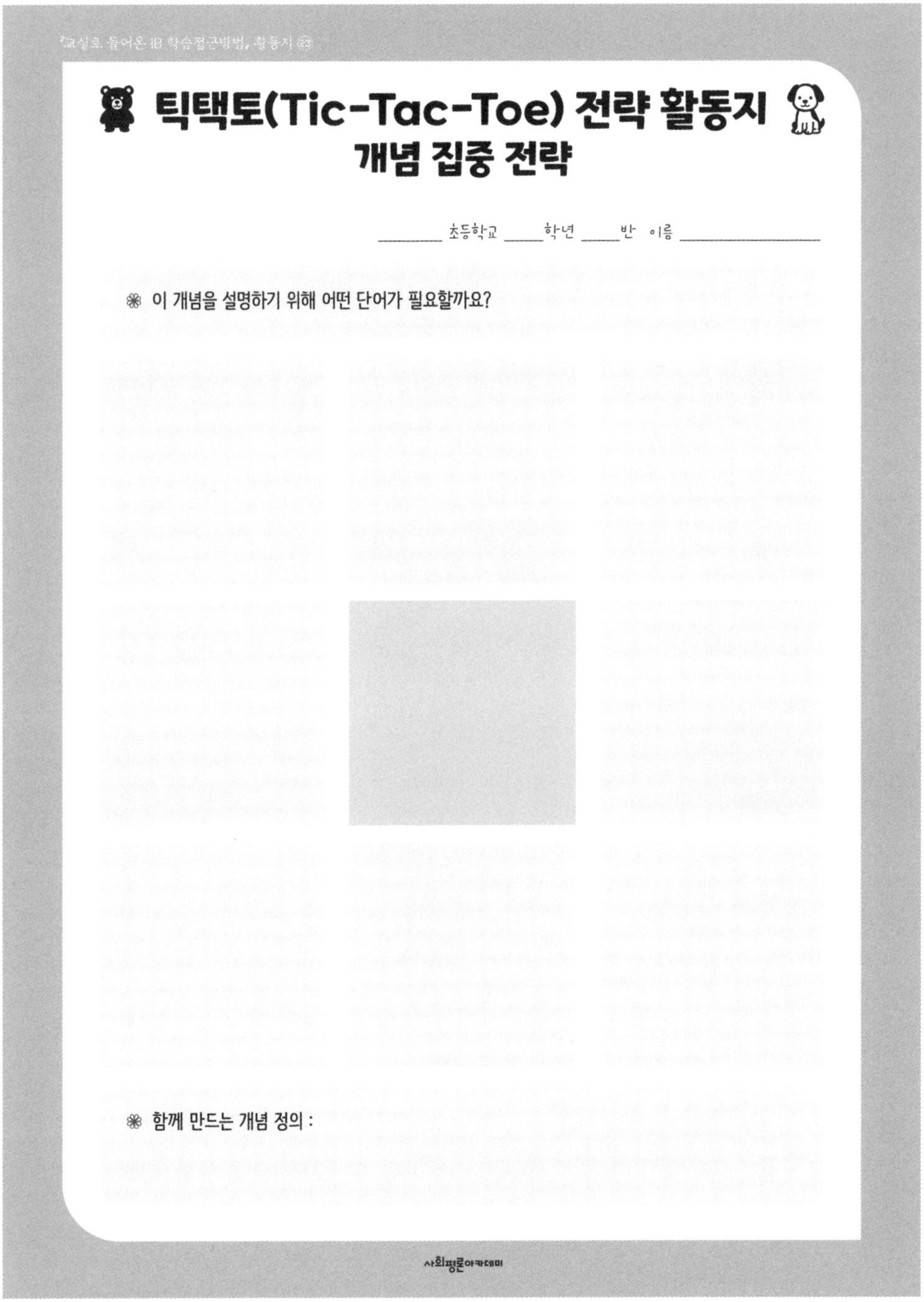
『교실로 들어온 IB 학습접근방법』 활동지 ㉓

틱택토(Tic-Tac-Toe) 전략 활동지
개념 집중 전략

_______ 초등학교 _____학년 _____반 이름 _______________

❀ 이 개념을 설명하기 위해 어떤 단어가 필요할까요?

❀ 함께 만드는 개념 정의 :

사회평론아카데미

틱택토 전략 활동지

꼭 들어가야 할 단어를 개인별로 세 개씩 표시한다. 다음으로, 많이 표시된 단어 세 개를 사용하여 모둠이 함께 해당 개념에 관해 한 문장으로 정의 내려 본다.

개별 활동으로 접근할 경우에는 혼자 모든 칸을 채운 뒤, 짝이나 모둠에서 서로 쓴 단어를 비교하며 공통점이나 새로운 시각을 발견한다. 이후 모둠에서 많이 나온 단어를 모아 우리 모둠이 생각하는 "우정이란 (   ) 이다"라는 문장으로 우정의 의미를 정의해 본다.

활동의 난이도는 교사가 주변에 들어갈 단어 예시를 한 두 개 미리 제시함으로써 조정할 수 있으며, 아이의 발달 수준에 따라 개인 또는 소그룹 단위로도 유연하게 운영할 수 있다. 이 전략은 주제에 대한 고정된 정의를 암기하기보다, 아이가 스스로의 경험과 언어를 통해 사고를 확장하는 데 효과적이다. 특히 다양한 시각을 공유하고 비교하는 과정은 주제에 대한 공동의 이해를 형성하게 하며, 이는 학생들 간의 상호 이해와 존중의 분위기를 조성하는 기반이 된다.

전략 ③ 나침반 침

하버드 교육대학원의 프로젝트 제로(Project Zero)*에서 개발한 나침반 침(Compass Points) 전략은 E(Excited), W(Worrisome), N(Need to know), S(Suggestion/Next step)의 네 방향을 제시하여 한 주제에 대해 다양한 관점으로 사고하고, 이를 정리하도록 돕는 구조화된 사고 도구다. 이 전략은 아이들이 특정 주제에 대해 기대되는 점, 걱정되는 점, 추가로 알고 싶은 점, 실천하거나 제안할 점 등을 생각하여 각각의 위치에 정리한다. 활동은 개별 작성 후 조별 공유로 확장할 수 있으며, 유사한 생각을 모

---

* 1967년 미국 하버드 대학교 교육대학원에서 설립된 연구 프로젝트로, 기본적으로 학습, 사고, 창의성, 그리고 인간의 인지 능력에 대한 이해를 향상시키는 것을 목표로 한다. 이 프로젝트는 예술 교육 연구에서 시작되었지만, 이후 학습 전반과 사고에 대한 연구로 확장되었다.

아 학급의 공통된 시각으로 발전시키는 방식으로도 가능하다. 나침반 침 전략은 주제를 단편적으로 받아들이지 않고, 주제에 대한 균형 잡힌 시각을 길러 주는 데 효과적이다.

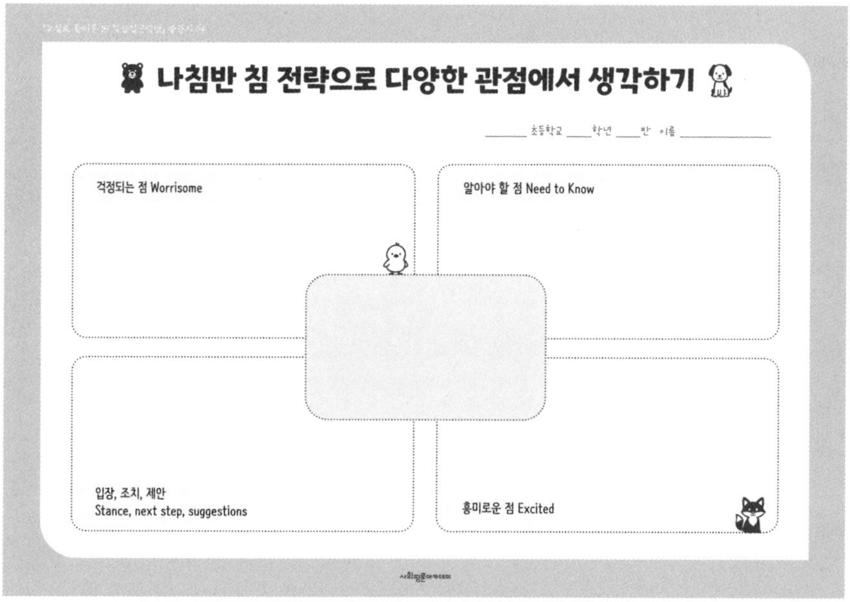
나침반 침 전략으로 다양한 관점에서 생각하기

______ 초등학교 ____학년 ____반 이름 ____________

걱정되는 점 Worrisome

알아야 할 점 Need to Know

입장, 조치, 제안
Stance, next step, suggestions

흥미로운 점 Excited

나침반 침 전략 활동지

전략 ④ WOW

WOW(Word–Opinion–Wondering) 전략은 아이들이 한 주제와 관련된 가치나 태도를 단어(Word)로 정리하고, 그 단어에 대한 자신의 생각(Opinion)을 문장으로 표현한 뒤, 그 생각을 실천하고 있는지를 되돌아보는 성찰 질문(Wondering)을 작성하는 세 단계 사고 도구이다.

이 전략은 주로 태도, 덕목, 관계적 가치를 탐색하는 수업에서 활용된다. 예를 들어 아이들은 '경청', '배려', '책임감' 등 협력과 관련된 핵심 단어를 선택한 후, 그 가치를 실천하려면 어떤 행동이 필요한지를 구체적인 문장으로 표현한다. "나는 친구의 의견을 끝까지 듣는 것이 중요하다고 생각해요"와 같은 문장을 정리한 후, 이어서 "나는 오늘 친구의 말을 끊지 않고 들어주었나요?"와 같은 질문을 스스로에게 해서 자기 성찰의 기회를 갖게 하는 것이다.

STEP 3 수업 준비하기

수업 안내

협력하는 방법에 관한 수업은 '자기 강점 탐색', '이야기 속 협력 분석', '협력의 의미 탐색', '협력을 다양한 관점에서 탐구', '협력을 위한 구체적인 성찰 질문 만들기'의 흐름으로 구성되며, 5학년을 대상으로 총 5차시에 걸쳐 진행한다. 이 수업의 목표는 아이들이 공동체 속에서 자신이 어떤 기여를 할 수 있는지를 탐색하고, 협력할 때 필요한 태도와 전략을 스스로 구성하도록 돕는 것이다.

특히 고학년 학생들은 협동 프로젝트나 집단 활동이 많아지면서 협력의 의미를 오해하거나 역할을 회피하는 경우가 종종 나타난다. 이에 따라 협력을 단순히 '함께하는 활동'이 아니라, 자신의 강점을 발휘하며 공동의 목표를 위해 함께하는 과정으로 이해할 수 있도록 수업을 설계한다.

1차시에서는 그림책 『완두』를 읽고 "사람들은 각자의 강점이 있다"는 것을 이해하며, 자신의 성향과 대인 관계에서의 강점을 긍정적으로 인식하도록 한다. 특히 자신의 강점을 IB 학습자상과 연결하여 표현하고, 온라인 도구를 활용해 학급 책을 제작하여 서로의 강점을 공유한다.

2차시에는 전래 동화 『팥죽할멈과 호랑이』를 읽고 이야기 속 등장인물들이 서로를 도와 호랑이를 물리치는 과정에 주목한다. 아이들은 인물의 행동을 관찰하며 "이 행동은 협력인가요?", "협력은 어떤 특징이 있을까요?"라는 질문을 중심으로 생각을 나눈다. 이후 틱택토(Tic-Tac-Toe) 전략을 활용해 '협력'하면 떠오르는 단어를 쓴 후 모둠원과 토의하여 중요하다고 생각하는 단어 몇 개를 뽑아 협력에 대한 공동의 개념 정의를 한다. 이 활동은 협력의 정의를 주입식으로 배우는 것이 아니라, 아이 스스로 언어화하는 경험을 통해 협력 개념을 구성하도록 돕는 데 중점을 둔다.

3차시에서는 나침반 침 전략을 적용해 협력에 대한 입체적인 사고를 유도한다. 아이들은 '협력'이라는 주제를 중심으로, 협력할 때 흥미로운 점, 기대되는 점, 걱정되거나 알아야 할 필요가 있는 점, 그리고 협력을 잘하기 위한 나의 제안을 각각 정리한다. 이를 통해 협력을 단순히 좋은 태도로만 받아들이는 것이 아니라, 협력 상황에서 느끼는 실제 감정과 필요를 함께 성찰하고, 나아가 협력 안에서 자신이 실천할 수 있는 구체적인 방법을 고민하게 된다.

마지막 4차시에서는 WOW 전략(Word – Opinion – Wondering)을 활용하여 협력 수업을 마무리한다. 아이들은 협력할 때 가장 중요하다고 생각하는 가치를 하나의 단어로 정리하고, 그 가치를 실천하기 위한 자신의 의견을 문장으로 작성한 뒤, 이를 실천했는지 돌아보게 하는 성찰 질문을 만든다.

이 활동은 가치를 실천 가능한 태도로 전환하고, 질문을 통해 지속적으로 성찰할 수 있는 기반을 마련하는 데 효과적이다. 아이들이 작성한 성찰 질문은 '협력 성찰 점검표'로 정리해 포스터로 제작하고 교실에 게시하여, 이후에도 지속적으로 협력을 실천할 수 있는 환경을 조성한다.

또한 제시된 수업의 내용과 길이는 아이들의 수준과 반 분위기에 따라 조정할 수 있으며, 탑 쌓기와 같은 협력 중심의 공동체 놀이를 추가하거나 그림책을 변경할 경우 활동 시간은 더 길어질 수 있다. 특히 협력을 주제로 하는 수업은 학년 초 학급 세우기 활동과 연계하면 효과적이며, 이 시기에 창의적 체험활동 시간을 활용해 충분한 시간을 들여 협력을 탐구하는 것이 바람직하다.

협력하기를 가르치는 수업 안내

대상 학년	수업에서 다루는 ATL 기능
5학년	대인관계 기능 > **협력하기**
차시	**수업 내용**
1~2차시	『완두』 읽고 나만의 강점을 찾아 **북크리에이터(Bookcreator)**로 학급 강점 책 만들기
3~4차시	『팥죽할멈과 호랑이』 읽고 **틱택토(Tic-Tac-Toe) 전략**으로 협력의 의미와 필요성 탐구하기 **나침반 침 전략**으로 협력을 다각도로 탐구하기
5차시	**WOW 전략**으로 협력을 위한 성찰 점검표 제작하기

수업 자료

협력하기를 배우는 수업을 위해 그림책 『완두』와 『팥죽할멈과 호랑이』를 준비하였다. 두 책 모두 짧은 분량의 그림책이라 아이들과 함께 읽기에 부담이 없다. 먼저 『완두』는 누구에게나 자신만의 강점이 있다는 것을 아이들이 이해하고 자신의 강점을 탐색할 수 있도록 돕는다. 『팥죽 할멈과 호랑이』는 이야기의 흐름이 간단하고 이해하기 쉬우면서도, 모두가 힘을 합치면 문제를 해결할 수 있다는 협력의 핵심적 메시지가 담겨 있다. 아이들이 각자의 강점을 인식한 후 협력의 의미와 가치를 이해하고, 효과적으로 협력할 수 있는 방법을 탐색하도록 하기 위해, 내용을 쉽게 이해하고 주제를 명확히 파악할 수 있는 두 그림책을 선정하였다.

자료 내용 미리 보기

『완두』 다비드 칼리 글, 세바스티앙 무랭 그림, 진선아이	완두는 태어날 때부터 몸이 완두콩처럼 아주 작은 아이이다. 불편한 것도 많고 친구들과 모습도 다르지만 씩씩하고 긍정적인 완두는 자라서 자신의 특기를 살려 우표에 그림을 그리는 일을 하게 된다.
『팥죽 할멈과 호랑이』 장경원 글, 전정화 그림, 애플비북스	동짓날 호랑이가 나타나 할멈에게 팥죽을 쑤어 달라고 한다. 할머니가 울면서 팥죽을 쑤자 알밤, 자라, 개똥, 맷돌, 송곳, 멍석, 지게가 찾아와 할머니를 도와준다.

STEP 4 수업 진행하기

1-2차시 ① 협력에 관한 사전 경험 이야기하기

수업을 시작하기에 앞서 아이들에게 '나는 누구일까요?' 퀴즈를 냈다.

- 나는 혼자 할 수 없습니다.
- 나는 어렵기도 합니다.
- 나를 잘하면 서로 성장할 수 있어요.
- 학교에서 모둠 활동할 때 나를 잘하면 과제를 잘 해결할 수 있어요.

아이들은 잠시 조용히 생각한 후, 각자 자신의 생각을 보드판에 적고 모둠원과 함께 이야기를 나누었다. 아이들은 '배려', '칭찬', '협력' 등과 같은 단어들을 떠올렸다. 이 과정에서 모둠원끼리 함께 답을 찾아가는 것도 협력의 한 형태임을 안내한 후, 모둠 활동을 할 때 협력이 잘 이루어진다고 생각하는지 물어 보았다. 아이들은 협력이 항상 잘 이루어지는 것은 아니라고 대답했다. 교사는 오늘 수업을 통해 '협력'의 의미가 무엇인지 알아보고, 협력을 더 잘할 수 있는 구체적인 방법들을 배울 것이라고 안내하였다.

1-2차시 ② 북크리에이터로 학급 강점 전자책 만들기

그림책 『완두』를 함께 읽고 완두의 조용하고 내성적인 모습에 주목하며 "완두는 어떤 점에서 특별했을까요?", "여러분은 어떤 점에서 자신만의 강점이 있다고 느끼나요?"라는 질문을 던졌다. 아이들은 완두의 이야기를 따라가며, 남들과 달라도 자신만의 방식으로 멋지게 성장하는 것이 가능하다는 주제에 공감하였고, 자신의 모습도 긍정적으로 바라보는 태도를 기르기 시작했다.

그런 다음 IB 학습자상을 참고하여 나와 닮은 학습자상을 하나 선택하고, '나는 (　　)하는 사람입니다'라는 형식으로 자신을 소개하는 문장을 작성하였다. 예를 들어, '나는 조용하지만 꾸준히 생각하는 사고하는 사람입니다', '나는 친구를 잘 도와주고 배려하는 사람입니다'와 같은 문장이 완성되었다. 이 문장은 북크리에이터를 활용한 전자책 제작 활동으로 이어졌다.

북크리에이터의 유료 버전의 경우 교사가 한 권의 전자책을 생성하고 학생들이 각자 한 페이지씩 맡아 글, 그림, 오디오 등을 추가하며 협업할 수 있다. 책 생성 → 공유 설정 → 개별 페이지 편집 → 전자 출판의 간단한 과정으로 진행되며, 출석번호나 이름 순으로 페이지를 할당하면 공동 작업으로 오는 편집 혼선을 줄일 수 있다. 또한, 그림·사진·녹음 등을 추가해 표현을 확장할 수 있다. 완성된 책은 온라인 링크로 공개 또는 비공개 전자 출판이 가능하다.

함께 책을 만들기 위해 북크리에이터에서 책을 생성한 후 공유 기능

북크리에이터 전자책 화면

을 활용해, 아이들이 한 권의 책에서 함께 협업할 수 있도록 설정하였다. 그리고 첫 페이지인 표지를 제외하고 다음 페이지부터 출석번호 순으로 자신의 공간을 지정해주었다. 이렇게 하여 출석번호 +1에 해당하는 페이지에 자신의 강점을 중심으로 간단한 소개 글을 쓰고, 여기에 어울리는 그림이나 상징 이미지를 추가해 자신의 성향과 강점을 표현하였다. 아이들이 자신의 페이지에서 작업을 한 후, 전자 출판을 통해 온라인 도서관에서 '우리 반 강점책'을 출판하여 공유하였다. 이 활동은 아이들이 서로의 강점을 자연스럽게 알아가고, 자신이 공동체 안에서 어떤 기여를 할 수 있는지를 고민해 보는 계기가 되었다.

3-4차시 ① 틱택토(Tic-Tac-Toe) 전략으로 협력에 대한 개념 문장 만들기

다음으로는 『팥죽할멈과 호랑이』를 읽고, 이야기 속 등장인물들이 어떻게 협력했는지를 살펴보았다. 아이들은 알밤, 자라, 개똥, 맷돌이 각자의 방식으로 팥죽할멈을 돕는 장면에 주목하며, "이 행동은 협력이라고 볼 수 있을까?", "어떤 점이 함께하는 행동이었을까?"라는 질문을 중심으로 생각을 나누었다.

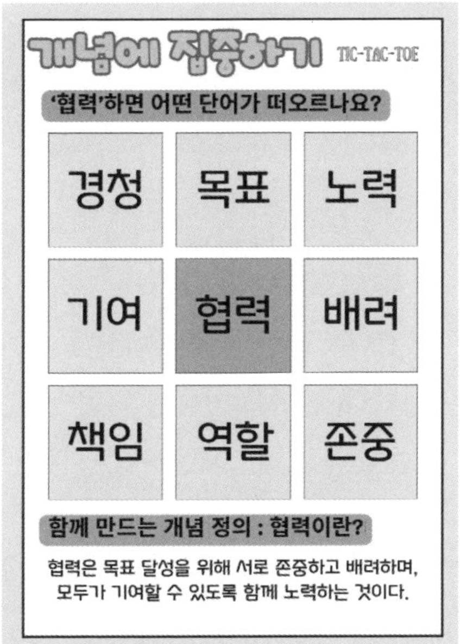

틱택토 전략 활동지 작성 사례

이후 틱택토 전략을 적용하여 '협력'하면 떠오르는 단어를 3×3 격자에 자유롭게 작성하였다. 아이들은 '경청', '나눔', '신뢰', '도움', '약속', '책임' 등 자신이 경험하거나 중요하게 생각하는 단어를 떠올리며 칸을 채워 나갔다. 주로 '존중', '배려', '노력'

등의 단어가 많이 나왔으며, 힘듦이나 갈등 등의 협력의 어려운 점을 나타내는 단어도 나왔다.

활동을 마친 뒤에는 자신이 쓴 단어 중 가장 중요하다고 생각하는 단어를 3개씩 선택해서, "협력이란 (   )이다." 형식으로 협력에 대한 정의 문장을 만들어 보았다.

개별 활동이 끝난 후에는 아이 개인이 만든 정의를 모둠 안에서 돌아가며 이야기를 하였고, 모둠에서 많이 나온 단어를 사용하여 모둠의 협력에 대한 개념 정의를 만들어 보게 하였다. 이어 모둠이 돌아가며 정의를 발표하면서 서로의 생각을 비교해 보고, 협력이라는 개념이 얼마나 다양한 모습으로 실천될 수 있는지 알아보았다. 이 활동은 각자의 언어로 협력의 의미를 구성해 보는 데 중점을 두었다.

- 협력이란 각자의 역할을 최선을 다해 노력하여 목표를 향해 가는 것이다.
- 협력이란 다른 사람을 배려하며 같은 목표를 향해 나아가는 것이다.

3-4차시② 나침반 침 전략으로 다양한 관점에서 협력 탐구하기

협력에 대한 이해를 더 넓고 깊게 확장하기 위해 나침반 침 전략을 활용하였다. 칠판에 커다란 나침반을 그리고, '기대되는 점', '걱정되는 점', '더 알고 싶은 점', '제안하고 싶은 점'이라는 말풍선을 동서남북 방향에 각각 붙였다. 아이들에게 붙임쪽지를 나누어 주며 조용히 말했다.

"이번 시간에는 협력에 대해 나만의 생각을 정리해 보는 시간이 될 거예요. 3분 동안 각 방향에 따라 떠오르는 생각을 적어 보세요. 모둠 활동을 하며 협력했던 경험을 떠올리며 솔직하게 쓰면 돼요."

배경 음악이 흐르자 교실 안은 조용해졌고, 아이들은 붙임쪽지를 하나씩 붙잡고 생각을 적기 시작했다.

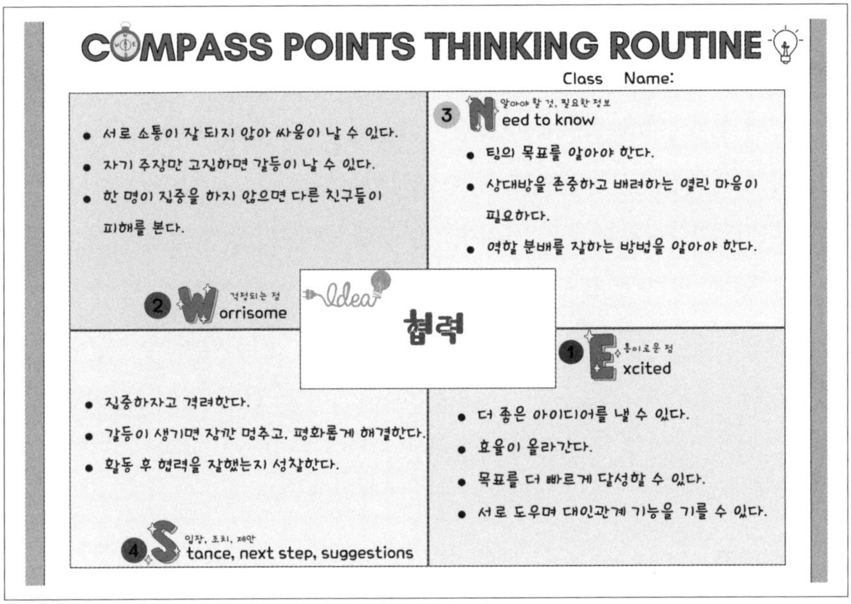

나침반 침 전략 활동지 작성 사례

지금까지 협력했던 경험이 많은 아이들은 주어진 시간을 잘 활용하여 협력에 대해 다양한 관점으로 생각을 쓰기 시작하였다. 3분 뒤, 모둠 형태로 책상을 이동하도록 안내했다.

"이제 모둠에서 각자 쓴 생각을 나누고, 우리가 공통적으로 느끼는 것들을 정리해 볼 거예요."

모둠 안에서는 아이들이 각자 쓴 붙임쪽지를 읽어 주며 상대방의 말에 공감하거나 질문을 던졌다.

한 아이가 "협력의 흥미롭고 좋은 점은 활동을 효율적으로 할 수 있다는 거야"라고 말하니 다른 아이는 "나도 협력하면 서로 도와주며 일을 빨리 끝낼 수 있다고 적었어"라며 공감하였다. 또 다른 아이는 "협력을 하면 활동이 항상 빨리 끝난다고 생각해?"라고 질문하였다.

아이들은 충분히 이야기한 후 협력에 대한 생각을 함께 골라 모둠용 나침반 활동지에 대표 의견으로 정리해 나갔다.

나침반 침 전략은 아이들이 '협력'이라는 주제를 흥미로운 점, 걱정되는 점, 더 알고 싶은 점, 제안할 점이라는 다양한 관점에서 생각해 볼 수 있도록 도와주었다. 무엇보다 각자 고민한 생각이 모둠 안에서 하나의 관점으로 만들어지는 과정을 거치며, 진짜 협력이란 '함께 말하고, 듣고, 조율하는 일'임을 경험하게 되었다. 이 활동은 이후에 진행된 협력 점검표 만들기로 자연스럽게 이어졌고, 아이들은 그때 나눈 이야기들을 떠올리며, 협력하기 위해 중요한 가치가 무엇이고, 이를 위해 어떤 노력이 필요한지 자신의 생각을 구체화해 나갔다.

5차시 WOW 전략으로 협력 성찰 점검표 만들기

이제 협력을 일상 속에서 실천할 수 있도록 돕는 성찰 활동으로 이어졌다. 아이들은 『팥죽할멈과 호랑이』 속 등장인물들이 서로를 도우며 공동의 목표를 이루는 장면을 다시 떠올리고, 협력의 본질이 서로 다른 사람들이 각자의 역할을 다하면서도 함께하는 것임을 되새겼다.

이후 아이들이 협력할 때 중요하다고 생각하는 태도를 스스로 점검할 수 있도록, WOW 전략을 활용한 '협력을 위한 성찰 점검표' 만들기를

WOW 전략 활동지 작성 사례

Word	배려
Opinion	친구가 어려워할 때 먼저 도와주려고 노력해야 해요.
Wondering	나는 친구가 힘들어할 때 먼저 다가가 보았나요?

했다. 먼저 개별 활동지에 협력할 때 중요하다고 생각하는 태도나 가치를 한 단어로 정리하고(Word), 그 가치를 실천하기 위해 나는 어떻게 행동해야 하는지 문장으로 표현하고(Opinion), 그 실천 여부를 점검할 수 있는 성찰 질문 만들기(Wondering)로 이어졌다.

이렇게 개별로 협력에 관해 생각을 꺼내 본 후에 돌아가면서 자신이 적은 내용을 발표하고 공유하였다. 모둠에서 발표가 끝난 후에 각자 만든 질문을 합쳐서 모둠마다 3~4개의 성찰 질문을 구성하여 협력 성찰 점검표를 만들었다. 점검표는 활동지 형태로 완성하여 학생 활동 파일에 붙여 놓고, 크게 인쇄하여 교실 곳곳에 붙여 두었다. 아이들은 자신이 만든 질문을 보며, 협력 활동 중 언제든지 스스로를 돌아볼 수 있는 기준으로 삼을 수 있도록 하였다.

일부 아이들은 친구와 짝을 이루어 서로의 질문을 주고받으며, "내가 오늘 잘했는지 네 질문으로 확인해 줄래?"와 같은 방식으로 협력 성찰을 이

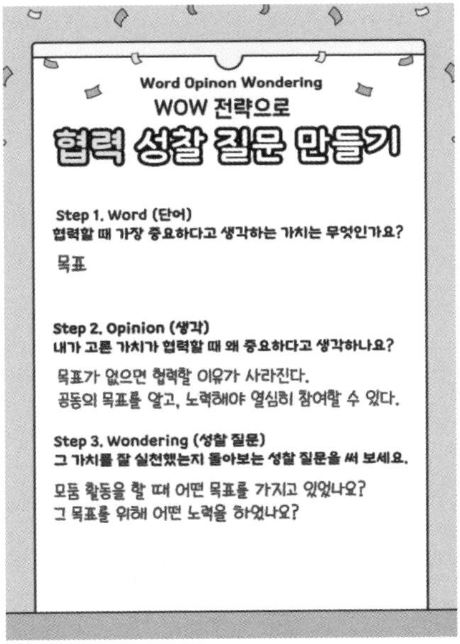

학생이 작성한 WOW 전략 활동지

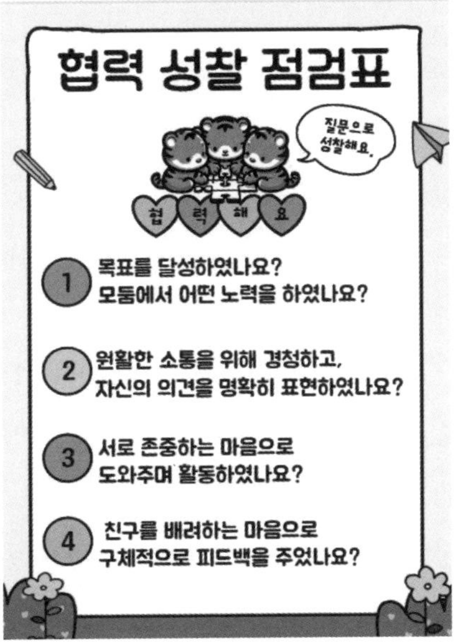

모둠에서 만든 협력 성찰 점검표

어 가기도 하였다. 단순히 개인의 성찰에 그치지 않고, 학급 전체가 함께 협력의 가치를 점검하고 실천해 보려고 한 것이다. 아이들은 자신이 만든 문장과 질문이 학급 전체의 약속이 된다는 점에 책임감을 느끼며, 앞으로의 협력 활동 속에서 스스로를 더 주의 깊게 관찰하고 조율해 보려고 했다.

STEP 5 수업 성찰하기

협력의 개념을 정의하고 여러 관점에서 살펴보는 과정을 거치며, 아이들은 협력이 어렵더라도 노력하면 많은 것을 배울 수 있다는 것을 깨달았다. 다만 협력에 관한 다른 활동을 할 시간이 부족했던 점은 아쉬움으로 남았다. 예를 들어, 종이와 테이프를 활용한 탑 쌓기 미션이나 마시멜로와 스파게티 면을 이용해 학습자상을 표현하는 협력 미션 등은 학생들이 협력을 실제로 경험하고 그 의미를 더 깊이 탐구하게 할 수 있다. 탑 쌓기 미션에서는 모둠별로 A4 종이 세 장, 가위, 테이프로 정해진 시간 안에 최대한 높이 탑을 쌓는 도전을 하게 되는데, 이 과정에서 모든 구성원이 소통하며 각자 역할을 나누어 협력할 수 있다. 또 스파게티 면을 마시멜로에 꽂아 IB의 열 가지 학습자상 중 하나를 창의적으로 표현하도록 하는 활동으로 학생들이 협력을 실제로 경험하고 그 가치를 자연스럽게 깨닫도록 할 수도 있다.

수업 말미에 진행한 성찰 시간에 한 아이는 "협력은 어렵지만 꼭 필요하며, 잘 협력하면 그 과정에서 많은 것을 배울 수 있다"고 말했다. 탐구 기반 수업에서 협력은 필수적이며, 교사는 아이들과 협력의 의미와 중요성을 함께 탐구해야 한다. 또한 협력이 쉽지 않더라도 이를 실천하기 위해 노력해야 한다는 점을 공동체가 공유하도록 하는 것이 필요하다. 그래야 협력적 탐구 속에서 성장하는 학습자를 길러낼 수 있다.

협력의 과정은 성인에게도 결코 쉽지 않다. 개인이 혼자 일할 때보다 더 많은 소통과 조율, 그리고 타인의 의견을 수용하는 노력이 필요하기 때문이다. 그러나 이러한 과정을 통해 공동의 목표를 향해 나아가며, 협력적 성찰 속에서 함께 성장한다. 아이들에게 협력을 통한 배움을 기대한다면, 교사는 협력 과정에서 발생하는 갈등을 현명하게 해결하는 방법을 지도해야 하며, 무엇보다 협력의 가치를 깊이 이해하도록 이끌어야 할 것이다.

● **수업 자료 모음**

수업에 활용한 활동지	· 틱택토(Tic-Tac-Toe) 활동지 · 나침반 침 전략 활동지 · WOW 전략 활동지 * QR을 촬영하면 수업에 활용한 활동지를 살펴볼 수 있습니다.
도움이 되는 자료	· 북 크리에이터로 만든 학생들의 책(https://read.bookcreator.com/AoE-RUCRE3QXxvapWTBJtkEngTqF3/4W3NOZttSTeFLPrUckRoOg)

'갈등 해결하기'를 가르치다

STEP 1 갈등 해결하기를 어떻게 가르칠까?

탐구 수업 과정에서 모둠원끼리 의견을 모으거나 문제를 해결하고 결정할 때, 공감과 협력은 필수적인 요소이다. 그러나 다양한 아이들이 같이 학습할 때 갈등 상황은 분명 발생한다. 예를 들어, 프로젝트 활동을 할 때 의견이 맞지 않아 서운한 마음이 쌓여 아예 활동에 참여하지 않거나 화가 나서 감정이 폭발하는 바람에 정작 해야 하는 학습 활동의 목표를 달성하지 못하는 경우도 있다.

IB의 ATT(교수 접근 방법)* 여섯 가지 중 하나인 '효과적인 팀워크와 협력의 강조'가 수업에서 잘 구현되려면 아이들의 '대인 관계 기능'이 뒷받침되어야 한다. 여기서 말하는 대인 관계 기능이란 단순히 성격이 좋아 원활한 인간관계를 맺는 것이 아니라, 수업이나 학습의 목적을 잘 달성하기 위한 '학습 활동을 위한 관계'와 관련된 기능이다. 또 대인 관계 기능 안에서도 다양한 영역이 있는데 여기에서는 모둠 내 탐구 활동에서 발생하는 갈등을 해결하는 구체적인 기술이나 역량을 다룬다. 그렇다면 갈등을 해결할 수 있는 아이는 어떤 행동을 하는지 살펴보자.

---

* IB의 ATT는 'Approaches To Teaching'의 줄임말로 교수 접근 방법을 뜻하며, IB 프로그램에서의 학생들을 가르칠 때 고려해야 하는 수업 원리인 '탐구에 기반, 개념적 이해의 강조, 지역과 세계적 맥락에 연결, 효과적인 팀워크와 협력의 강조, 학습의 방해 요소를 제거, 평가 정보의 활용' 여섯 가지를 말한다(IBO, 2020).

- 모둠 활동 중 어려운 상황이 발생했을 때 합리적으로 대응할 수 있다.
- 서로 의견을 나눌 때 다른 사람의 말을 경청한다.
- 자신의 요구를 명확하고 침착하게 표현하여 전달한다.
- 학습 과정에서 다른 사람들이 갈등을 겪을 때 중재자 역할을 할 수 있다
- 스스로 화를 다스리고 갈등을 차분하게 해결한다

갈등은 언제, 어디에서나 발생할 수 있다. 단, 짝이나 모둠 내 학습 활동에서 갈등 상황이 발생했을 때 화부터 내면서 감정적으로 격해져 갈등이 더 악화되는 경우가 많다. 이번 수업에서는 '화를 가라앉히고 갈등을 해결하는 방법'의 하나로 '비폭력 대화 4단계 전략'을 배우고 그림책과 상황극을 통해 이를 활용하는 방법을 연습한다.

STEP 2 수업 전략

전략 ① 비폭력 대화 4단계

비폭력 대화는 갈등 상황에서 상대에 대한 비난이나 평가 없이 자신의 느낌과 욕구를 솔직하게 표현하고, 서로에 대한 상호 존중과 이해를 바탕으로 각자의 필요를 충족시켜서 갈등을 해결하는 대화 방식이다. 화가 나는 감정을 가라앉히고 갈등을 해결하는 비폭력 대화법 4단계 '관찰-느낌-욕구-부탁'의 각 단계를 살펴보자. 간단하면서도 아이들이 쉽게 익힐 수 있다는 장점이 있다.

① 관찰 상대방의 말과 행동을 있는 그대로 관찰한다.

→ 나는 ( )을/를 들었어. 나는 ( )을/를 보았어.

② 느낌 말과 행동에 대해 어떻게 느끼는지 말한다.

→ 나는 (　　　　　)에서 (　　　　　)을/를 느껴.

③ 욕구 자신의 느낌이 내면의 어떤 욕구와 연결되는지 찾아낸다.

→ 나는 (　　　　　)을/를 하고 싶었기 때문에 (　　　　　)을/를 했어.

④ 부탁 다른 사람이 해 주기를 바라는 것을 표현한다.

→ 너는 (　　　　　)을/를 해 줄 수 있니?

출처: 『비폭력 대화』, 마셜 B. 로젠버그, 한국NVC출판사

비폭력 대화의 장점은 감정을 억누르지 않고, 상대의 기분을 상하게 하지 않으면서 자신의 느낌을 솔직하게 표현할 수 있다는 데 있다. 또한 갈등의 이면에 담겨 있는 욕구가 무엇인지 살피고, 그것을 부탁하는 방식으로 전한다. 학습 상황에서의 갈등도 결국은 자신이 원하는 것을 다른 친구에게 강요하면서 생기는 경우가 많기에, 갈등 해결을 위한 전략으로 '비폭력 대화'를 사용할 수 있다.

전략② 상황극

상황극은 어떤 특정한 상황을 설정하고 상황에 맞춰 즉흥적으로 연기를 하는 활동이다. 수업에서는 학습 주제에 맞는 상황을 설정하고 참여자들이 맡은 역할에 따라 연기를 하면서 문제 해결 방법을 찾거나 상황 대처 능력을 키우기 위한 목적으로 활용할 수 있다. 상황극을 학습 활동의 하나로 사용하는 이유는 언어 및 비언어적 표현을 활용한 자기표현 능력, 소통 능력 등 일상에서 필요한 능력을 기를 수 있기 때문이다. 예를 들어 공감을 어려워하는 아이는 상대방이 기분 나쁜 표정을 짓고 있는데도 상황에 맞는 행동을 하지 못하기 때문에 친구들과 소통이 어렵다. 이런 경우, 상황극 전략을 통해 반복적으로 공감을 연습할 기회를 줄 수 있다. '비폭력 대화 4단계'를 배웠다고 해도 이를 곧바로 일상에 적용하기는 쉽지

않다. 그래서 상황극 속 배우가 되어서 실제 상황처럼 연습해 보게 하는 것이다. 그러면 스스로에게도 의미 있는 경험이 되고, 상대방의 감정을 이해하고 공감할 수 있는 연습을 할 수 있을 것이다.

STEP 3 수업 준비하기

수업 안내

갈등 해결하기를 가르치는 수업의 형태는 학급의 인원수나 분위기, 관계의 친밀도에 따라 달라질 수 있다. 갈등이 자주 일어나는 학급이라면 차시를 늘려서 계획할 수 있고, 수업을 진행하는 시점 또한 학기 초 모둠 활동을 본격적으로 시작하기 전에 하는 것도 좋다. 갈등 해결하기 수업은 6차시 정도로 계획할 수 있다. 1차시에 아이들은 수업이나 학습에서 갈등 해결이 필요한 상황을 떠올린다. 2~3차시에는 비폭력 대화 4단계가 어떤 것인지 배우고, 등장인물의 갈등이 드러나는 그림책을 통해 비폭력 대화 4단계를 연습한다. 이어서 4~6차시는 비폭력 대화 4단계를 활용해서 갈등을 해결하는 상황극을 해보는 시간이다. 상황극은 준비와 진행까지 시간이 꽤 걸리는 활동이라, 여유롭게 계획하는 것을 권한다.

갈등 해결하기를 가르치는 수업 안내

대상 학년	수업에서 다루는 ATL 기능
4학년	대인관계 기능 > **갈등 해결하기**
차시	**수업 내용**
1차시	수업이나 학습에서 갈등 해결이 필요한 상황 떠올리기
2~3차시	그림책으로 **비폭력 대화 4단계 전략** 익히기
4~6차시	**비폭력 대화 4단계 전략**을 활용해서 **상황극**하기

수업 자료

갈등 해결하기를 가르치기 위한 수업 자료는 존 버닝햄의 『지각 대장 존』과 문선이의 동화 『양파의 왕따 일기 1』을 선정했다. 『지각 대장 존』은 '존'과 '선생님'의 갈등 구도가 그림책에서 확연하게 드러나고, 전개가 반복되는 등 단순해서 아이들이 쉽게 이해할 수 있다고 생각했다. 또 이런 서사적 특징이 비폭력 대화 4단계를 익히는 데 적합하다고 판단했다. 『양파의 왕따 일기 1』은 또래인 4학년 아이들이 주인공으로 등장하며, 어느 초등학교 교실에서나 있을 법한 갈등 상황인 '왕따'를 소재로 한 이야기다. 또 '왕따'와 관련한 상황극을 할 때, 실제 교실 상황을 가져오면 대상이 되는 누군가가 상처를 받을 수 있기 때문에, 동화책을 활용하여 이러한 상황을 피할 수 있다.

자료 내용 미리 보기

『지각대장 존』 존 버닝햄 지음, 비룡소	존 패트릭 노먼 맥헤너시는 매일 같이 지각을 하는데, 그 이유가 '하수구에서 악어가 튀어 나와 가방을 물고 놓지 않았다', '덤불에서 사자가 튀어 나와 바지를 물어 뜯었다' 등 터무니 없다. 존의 말을 들은 선생님은 거짓말을 하지 말라고 하며, 반성문을 쓰라고 한다.
『양파의 왕따 일기 1』 문선이 지음, 푸른놀이터	4학년이 된 정화는 같은 반에서 가장 인기 있는 양미희라는 친구와 친하게 지내고 싶어서 미희를 따르는 그룹인 '양파'에 들어간다. 하지만 양파 친구들이 반 아이들을 따돌리고, 같은 양파 내에 있는 친구까지 따돌리는 모습을 보면서 정화의 마음은 점점 괴로워진다.

STEP 4 수업 진행하기

1차시 갈등 해결이 필요한 상황 떠올리기

학교에서는 늘 크고 작은 갈등이 일어난다. 수업에서 보고서를 쓰거나 모둠 토의를 할 때 갈등이 발생해서 어려운 적이 있었는지 아이들에게 물어보니 곧바로 여러 대답이 돌아왔다. 사회 수업 중 지역의 역사와 관련한 답사 장소를 정해야 했던 상황에서 가고 싶은 장소가 서로 달라서 싸웠던 경험, 과학 시간에 차례대로 돌아가면서 실험을 하는데 순서를 정하다가 마지막 차례가 되어서 서운했던 경험, 토의에서 의견을 냈는데도 자신의 말을 무시해서 기분이 나빴던 경험들이 쏟아져 나왔다. 더 나아가 그때 느낌이나 감정이 어땠는지 다시 물었다.

"화가 나고 답답했어요."

"친구랑 사이가 멀어지는 느낌이었어요."

"싸우다가 시간이 다 가버려서 결국 우리 모둠만 해야 할 일을 못해서 속상했어요."

아이들도 갈등이 일어나는 것은 자연스러운 일이고, 갈등 때문에 수업이나 학습에 어려움을 겪을 수 있음을 알고 있었다. 동시에 갈등을 잘 해결하고 싶은 마음이 있었고, 방법이 있다면 배우고 싶어했다. 아이들과 나눈 대화에서 우리가 '갈등 해결하는 방법'을 배워야 하는 필요성을 정리하며 학습 목표를 적어 갔다.

> 갈등 해결하기를 배움으로써 수업 중 학습이 더 원활하게 잘 진행될 수 있고, 협력을 더 잘 하게 되어 더 나은 학습 결과를 낼 수 있다.

2-3차시 **비폭력 대화 4단계 전략 익히기**

갈등 해결하기를 배우는 것이 필요하다는 것을 충분히 인지했다면 다음은 어떻게 해결하는지 구체적인 방법을 배울 차례다. 여기에서는 비폭력 대화 4단계 전략을 아이들에게 가르치기로 하고 이에 대해 교사가 교실 상황을 예로 들어 간단하게 설명하였다. 갈등 상황은 교사가 모둠에서 친구를 무시하고 놀리는 아이의 모습을 본 것으로 설정하였다.

1. 관찰 수업 시간에 모둠에서 네가 친구의 말을 중간에 끊고 그것도 모르냐고 말하는 것을 봤어. 시간이 없는데 빨리 모둠 활동을 진행해야 해서 급했니? 그렇다면 그때 네 마음이 어땠는지 말해줄 수 있겠니? (아이의 반응을 듣는다)
2. 느낌 선생님은 그 모습을 보고 속상했어.
3. 욕구 친구의 이야기를 끝까지 들어주는 게 중요하다고 생각하거든.
4. 부탁 다음에는 친구의 말을 끝까지 듣고, 혹시 모둠 활동 시간이 더 필요하다면 선생님에게 말해 줄래?

직접 보여 주니 아이들은 이해가 더 잘 되는 표정이었다. 그러면 그림책을 읽고 그 상황 속에서 각자 '존'과 '선생님'이 되어서 연습을 해 보기로 했다. 학급 전체 아이들에게 그림책을 보여 주고, 서로 2명씩 짝을 지었다. 활동지에 학생인 '존'과 '선생님' 입장이 되어 비폭력 대화 4단계에 맞게 할 말을 쓴 다음 연습을 시작했다. 아이들이 쓴 글을 보자.

『지각대장 존』 속 상황에서 비폭력 대화 4단계 연습하기

비폭력 대화 4단계	존	선생님
1. 관찰	선생님께서 제가 지각한 이유를 들으시고, 거짓말하지 말라고 하셨어요.	존, 네가 계속 지각하고, 악어나 사자가 나타나서 늦었다는 말을 했어.
2. 느낌	저는 답답하고 속상했어요.	선생님은 화가 났어.
3. 욕구	제 말을 믿어 주셨으면 하는 마음이 있어요.	네가 엉뚱한 핑계를 대지 않고 지각을 안 하기를 바랐어.
4. 부탁	다음에는 무조건 거짓말이라고 생각하지 마시고, '정말?'이라고 한 번 물어봐 주세요.	너도 지각을 하지 않도록 노력하면 좋겠어.

아이들은 그림책 속 상황이지만 실제처럼 생생하게 표현했다. 특히 존이 되어 선생님에게 말할 때는 정말 억울하고 속상한 표정이었다. 그리고 아이들은 3단계 '욕구'에서 4단계 '부탁'으로 넘어가는 부분에서 주춤했다. 상대방이나 자신의 생각, 감정 이면에 무언가를 원하는 욕구가 있다는 것을 찾는 것이 익숙하지 않아서인지 혹은 표현에 미숙해서인지는 모르겠지만 아이들은 상대방 친구의 연습을 보면서 조금씩 배워 갔다. 갈등이 혼자가 아닌 관계 속에서 일어나는 것처럼 해결 또한 그 안에서 배운다는 걸 실감했다.

4-6차시 비폭력 대화 4단계 전략을 활용해서 상황극하기

그림책을 통해서 비폭력 대화 4단계를 익혔다면 이번에는 동화 속 이야기로 만든 갈등 상황극에서 이것을 활용해 볼 차례다. 『양파의 왕따 일기 1』 일부분을 읽어 주고, 어떤 갈등 상황인지 아이들이 먼저 찾게 했다. 아이들은 '남자아이들이 인기투표를 한 것, 미희가 정선이를 왕따를 시키려고 하는 장면'을 뽑았다. 또 정선이나 여자아이들이 형철을 비롯한 남자아이들에게 화가 났을 것 같다고 말했다. 논의 끝에 갈등 고조가 예상되는 상황으로 '남자아이들이 여자 인기투표 발표를 마친 직후'로 정하고 그 장면을 교실에서 상황극으로 재현하기로 하고 대본을 모둠에서 만들었다. 다음은 아이들이 인기투표 직후 이야기를 즉흥으로 만든 대본이다.

(화가 난 정선이가 씩씩거리며 형철이에게 다가간다)

정선: 너 왜 마음대로 인기투표를 하는 거야?

형철: 그냥 우리끼리 한 건데. 뭐가 잘못됐어?

정선: 기분 나쁘다고. 나는 인기투표 관심도 없어. 너 때문에 친구들 사이가 이상해졌어. 앞으로는 하지 마.

형철: 이미 했는데 어떡해? 어쩌라고?

가상의 대본을 만들고, 역할을 연기할 사람을 정하고 간단한 상황극을 열었다. 아이들은 연기인데도 감정이 점점 격해졌다. 옆구리에 손을 얹고 씩씩거리며 들어오는 등 실감 나게 표현해서인지 보는 사람도 금방 몰입했다. 정선이와 형철이 서로의 목소리가 점점 커지는 이때 교사는 잠시 멈추게 하고 질문을 던졌다.

"얘들아, 이 상황이 지속되면 형철이랑 정선이는 어떻게 될 것 같아?"

"싸울 것 같아요."

그러면 비폭력 대화 4단계를 활용해서 갈등을 해결해 보자고 제안했다. 아이들은 또다시 두 명씩 짝을 지어 각자의 입장에서 4단계 대사를 쓰고 연습했다. 아이들은 어떻게 말했을까?

정선과 형철의 비폭력 대화 4단계

비폭력 대화 4단계	정선	형철
1. 관찰	나는 너가 인기투표를 하고 발표하는 걸 봤어.	나는 너가 나랑 싸울 것처럼 달려온 걸 봤어.
2. 느낌	기분이 나쁘고 화가 났어.	무서웠어.
3. 욕구	나는 우리 반에 어떤 순위 없이 서로 평가하지 않고 잘 지내면 좋겠어.	네가 말로 해 줬으면 좋겠어.
4. 부탁	다음에는 상대방 허락 없이 인기투표하지 말아 줄래?	나한테 왜 그랬는지 먼저 말로 물어봐 줄 수 있어?

상황극이지만 비폭력 대화 4단계를 거치는 동안 아이들의 감정이 확실히 가라앉았다. 수업이나 학습 중 모둠 활동에서 갈등을 해결하기 위해서는 자신의 요구를 명확하고 침착하게 표현해야 하는데, 화가 나면 감정이 격해서 오히려 전하고 싶은 말을 하지 못하는 경우가 많다. 그리고 친

구가 표현하는 동안 상대방은 잠시 멈추고 기다리면서, 그 말을 경청하는 동안 차분해진다. 상대방의 말을 다 들으면 서로의 의견이 다름을 이해하게 된다. 왜 비폭력 대화 4단계가 순차적으로 이루어져야 하는지, 그 단계를 거치면서 갈등이 해결되는지 아이들이 상황극을 하는 모습을 보면서 이해할 수 있었다. 아이들 또한 목소리가 높아지지 않아서 좋고, 자신에게 이해를 강요하지 않고, 바라는 욕구를 전하고 부탁하는 방식이라서 마음이 누그러든다고 했다.

STEP 5 수업 성찰하기

갈등 해결은 배운다고 해서 실제 상황에서 바로 실천하기가 쉽지 않고, 또 갈등이 발생한 후 화를 내고 나면 해결은 이미 늦은 경우도 많다. 그래서 구체적인 갈등 해결 방법을 배우고, 작은 행동부터 연습하는 것이 필요하다는 것을 이번 수업을 통해 알 수 있었다. 처음 연습할 때에는 쑥스러워하거나 장난처럼 혹은 형식적으로 하는 아이들도 있으니 비폭력 대화 4단계를 배울 때는 비교적 진지하게 진행하는 것이 좋다. 또 3단계 욕구에서 4단계 부탁으로 넘어가는 걸 어려워하기에 여유를 두고 수업을 진행하기를 권한다. 자신이 무엇 때문에 화가 나는지, 무엇을 원하는지 알아차리는 시간이 필요한 것이다. 감정이 격해지기 전에 내면의 욕구만 알아차려도 갈등이 더 번지지 않고 금방 해결된다. 이처럼 갈등이 잘 해결되면 수업은 다시 안정감 있게 진행되고, 아이들은 마음의 동요 없이 탐구에 집중할 수 있다. 그런 환경에서 활발한 토의가 이루어짐은 분명하다.

그림책과 동화를 통해 비폭력 대화 4단계를 연습하는 수업을 했지만 끝나자마자 사소한 다툼이나 갈등이 금세 일어난 적이 있었다. 다음 시간이 체육 시간이었는데 모둠별로 음악에 맞춰 동작을 만드는 활동이었다.

한 아이가 옆 모둠이 시끄러워 대화 소리가 들리지 않아서 조용히 하라고 했더니 "너나 잘해!"라고 말하다가 싸움이 날 뻔한 상황이었다. 이 또한 아이들에게는 학습의 기회다 싶었다. 교실로 들어오게 하여 비폭력 대화 4단계를 사용해서 표현하게 했더니 "우리 팀이 시끄러운 건 맞는데 좀 더 좋은 말투로 이야기해 주었으면 좋겠어"라고 부탁하며 대화를 마무리했다.

이처럼 대인 관계 기능은 수업이 끝나고 나서도 일상에서의 전이가 굉장히 중요하다. 그래서 수업 마지막에 배운 내용을 활용해 볼 기회를 주거나 자신이 어디에서 활용할 수 있을지 생각해 보라고 할 수 있다. 한 아이는 비폭력 대화 4단계를 친구들끼리 생긴 갈등이나 싸움을 중재할 때 사용하고 싶다고 했다.

종교 간의 분쟁이나 세계의 전쟁도 갈등을 평화롭게 해결하지 못했기 때문에 발생한다. IB의 사명 중 하나가 평화로운 세상을 만드는 것이고, 교육을 통해 국제적인 소양을 갖춘 리더를 양성하는 것이다. 학교에서부터 갈등을 해결하는 것을 배운 아이라면 중재자 역할을 하면서 평화로운 세상을 만드는 데 조금이나마 기여할 수 있을 것이다.

● 수업 자료 모음

수업에 활용한 활동지	· 비폭력 대화 4단계 전략 활동지 · 상황극 활동지 * QR을 촬영하면 수업에 활용한 활동지를 살펴볼 수 있습니다.
도움이 되는 자료	· 『비폭력 대화』(마셜 B. 로젠버그, 한국NVC출판사)

04 조사하는 방법을 배우는 수업

조사 기능은 아이들이 탐구의 주체로서 필요한 정보를 찾고, 분석하며, 새로운 의미를 만들어 내는 중요한 능력이다. IB PYP에서 탐구는 단순한 활동의 나열이 아니라, 아이들이 스스로 질문을 만들고 그 답을 찾아가는 전 과정을 의미한다. 이때 핵심이 되는 활동이 바로 '조사하기'이다.

조사 기능은 흔히 인터넷 검색처럼 필요한 자료를 찾는 일로만 좁게 이해될 수 있지만, 실제로는 훨씬 폭넓은 개념을 포함한다. IB에서 말하는 조사 기능은 '정보 문해력', '미디어 문해력', 그리고 '미디어·정보의 윤리적 사용'이라는 세 가지 하위 요소로 이루어진다. 정보 문해력은 필요한 정보를 계획적으로 수집하고, 분석·종합하여 평가하고 공유하는 전 과정을 포함한다. 미디어 문해력은 다양한 매체 자료와 상호작용하며 의미를 이해하고, 이를 바탕으로 새로운 아이디어를 떠올리는 능력이다. 또한, 탐구 과정에서 출처를 명확히 밝히고 학문적 진실성을 지키는 윤리적 태도 역시 필수적이다.

조사 기능은 여러 탐구 학습 경험 속에서 점진적으로 길러진다. 이러한 과정을 통해 아이들은 조사가 단순히 정보를 찾는 활동이 아니라, 자료를 비판적으로 바라보고 책임감 있게 활용하는 역량임을 깨닫게 된다.

4장은 먼저 아이들이 스스로 ATL 조사 기능의 의미를 정의해 보는 활동으로 시작한다. 이어서 그림책을 활용하여 사실과 의견을 구분하는 연습을 하고, 마지막으로 자료의 신뢰성을 판단하는 방법을 다룬다. 이 세 가지 활동은 탐구 과정 전반에서 아이들이 비판적 사고를 발휘하고, 책임감 있게 자료를 다루는 데 중요한 토대가 된다.

만약 조사 기능에 대한 이해가 부족하다면, 아이들은 인터넷에서 자료를 찾는 활동만 조사 기능이라고 오해할 수 있다. 이 경우 조사 계획 수립, 자료 정리와 분석, 결과 공유 등 전 과정에 대한 성찰이 소홀해질 수 있다. 또한 수집한 자료의 신뢰성이 떨어져 잘못된 정보에 의존하거나, 분석이 겉핥기식으로 이루어져 깊이 있는 이해에 이르지 못할 수 있다.

조사 기능을 익히는 것은 단순히 과제를 잘 수행하기 위한 기술을 배우는 데 그치지 않는다. 아이들이 무엇을 어떻게 조사할지 계획을 세우는 것에서 시작해, 다양한 방법으로 자료를 찾고 비판적으로 검토하며, 상황에 맞게 선택·활용하고, 새로운 의미를 만들어 내는 힘을 기르는 과정이다. 특히, 정보와 미디어를 책임감 있게 사용하는 태도는 미래 사회에서 필수적인 핵심역량으로 평가된다.

교사는 아이들이 교실 안팎에서 조사 기능을 실제로 활용하고, 생활 속 탐구와 연결할 수 있도록 지원하는 것이 중요하다. 이러한 경험을 통해 아이들은 정보를 단순히 '찾는 사람'을 넘어, 비판적으로 이해하고 창의적으로 활용하는 주체적인 탐구자로 성장할 수 있을 것이다.

◆「조사하는 방법을 배우는 수업」 한 눈에 보기

<table>
<tr><td>일반화</td><td colspan="6">조사하는 방법을 배우는 것은 정보를 찾는 것을 넘어서, 계획하고 분석하며 표현하는 능력을 함께 기를 수 있다.
사람들은 다양한 정보를 접할 때, 사실과 의견을 구별하고 비판적으로 판단함으로써 더 정확하고 책임 있는 탐구를 할 수 있다.</td></tr>
<tr><td>수업에서 다루는 기능</td><td>의사소통 기능</td><td>사고 기능</td><td>대인 관계 기능</td><td>조사 기능</td><td>자기관리 기능</td><td>심미적 기능</td></tr>
<tr><td>세부 기능</td><td colspan="6">정보 문해력, 윤리적 사용</td></tr>
<tr><td>탐구 질문</td><td colspan="6">조사 기능을 배우는 것은 탐구에 어떤 도움이 될까요?</td></tr>
<tr><td>관련 성취기준</td><td colspan="6">[4국01-06] 주제에 적절한 의견과 이유를 제시하고 서로의 생각을 교환하며 토의한다.
[4국02-05] 글이나 자료의 출처가 믿을 만한지 판단한다.
[6국01-07] 절차와 규칙을 지키고 타당한 이유와 근거를 제시하며 토론한다.
[6국02-03] 글이나 자료를 읽고 내용의 타당성과 표현의 적절성을 평가한다.
[6국02-05] 긍정적인 읽기 동기를 형성하고 적극적으로 읽기에 참여하는 태도를 기른다.</td></tr>
<tr><td>전략</td><td colspan="6">조사 기능 탐구하기
- 생각 점수 토론으로 조사 기능에 관한 생각 꺼내기
- 프레이어 모델로 조사 기능에 관한 개념 정의하기
- 예전 생각-지금 생각 성찰 활동으로 조사 기능에 관한 생각 변화 살펴보기

사실과 의견 구분하기
- 사실-의견-질문 전략으로 사실과 의견을 구별하고, 질문을 만들어 보기
- 학생들이 자신이 쓴 글로 퀴즈 만들기

자료의 신뢰성 판단하기
- CRAAP 전략을 사용하여 자료의 신뢰성 판단하기</td></tr>
</table>

'조사 기능의 의미'를 가르치다

STEP 1 조사 기능을 어떻게 가르칠까?

오늘날 아이들은 다양한 디지털 환경에서 손쉽게 정보를 검색할 수 있다. 그러나 정보를 빠르게 찾는 일과, 무엇을 어떻게 조사할지 스스로 계획하고 자료를 분석해 의미를 만들어 내는 일은 완전히 다른 차원의 사고 활동이다. 많은 아이가 '조사'를 '검색'이나 '사전 찾아보기'로 좁게 이해해 탐구가 피상적 수준에 머무는 경우가 적지 않다.

따라서 탐구 수업에서 먼저 해야 할 일은 아이들과 함께 '조사 기능'의 의미를 탐구하는 것이다. 조사는 단지 정보를 모으는 활동이 아니라, 질문을 중심으로 사고의 방향을 설정하고, 그 질문에 답하기 위해 필요한 자료를 수집·분석·종합하여 정리해 표현하는 복합적 과정이다. 이 과정은 학생이 지식을 수동적으로 받아들이는 수준을 넘어, 스스로 구성하고 책임 있게 다루는 탐구자로 성장하도록 돕는다.

그렇다면 조사 기능을 충분히 갖춘 아이는 어떠한 행동을 보일까?

- 무엇을 어떻게 조사할지 목표와 절차를 구체적으로 계획한다.
- 책, 데이터베이스, 인터넷, 관찰·설문·인터뷰 등 다양한 방법으로 자료를 수집한다.
- 수집한 자료를 비판적으로 검토하고 신뢰성·타당성을 판단하며 교차 확인한다.
- 목적에 맞게 자료를 요약·분류·시각화하고 핵심을 종합한다.

- 출처를 정확히 표기하고 인용·저작권·개인정보 보호 등 윤리 기준을 지킨다.
- 결과를 상황과 청중에 맞게 표현하고, 피드백을 반영해 수정·보완한다.
- 조사의 전 과정을 성찰하고, 필요 시 협업과 도움 요청을 적절히 한다.

조사 기능은 아이들이 스스로 조사한다는 것의 의미를 깊이 생각하고, 정의 내리고, 실천 후 성찰해 보는 경험을 반복할수록 점차 깊어진다. 이 수업은 아이들이 '조사=검색'의 좁은 이해에서 벗어나, 탐구 전 과정과 조사 기능을 사고 전략으로 연결하고, 그 의미를 자신의 언어로 재구성해 보도록 설계하였다.

이러한 경험을 통해 아이들은 정보를 단순히 찾는 수준을 넘어, 조사 계획을 세우고, 자료를 비판적으로 검토하며, 출처를 지키는 태도를 내면화하도록 돕는다. 그 결과 정보의 소비자에서 그치지 않고, 의미를 창조하고 공유하는 주체적인 탐구자로 성장할 수 있을 것이다.

STEP 2 수업 전략

전략 ① 생각 점수 토론

'생각 점수 토론'은 하나의 문장을 제시하고, 아이가 그 문장에 얼마나 동의하는지를 1~10점으로 표시한 뒤 그 이유를 적어 공유하는 활동이다. 아이의 사전 경험이나 배경지식을 이끌어내는 데 활용할 수 있으며, 다양한 점수가 나와 교실에서 줄을 세워 토론하는 방식으로도 운영할 수 있다.

먼저 제시된 특정 문장에 대해 자신의 동의 정도를 1~10점으로 표시하고 이유를 쓴다. 이때는 생각을 정리할 충분한 시간을 주는 것이 좋다.

그런 다음 교실 공간을 활용해 교실 앞에는 1점, 교실 뒤편에는 10점이 적힌 붙임쪽지를 붙여 학생들이 점수에 맞게 설 수 있도록 안내한다. 아이는 자신의 점수에 해당하는 위치를 찾아 줄을 서고, 비슷한 점수의 친구들과 2~3명씩 모둠을 이루어 점수와 그 이유를 공유한다. 이어서 점수 차이가 큰 친구를 찾아 서로의 점수와 이유를 이야기한다.

이 과정을 통해 아이들은 탐구 주제에 대해 생각할 기회를 얻고, 서로 질문을 주고받으며 자신의 입장을 명확히 할 수 있다. 이 전략은 아이들이 가진 사전 개념이나 경험을 자연스럽게 드러내고, 서로의 생각을 연결하는 데 효과적이어서 탐구의 초기 단계에 활용될 수 있다. 또한 탐구가 끝난 뒤에 실시하면 토론의 깊이가 더해지는 경우도 있으므로, 교사의 의도에 따라 적절히 활용하면 좋다.

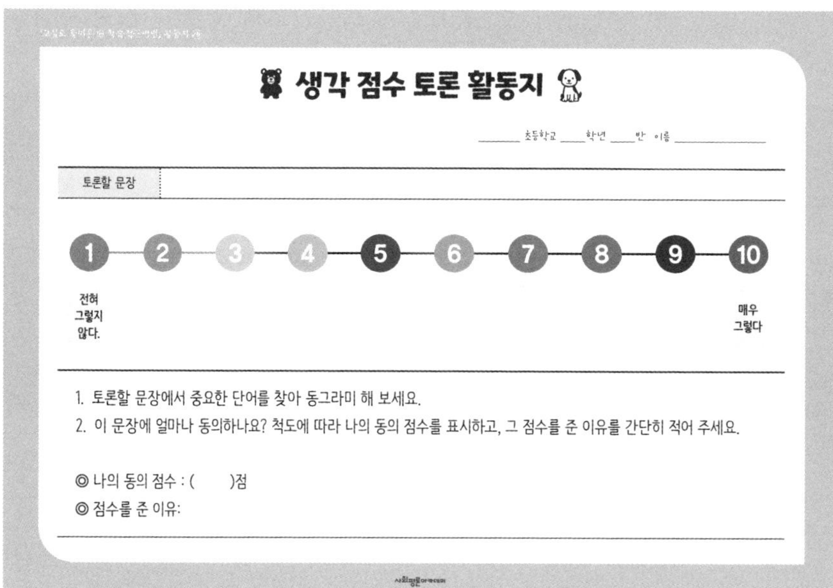

생각 점수 토론 활동지

_____ 초등학교 ____학년 ____반 이름 __________

토론할 문장

1 2 3 4 5 6 7 8 9 10

전혀 그렇지 않다. — 매우 그렇다

1. 토론할 문장에서 중요한 단어를 찾아 동그라미 해 보세요.
2. 이 문장에 얼마나 동의하나요? 척도에 따라 나의 동의 점수를 표시하고, 그 점수를 준 이유를 간단히 적어 주세요.

◎ 나의 동의 점수 : (　　)점
◎ 점수를 준 이유:

생각 점수 토론 활동지

전략② 프레이어 모델(Frayer Model)

프레이어 모델(Frayer, D., Frederick, W. & Klausmeier, H., 1969)은 예시와 비예시(바람직한 사례와 바람직하지 않은 사례)를 통해 특정 개념을 보다 명확히 이해하기 위해 효과적으로 활용할 수 있는 전략이다. 조사를 시작하기 전에 탐구할 주제나 개념에 대한 공동의 이해를 형성하는 것은, 아이들이 같은 출발선에서 학습을 시작하고 오개념을 줄이는 데 중요한 역할을 한다.

이 전략은 예시와 비예시를 분류하는 과정을 통해 개념을 형성하도록 돕는다. 즉, 추상적인 개념을 구체적인 사례와 비교하며 탐색하는 활동이다. 보통 개념을 정의·특징·예시·비예시 네 범주로 나누어 채운다. 아이는 이 네 범주를 작성하며 개념을 다각도로 탐색하고, 구조화하여 명확하게 이해할 수 있다. 특히 서로 비슷해 보이는 개념의 경계와 기준을 분명히 할 때 효과적이다.

일반적으로 예시와 비예시를 먼저 분류한 뒤, 그 분류 기준이 무엇인지 생각하며 개념의 특징을 찾는다. 이렇게 도출한 특징에서 정의에 필요한 핵심 단어를 선택하여, 아이가 직접 개념 정의를 완성한다.

이때 아이의 수준이나 다루고자 하는 개념의 난이도에 따라 예시와 비예시를 교사가 준비하여 나눠 주고 아이가 분류하는 활동을 할 수도 있다. 저학년의 경우에는 사진이나 그림을 분류하기도 한다. 또한 제시된 정보를 분류한 뒤에 필요한 경우 추가적으로 적어 볼 수도 있으며 난이도를 높이면 아이에게 예시와 비예시를 직접 조사하여 적어 보게 할 수도 있다.

아이들이 프레이어 모델 활동지를 활용해 개념을 효과적으로 탐구하려면, 먼저 활동지 가운데 칸에 이번 시간에 집중할 개념을 적는다. 예를 들어 '민주주의', '생태계', '평화'와 같은 개념이 될 수 있다. 그런 다음 모둠에서 토의를 하며, 가운데에 적은 개념에 해당하는 사례는 [예시] 칸에, 해당하지 않는 사례는 [비예시] 칸에 기록한다. 예를 들어 '민주주의'라는 개념을 탐구한다면, [예시] 칸에는 '선거'를, [비예시] 칸에는 '독재'를 적을 수 있다.

예시와 비예시를 분류한 뒤에는, 두 범주를 나누게 된 기준이 무엇인지 생각하며 해당 개념의 핵심 속성이나 특성을 [특징] 칸에 정리한다. 마지막으로, [특징] 칸에 정리한 단어와 내용을 바탕으로 해당 개념을 가장 잘 설명할 수 있는 정의를 [정의] 칸에 작성한다. 이렇게 하면 아이들은 단순히 사례를 나열하는 수준을 넘어, 개념의 경계와 기준을 분명히 하며 스스로 개념을 정의하는 경험을 하게 된다.

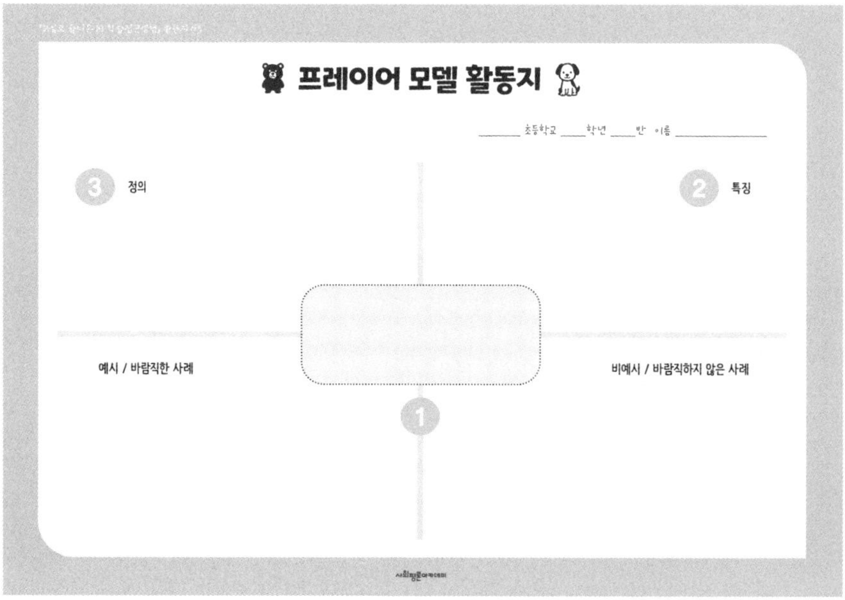

프레이어 모델 활동지

전략 ③ 예전 생각-지금 생각

'예전 생각 – 지금 생각' 전략은 수업 전과 후의 생각을 비교하며 자신의 사고 변화 과정을 성찰하는 효과적인 전략이다. 특히 특정 개념에 대한

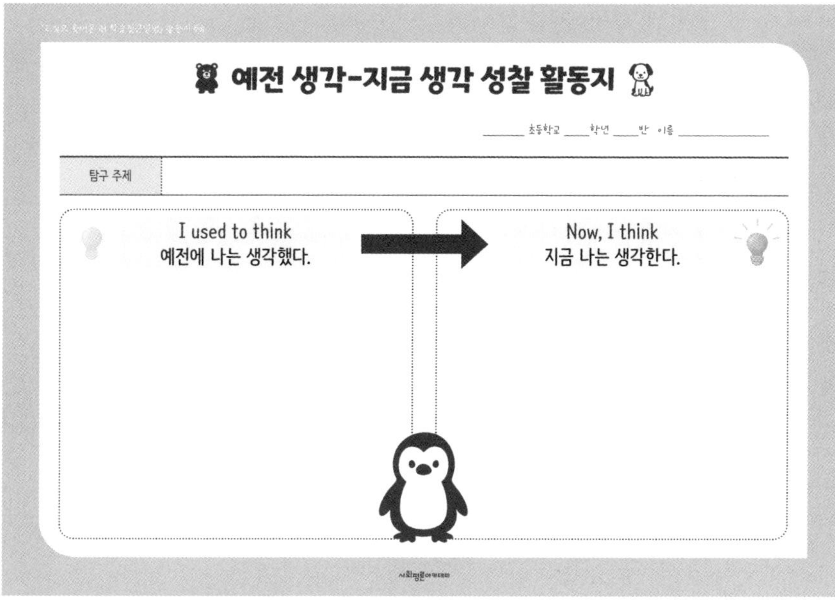
🐻 예전 생각-지금 생각 성찰 활동지 🐶

______ 초등학교 ____학년 ____반 이름 ________

탐구 주제	

I used to think 예전에 나는 생각했다.	Now, I think 지금 나는 생각한다.

예전 생각-지금 생각 성찰 활동지

아이의 이해가 얼마나 심화되었는지 확인하고, 생각이 어떻게 변화했는지를 명확히 볼 수 있는 성찰 도구로 활용된다.

먼저 아이가 특정 개념이나 주제에 대해 수업 전에 가지고 있던 '예전 생각'을 정리하는 것에서 시작한다. 이후 수업 활동을 거쳐 새롭게 알게 되었거나 변화된 '지금 생각'을 기록한다. 이렇게 배움의 전과 후를 시각적으로 비교함으로써, 아이는 자신이 무엇을 배우고 어떻게 성장했는지 배움의 흐름을 스스로 돌아보는 깊이 있는 경험을 하게 된다.

이 전략을 사용할 때 교사는 다음과 같은 질문으로 아이들이 생각을 비교해 볼 수 있게 할 수 있다.

"수업 전에는 이 개념에 대해 어떻게 생각했나요? 그때는 무엇이 가장 궁금했거나, 어떤 점이 어렵다고 느껴졌나요?"

"수업 후, 예전 생각에서 달라진 점이 있다면 무엇인가요? 새롭게 알게 된 사실이나 깨달은 점이 있나요?"

"생각의 변화를 가져온 수업 내용이나 활동은 무엇이었나요? 어떤 부분에서 '아하!' 하고 깨달음을 얻었나요?"

"오늘 배운 내용을 앞으로 어떻게 적용해 볼 수 있을까요?"

예전 생각-지금 생각 전략은 단순히 학습 내용을 정리하는 것을 넘어, 새로운 지식이 기존 생각과 어떻게 연결되고 확장되었는지를 알 수 있게 한다. 자신의 생각이 달라지고 발전하는 것을 깨닫게 되어 주도적인 학습자로 성장하게 하는 전략이다.

STEP 3 수업 준비하기

수업 안내

아이들의 학습 수준과 상황에 따라 조정이 가능하지만, '조사 기능'을 탐색하는 수업은 총 2차시로 진행된다. 이 수업은 조사 기능의 하위 항목에 중점을 두기보다는 조사 기능이 무엇인지 전반적으로 이해하는 것이 목적이다. 이러한 이유로 수업의 흐름은 조사 기능에 대한 생각 꺼내기, 조사 기능 개념 명확히 하기, 조사 기능을 기르기 위한 질문 만들기, 조사 기능에 대한 성찰하기의 흐름으로 수업이 진행된다.

1차시에는 생각 점수 토론 전략을 활용하여 조사 기능과 관련된 문장을 활용해 '조사 기능'에 대해 아이들이 어떻게 생각하는지 생각을 꺼내고 공유하는 활동으로 시작한다. 아이들이 조사에 대해 가지고 있는 기존 생각을 점검하고, 서로의 입장을 비교하면서 조사 기능에 대해 흥미를 느낀다.

2차시에는 조사 기능에 대한 개념 정의를 프레이어 모델을 활용하여 명확히 한다. 마지막으로 조사 기능에 대해 자신의 생각 변화 과정을 돌아보는 성찰 활동을 진행한다.

조사 기능을 가르치는 수업 안내

대상 학년	수업에서 다루는 ATL 기능
4~6학년	조사 기능 > **조사 기능**
차시	**수업 내용**
1차시	**생각 점수 토론**으로 조사 기능에 대한 생각 꺼내기
2차시	**프레이어 모델**로 조사 기능이 무엇인지 명확히 하기 **예전 생각-지금 생각**으로 배움 성찰하기

수업 자료

아이들이 자신의 생각을 직접 적을 수 있는 사고 전략 활동지를 수업 자료로 활용하였다. 조사 기능에 대한 자신의 생각을 점수로 표현하고, 친구들과 생각을 비교해 보는 생각 점수 토론 활동지를 활용하였다. "조사를 하면 탐구하는 사람이 될 수 있다"는 진술문은 아이들이 조사와 탐구의 관계에 대해 자연스럽게 고민해 보도록 돕는다. 생각 점수 토론 활동은 자신의 입장을 시각적으로 표현하고, 다양한 관점을 인식하게 해 준다.

또한 조사 기능의 예시와 비예시 문장 카드는 조사와 관련된 실제 활동 장면을 담고 있어 아이들이 조사 기능의 실질적 특징을 구별하고 토론할 수 있게 한다. 프레이어 모델 활동지는 개념을 정의, 특징, 예시, 비예시의 네 항목으로 정리할 수 있도록 하여, 아이들이 자신만의 개념 정의를 만들 수 있도록 유도하였다. 성찰 활동에서는 '예전 생각-지금 생각' 활동지를 활용하여, 조사 기능에 대한 사고 변화를 정리해 볼 수 있도록 하였다.

STEP 4 수업 진행하기

1차시 ① 조사 기능에 대해 이야기 나누기

수업에 앞서, 학생들에게 이번 수업이 '조사 기능'에 관해 생각해 보는 시간임을 안내하였다. 그리고 다음과 같은 질문을 제시하였다.

"여러분은 어떤 조사를 해 본 적이 있나요?"

"조사란 무엇일까요?"

아이들은 각자 생각을 글로 간단히 정리한 뒤, 모둠에서 돌아가며 자신의 경험과 생각을 나누었다. 조사에 대해 '검색'이나 '정보 찾기' 정도로만 인식하는 경우가 많았다.

1차시 ② 생각 점수 토론 활동으로 생각 꺼내기

조사 기능에 대한 아이들의 생각을 확인하기 위해 생각 점수 토론 활동을 진행하였다. 먼저 개별 활동지를 나눠 준 후, "조사를 많이 하면 탐구하는 사람이 될 수 있다"라는 진술문에 대해 1점부터 10점 사이의 점수를 매기게 했다. 아이들은 점수를 준 이유와 조사 기능에 대한 자신의 생각을 쓰고 나서, 교실 벽에 붙임쪽지로 붙여 놓은 1과 10을 보며 자신의 위치라고 생각되는 곳으로 와서 줄을 섰다. 대부분의 아이들이 8점에서 10점 사

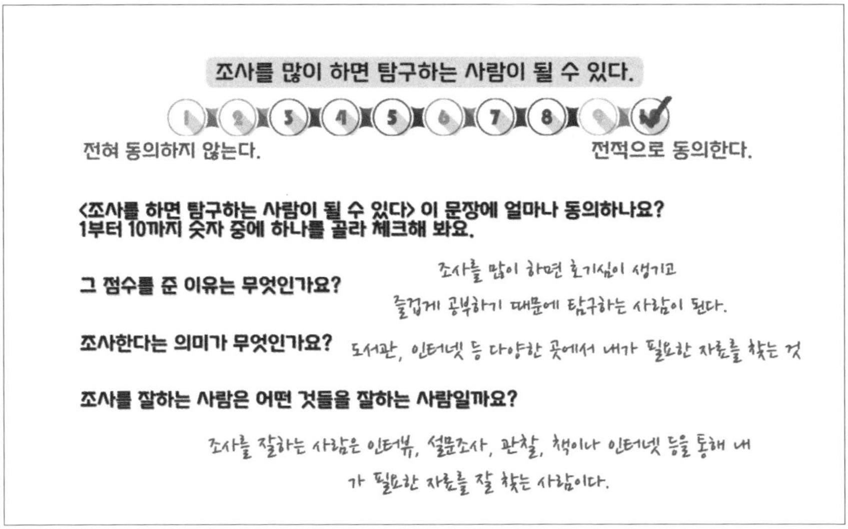
조사를 많이 하면 탐구하는 사람이 될 수 있다.

1 2 3 4 5 6 7 8 9 10

전혀 동의하지 않는다. 전적으로 동의한다.

<조사를 하면 탐구하는 사람이 될 수 있다> 이 문장에 얼마나 동의하나요?
1부터 10까지 숫자 중에 하나를 골라 체크해 봐요.

그 점수를 준 이유는 무엇인가요? 조사를 많이 하면 호기심이 생기고 즐겁게 공부하기 때문에 탐구하는 사람이 된다.

조사한다는 의미가 무엇인가요? 도서관, 인터넷 등 다양한 곳에서 내가 필요한 자료를 찾는 것

조사를 잘하는 사람은 어떤 것들을 잘하는 사람일까요?

조사를 잘하는 사람은 인터뷰, 설문조사, 관찰, 책이나 인터넷 등을 통해 내가 필요한 자료를 잘 찾는 사람이다.

높은 점수를 준 학생의 답변

이에 있었고, 몇 명의 아이들은 5점 이하에 줄을 섰다. 먼저 비슷한 점수대 여러 명이 모여서 자신이 쓴 내용에 대해 서로 이야기하였다. 아이들의 토론을 살펴보며 어떤 생각과 질문이 오가는지 모니터링하였다.

높은 점수를 준 아이들은 탐구가 진행되면서 선생님의 안내에 따라 또는 주도적으로 자료를 찾아볼수록 호기심이 생기고 배움이 재미있어진다고 답하였다. 한 아이는 "조사를 많이 하다 보면 궁금증이 생기고 계속 찾아보기 때문에 탐구하는 사람이 될 수 있다고 생각해서 9점을 주었어, 9점인 이유는 대부분 그럴 것 같은데 예외도 있을 것 같아서야"라고 말하였다. 낮은 점수를 준 아이들은 자료를 찾아본다고 해서 배움의 열정과 즐거움이 생기는 것은 아니기 때문에 낮은 점수를 주었다고 하였다. 그리고 자료를 찾는 것만으로 탐구를 잘하는 것이 아니라는 말도 덧붙였다.

이 활동을 통해 알게 된 것은 점수와 무관하게 대부분의 아이들이 조사는 '자료를 찾는 것'이라고 생각한다는 것이었다. 물론 일부 아이들은

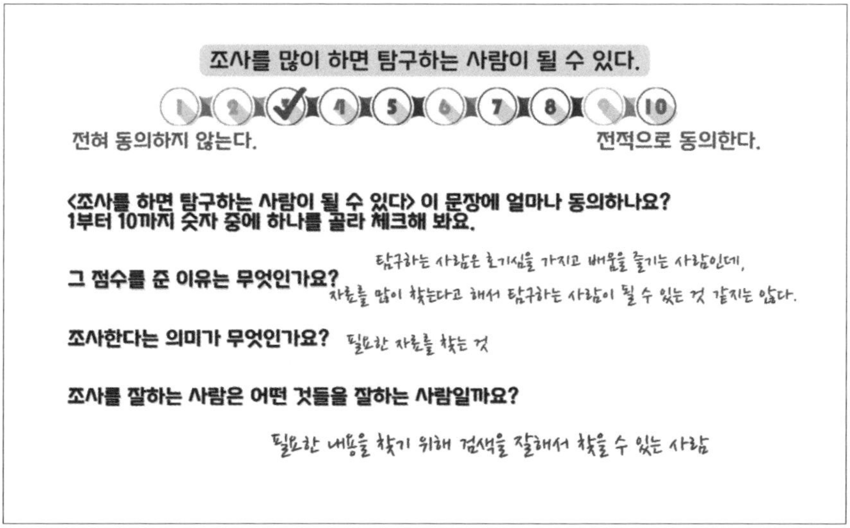
조사를 많이 하면 탐구하는 사람이 될 수 있다.

1 2 3 4 5 6 7 8 9 10

전혀 동의하지 않는다. 전적으로 동의한다.

<조사를 하면 탐구하는 사람이 될 수 있다> 이 문장에 얼마나 동의하나요?
1부터 10까지 숫자 중에 하나를 골라 체크해 봐요.

그 점수를 준 이유는 무엇인가요? 탐구하는 사람은 호기심을 가지고 배움을 즐기는 사람인데, 자료를 많이 찾는다고 해서 탐구하는 사람이 될 수 있는 것 같지는 않다.

조사한다는 의미가 무엇인가요? 필요한 자료를 찾는 것

조사를 잘하는 사람은 어떤 것들을 잘하는 사람일까요? 필요한 내용을 찾기 위해 검색을 잘해서 찾을 수 있는 사람

낮은 점수를 준 학생의 답변

다양한 방법으로 자료를 수집하는 것의 중요성을 알고 있었으나, 역시 조사를 좁은 개념으로 이해하고 있었다.

또 주목할 점은, 높은 점수를 준 아이들이 '많이 조사하는 것'을 '조사를 잘하는 것'으로 이해하고 있었다는 것이다. 토론이 끝난 후 아이들에게 이렇게 물었다.

"조사를 많이 하는 것은 조사를 잘하는 것일까요?"

아이들은 "조사를 많이 하는 것과 조사를 잘하는 것은 다르다"고 답했고, 대부분의 아이들이 이에 동의했다. 이에 다시 물었다. "그렇다면 조사를 많이 하면 탐구하는 사람이 될 수 있다고 할 수 있을까요?" 몇몇 아이들은 잠시 생각하다가 '아하!' 하는 표정을 짓기도 했으며, 점수를 바꿔야겠다고 말하는 학생도 있었다. 이어 "조사를 잘한다는 것은 자료만 잘 찾으면 되는 것일까요?"라는 질문을 던졌다. 아이들은 잠시 고민한 뒤, 조사를 잘한다는 것은 단순히 자료를 찾는 것에 그치지 않고 출처를 밝히는 것까지 포함된다고 답했다. 또 어떤 학생은 다양한 방법으로 자료를 찾는 것도 중요하다고 덧붙였다. 이처럼 생각 점수 토론 후 아이들의 사전 경험이 활성화된 상태에서 질문을 이어가자, 학생들은 기존에 가지고 있던 조사 개념을 한층 확장할 수 있었다. 이 활동을 통해 아이들은 조사에 대한 자신의 생각을 꺼내고, 조사와 탐구의 관계를 다시 성찰하는 기회를 가졌다.

2차시 ① 프레이어 모델로 조사 기능 개념 정리하기

조사 기능을 더 깊이 이해하기 위해, 모둠별로 문장 카드 10장을 예시와 비예시로 분류하는 활동을 진행하였다. 아이들은 각각 자신이 읽은 문장이 조사 기능의 바람직한 사례에 해당되는지 아닌지를 근거와 함께 설명하며, 모둠 내 토론을 이끌었다.

- 바람직하지 않은 사례 자료를 하나만 보고 바로 결론을 냈다.
- 바람직한 사례 인터넷에서 본 글이 사실인지 확인하려고 출처를 찾아 봤다.

문장을 모두 분류한 뒤, 아이들은 분류 기준을 다시 한번 살펴보며 조사 기능의 특징을 도출하고, 모둠별로 '조사 기능'의 정의를 만들어 보았다. 아이들은 특징에서 중요한 단어를 찾아 동그라미로 표시하고 먼저 각자만의 정의를 내려서 합쳐 보자고 의견을 내기도 하였다. 아이들은 스스로 정의 내린 조사 기능에 대해 발표하며, 조사 기능이 단지 정보 찾기 그 이상임을 스스로 깨닫는 모습을 보였다.

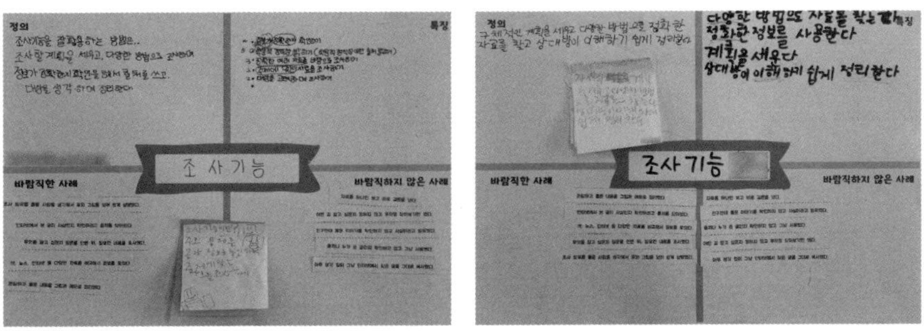

프레이어 모델 활동 예시

2차시 ② 예전 생각-지금 생각으로 배움 성찰하기

마지막 활동으로, 예전 생각-지금 생각으로 배움의 과정을 성찰해보았다. 아이들은 수업 전에 자신이 가지고 있던 조사 기능에 대한 생각을 적고, 수업 후 변화된 생각을 정리하였다.

아이들에게 충분한 정리 시간을 준 뒤, 이런 질문을 던졌다.

"조사 기능에 대한 생각이 수업 전과 수업 후에 어떻게 바뀌었나요?"

아이들은 자신이 쓴 생각을 서로 공유하였다.

"예전엔 그냥 인터넷으로 검색하는 게 조사라고 생각했는데, 지금은 정보를 모으고 정리하는 전체 과정을 조사라고 생각해요."

"조사 기능을 자료 검색을 잘하는 것 정도로 생각했는데, 계획을 세우고 정리하는 것도 조사 기능이라는 것을 배웠어요."

이렇게 작성한 글을 짝과 나누어 읽고, 친구의 성찰에서 인상 깊었던 내용을 함께 공유하였다.

아이들은 자신이 배운 것을 스스로 정리하고, 그것이 왜 의미 있었는지를 되돌아보며, 조사 기능이 탐구 속에서 어떤 의미를 가지는지를 다시 한번 내면화할 수 있었다.

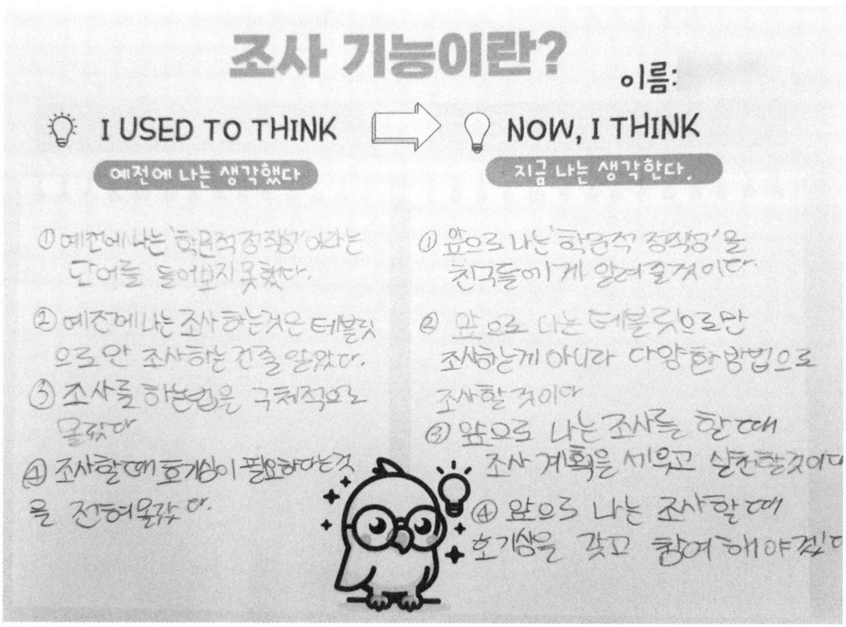

예전 생각-지금 생각 활동 사례

STEP 5 수업 성찰하기

조사 기능 수업을 마치고 나서 가장 크게 느낀 점은, 아이들이 '조사 기능'을 스스로 정의해 보면서 개념에 대한 이해가 훨씬 깊어졌다는 것이다. 처음엔 대부분의 아이들이 조사를 '인터넷 검색'이나 '책에서 찾는 것' 정도로 이해하고 있었지만, 친구들과의 대화와 활동을 통해 계획을 세우고, 자료를 정리하고 표현하는 과정 또한 조사 기능에 해당된다고 결론 내린 모습이 인상 깊었다.

특히 조사 기능이라는 개념을 먼저 충분히 탐색하고 나서 조사 기능의 하위 요소를 다루는 세부적인 활동으로 들어갔던 수업 흐름이 효과적이었다고 생각한다. 조사의 필요성과 목적에 대한 공감 없이 방법만 안내하면, 활동이 형식적으로 흐를 수 있다. 사고 기능을 다룰 때에 '생각이란 무엇인지'를 먼저 탐색한 뒤 다양한 전략으로 확장하는 것이 효과적이었던 것처럼, 조사 기능 역시 먼저 '조사란 무엇인가?'를 스스로 정의 내리는 과정이 꼭 필요하다는 생각이 들었다.

수업 이후 아이들과 함께 "조사를 잘하려면 이렇게 해요!"라는 제목으로 교실 안에 붙여 둘 수 있는 질문 포스터를 만들어보면 좋겠다는 생각을 했다.

조사 기능에 대해 스스로 정의해 본 뒤, 실제 조사 활동의 과정에서 성찰을 위한 질문을 만들어 보면, 아이들이 스스로 조사 과정을 점검하는 데 도움이 될 수 있기 때문이다. 예를 들면 '무엇을 조사할지 스스로 계획해 보았나요?', '정보를 어디서, 어떻게 찾았나요?', '자료의 출처를 정확하게 밝혔나요?', '내가 조사한 내용을 목적에 맞게 정리했나요?', '자료를 보는 사람을 생각하며 표현했나요?' 등이다.

이러한 질문들을 함께 정리하고 교실에 게시해 두면, 이후 탐구 활동이나 프로젝트 수업에서 아이들이 스스로 돌아보는 기준점이 될 수 있다.

이번 수업에서는 시간 관계상 실행하지 못해 아쉬움이 남았다.

조사 기능을 가르치는 수업은 '조사 기능이란 무엇인가?'라는 본질적인 질문에서 출발해야 한다. 아이들이 조사 기능을 단지 정보를 찾는 기술이 아니라, 조사 계획을 세우는 것에서부터 시작하여, 자료를 찾고 정리하여 발표하는 탐구의 전 과정이 조사 기능에 해당된다는 것, 그것이 이 수업이 남긴 가장 큰 의미였다.

● 수업 자료 모음

수업에 활용한 활동지	· 생각 점수 토론 활동지 · 프레이어 모델 활동지 · 예전 생각-지금 생각 성찰 활동지 * QR을 촬영하면 수업에 활용한 활동지를 살펴볼 수 있습니다.

'사실과 의견 구분하기'를 가르치다

STEP 1 사실과 의견 구분하기를 어떻게 가르칠까?

아이들은 매일 다양한 정보를 접하지만, 그 정보가 객관적인 사실인지, 아니면 개인의 생각이나 느낌에 기반한 의견인지를 판단하는 일은 결코 쉽지 않다. 특히 초등학생들은 자신이 보고 들은 것을 곧이곧대로 믿거나, 누군가의 주장을 사실로 받아들이는 경우가 많다. 이런 점에서 '사실과 의견 구분하기'는 단순한 문장 유형 구분을 넘어, 정보를 바르게 수용하기 위한 기초적인 사고 훈련이라 할 수 있다.

사실과 의견을 구분할 줄 아는 아이는 새로운 정보를 접할 때 증거로 확인 가능한 사실과 개인적인 생각이나 해석을 구별한다. 또한 두 요소가 섞여 있는 내용을 비판적으로 바라보려고 노력한다. 교실에서는 다양한 자료를 활용해 지속적으로 경험할 기회를 제공해야 하며, 사실과 의견을 구분하는 일이 왜 중요한지도 분명히 알려줄 필요가 있다.

결국 사실과 의견을 구분하는 능력을 기른다는 것은 학생들이 정보를 단순히 '믿는 것'을 넘어, 정보를 분석하고 해석하며 활용할 수 있는 힘을 갖추도록 돕는 일이다. 이번 수업에서는 그림책을 읽으며 사실과 의견을 구분하는 연습을 하고, 나아가 직접 문장을 작성해 본 뒤, 퀴즈 활동을 통해 이 과정을 다시 적용하며 사고를 확장해 가도록 설계하였다.

STEP 2 수업 전략

전략 ① 사실-의견-질문

정보를 바라보는 태도는 단순한 읽기를 넘어, 그 정보를 어떻게 해석하고 활용하는가에 따라 달라진다. '사실 – 의견 – 질문 전략'은 문장을 읽고 사실과 의견을 구분하는 데서 그치지 않고, 그 문장으로부터 어떤 질문을 만들어 낼 수 있는지를 탐색하는 활동이다.

- 사실(Fact) 누구나 확인할 수 있는 정보
- 의견(Opinion) 사람마다 다르게 생각할 수 있는 내용
- 질문(Question) 더 알고 싶은 점, 궁금한 점

질문을 만든다는 것은 단순한 확인을 넘어, 정보를 자기화하고 새로운 생각으로 연결하는 과정이다. 이 전략은 정보의 유형에 따라 질문의 깊이와 방향이 달라질 수 있음을 아이 스스로 경험하게 하며, 탐구 기반 수업에서 질문을 만드는 힘이 왜 중요한지 깨닫게 해 주는 좋은 출발점이 된다.

사실 – 의견 – 질문 전략을 활용할 때 '사실'은 눈에 보이는 것을 적고, '의견'은 관찰한 내용을 바탕으로 작성하며, '질문'은 반드시 의문문 형태로 표현하도록 하는 것이 중요하다. 실제 수업 진행도 사실을 발견하고, 사실을 토대로 의견을 제시하며, 이어 질문을 만드는 순서로 진행된다. 이러한 흐름 속에서 아이들은 사실과 의견을 구분하는 연습을 하며, 이를 통해 증거에 기반한 사고력을 기를 수 있다. 이 과정을 스스로 따라가는 것이 어려울 수 있기 때문에 처음에는 교사가 활동 방법을 충분히 시범 보여야 하며, 반복적인 연습을 통해 아이들의 사고가 깊어질 수 있도록 해야 한다.

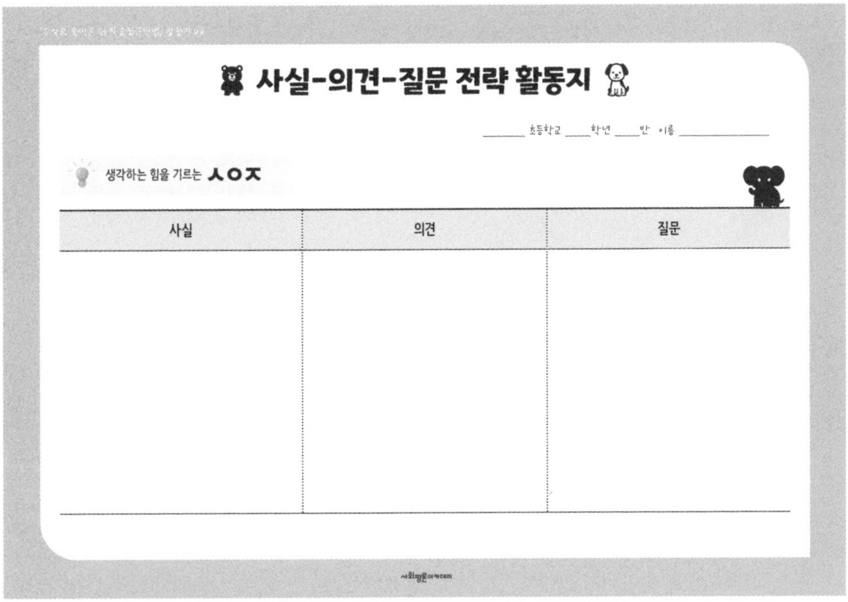

사실-의견-질문 전략 활동지

전략 ② 나만의 퀴즈 만들기

'퀴즈 만들기 전략'은 아이가 직접 퀴즈를 만들고, 서로 묻고 답하는 상호작용을 통해 학습 내용에 대한 이해를 심화시키는 효과적인 방법이다. 이 과정에서 아이들은 단순히 정답을 찾는 것을 넘어, 스스로 사고하며 정보를 깊이 있게 이해하게 된다.

글을 읽은 후 아이는 퀴즈를 직접 만들면서 자신이 글의 내용을 얼마나 정확하게 이해했는지 확인할 수 있다. 또한, 퀴즈 형식으로 제시된 글은 이야기를 듣거나 읽는 청중이나 독자의 적극적인 참여를 이끌어낼 수 있다.

나만의 퀴즈 만들기 전략은 다양한 형태로 운영될 수 있다. 모둠 안에서 돌아가며 서로 퀴즈를 내고 답하거나 교실을 돌아다니며 다른 친구를 만나 퀴즈를 내는 방식으로 활동을 확장할 수도 있다. 특히 자신의 글 옆에 붙임쪽지 등으로 퀴즈를 내고 짝과 글을 바꾸어 보면서 서로가 낸 퀴즈에 답을 한 뒤 피드백을 주고받는 것은 능동적으로 학습에 참여하는 매우 의미 있는 활동이다.

STEP 3 수업 준비하기

수업 안내

이번 수업은 4~5학년을 대상으로, 총 3차시로 구성되었다. 핵심 목표는 아이들이 사실과 의견을 구분하는 기초를 익히고, 나아가 정보를 비판적으로 수용하는 태도를 기르는 것이다.

1차시에는 그림책 『사실과 의견 그리고 로봇』을 함께 읽으며, 사실은 증거로 확인 가능한 정보, 의견은 개인의 생각이나 해석이라는 개념을 정리한다. 아이들은 텍스트 속 문장을 분류하며 두 개념의 차이를 체감할 수 있다. 2차시에는 자신만의 창의적인 로봇을 디자인하고, 그 로봇을 설명하는 문장을 사실과 의견으로 나누어 적는다. 이 활동을 통해 아이들은 개념을 자기 언어로 적용하면서, 표현 속에 무심코 뒤섞인 사실과 의견을 구별하는 연습을 한다. 3차시에는 짝과 함께 '사실/의견 퀴즈'를 만들고 맞히는 활동을 진행한다. 이어 그림책 『감기 걸린 물고기』를 읽으며 "모든 사실이 진실일까?"라는 질문을 탐구한다. 이를 통해 아이들은 단순히 사실과 의견을 구분하는 수준을 넘어, 정보의 신뢰성과 타당성을 어떻게 바라볼 것인지 성찰하게 된다.

결국 이 수업은 아이들이 사실과 의견의 차이를 이해하고, 이를 실제 맥락에서 활용하며, 정보를 비판적으로 수용하는 태도로 확장해 가도록 돕는다.

듣기를 가르치는 수업 안내

대상 학년	수업에서 다루는 ATL 기능
4~5학년	조사 기능 > **사실과 의견 구분하기**
차시	**수업 내용**
1차시	『사실 의견 그리고 로봇』 그림책 읽고 **사실 의견 질문 활동하기**
2차시	**나만의 로봇 디자인하기**
3차시	**나만의 퀴즈 만들고**, 감기 걸린 물고기 읽기

수업 자료

사실과 의견을 구분하고 정보를 비판적으로 수용하는 능력을 기를 수 있도록, 『사실과 의견 그리고 로봇』과 『감기 걸린 물고기』 두 권의 그림책을 수업 자료로 선정하였다. 정보가 넘쳐나는 사회에서 아이들이 정보를 정확히 이해하고 책임감 있게 활용하는 태도를 기르기 위해서는, 친숙한 이야기 속에서 개념을 스스로 발견하고 표현하는 경험이 무엇보다 중요하다.

『사실과 의견 그리고 로봇』은 다양한 성격과 외모를 가진 로봇 친구들의 대화를 통해 '사실'과 '의견'의 차이를 쉽고 유쾌하게 전달해 준다. '로봇이 여섯 대 있다'처럼 객관적으로 확인할 수 있는 내용은 '사실'로, '이 로봇이 제일 멋지다'처럼 생각이나 느낌이 담긴 말은 '의견'으로 나뉜다는 것을 자연스럽게 알 수 있다. 각자의 생각을 바탕으로 질문을 만들고, 서로의 의견을 존중하며 소통하는 과정에서 사실과 의견의 개념을 스스로 정리할 수 있다.

『감기 걸린 물고기』는 감기에 걸렸다는 말이 소문으로 커지며 혼란을 일으키는 과정을 따라간다. 이를 통해 아이들은 출처가 불분명한 정보를 비판적으로 바라보는 중요성을 깨달을 수 있다. 또한 소문을 무비판적으로 수용하며 거짓된 정보를 사실처럼 받아들이는 상황을 보며, 사실 확인의 필요성과 정보 수용자의 책임감을 함께 되새기게 된다.

두 책 모두 짧고 명확한 구성과 풍부한 그림 표현 덕분에 아이들이 쉽게 이해하고 참여할 수 있으며, 수업에서 다룰 개념을 친근하게 접할 수 있다. 아이들은 이야기 속 인물의 말과 행동을 따라가며 정보 해석과 소통의 방식에 대해 스스로 생각해 볼 수 있으며, 질문을 만들거나 퀴즈 만들기 활동으로 자연스럽게 연결할 수 있다.

○ 자료 내용 미리 보기

『사실과 의견 그리고 로봇』 마이클 렉스 지음, 길벗어린이	모습과 취향이 제각각인 로봇들이 있다. 로봇들은 평범한 대화를 나누는데, 서로 의견이 다르다. 로봇들은 각자 자기 생각만 주장하고, 그러다 큰 싸움이 벌어진다.
『감기 걸린 물고기』 박정섭 지음, 사계절	아귀는 물고기 떼를 잡아먹기 위해 "빨간 물고기가 감기에 걸렸다"는 거짓 소문을 퍼뜨린다. 그러자 물고기들은 두려움에 빨간 물고기를 내쫓고, 아귀는 이어서 다른 색깔 물고기들까지 차례로 잡아먹는다.

STEP 4 수업 진행하기

1차시 ① 정보 문해력의 의미와 중요성 떠올리기

수업을 시작하며, 아이들에게 이번 수업은 정보 문해력을 기르는 수업임을 안내하였다. 먼저 아이들에게 문해력에 대해 들어본 적이 있는지 질문하였더니, "글을 읽고 쓰는 것"이라고 답했다. 이어 다음과 같이 질문하였다.

"문해력이 글을 읽고 쓰는 것이라면, '정보 문해력'은 무엇일까요?"

한 아이가 "정보 문해력은 정보를 정확하게 이해하고 만들어 내는 것이에요"라고 답하였다.

다음 질문을 던졌다.

"우리는 매일 많은 정보를 접하고 있어요. 그런데 우리가 접하는 정보를 제대로 이해하지 못한다면 어떤 일이 벌어질까요? 정보를 바르게 읽고 생산하는 능력을 '정보 문해력'이라고 하는데, 우리에게 정보 문해력은 왜 중요할까요?"

아이들은 약 2분 동안 붙임쪽지에 자신의 생각을 정리한 후, 모둠별로 생각을 나누었다.

“많은 정보를 제대로 이해하지 못하면 잘못된 정보를 믿고 잘못된 선택을 할 수 있어요.”

“정보 문해력이 없으면 생활 속에서 실수를 많이 하거나 혼란스러울 것 같아요.”

학생들이 정보 문해력의 중요성을 이해한 후, 오늘 배움의 방향을 안내하였다.

“정보를 바르게 읽고 쓰는 능력, 즉 정보 문해력을 기르기 위해 오늘은 그 밑바탕이 되는 ‘사실과 의견 구분’을 연습할 거예요. 이번 수업에서는 책을 읽고, 생각을 나누고, 직접 퀴즈를 만들어 보면서 그 힘을 함께 길러 볼 거예요.”

1차시 ② 그림책 읽고 ‘사실-의견-질문’ 문장 만들기

아이들과 『사실과 의견 그리고 로봇』을 함께 읽었다. 이 책은 로봇을 중심으로 ‘사실’, ‘의견’, ‘질문’이 어떻게 다르게 표현되는지를 자연스럽게 보여 주어, 이해를 돕기에 적절했다.

책을 읽는 동안 중간중간 멈추어 “이건 사실일까, 의견일까?”, “이건 질문일까?” 하고 아이들에게 물으며 함께 읽었다. 읽기를 마친 뒤에는 ‘사실 – 의견 – 질문’ 전략을 소개했다. 그런 다음 그림책 내용을 바탕으로 각각 사실 문장 한 개, 의견 문장 한 개, 질문 한 개를 스스로 적도록 했다.

- 사실 로봇은 초록색이다.
- 의견 나는 이 로봇이 너무 귀엽다고 생각한다.
- 질문 이 로봇은 어떻게 움직이는 걸까?

각자 쓴 내용을 바탕으로 모둠 활동으로 넘어가 아이들은 돌아가며 자신의 문장을 공유하였다. 다른 아이들은 친구의 문장을 들으면서 사실 – 의견 – 질문 활동지에 내용을 적어 나갔다. 아이들은 서로의 문장을 읽고 토의하며 자연스럽게 사실인지 의견인지 분류해 보았다. 특히 '질문'은 아이마다 매우 다양하게 나왔다. 몇 가지 예를 살펴보자.

"미래에는 어떤 로봇이 필요할까?"
"사실은 모두 정확할까?"
"사실과 의견을 구분하는 것이 왜 중요할까?"

이 가운데 두 가지 질문을 골라 생각을 확장해 보았다. '사실과 의견을 구분하는 것이 왜 중요할까?'라는 질문에 대해 아이들은 "인터넷에서 자료를 찾다가 블로그에 적힌 내용을 그냥 그대로 적은 적이 있어요", 또는 "의견은 사람마다 다르니까 무조건 믿으면 안 되는 것 같아요"라며 자신의 경험을 나누었다.

두 번째 '사실은 모두 진실일까?'라는 질문에 대해서는 아이들의 의견이 둘로 나뉘었다. 어떤 아이는 "사실은 항상 진실이라고 생각해요"라고 했고, 또 다른 아이는 "사실처럼 보여도 틀릴 수 있어요"라고 대답했다. 이 질문이 다음 시간 활동과 연결된다는 점을 간단히 안내하며 수업을 마무리하였다.

2차시 나만의 ATL 로봇 디자인하고 글쓰기

『사실과 의견 그리고 로봇』을 읽은 후, 아이들은 책 속 다양한 로봇의 생김새와 특징을 떠올리며 자신만의 로봇을 디자인하는 활동으로 사고를 확장해 나갔다. 이때 '특별한 ATL 로봇'이라는 주제로 ATL 기능을 탑재한 로봇으로 디자인하도록 안내했다. 아이들은 ATL의 다섯 가지 기능을 살펴보며, 자신만의 ATL 로봇을 자유롭게 디자인했다. 개별 또는 짝으로 각자의 개성과 상상력을 담은 독창적인 로봇들이 탄생했다.

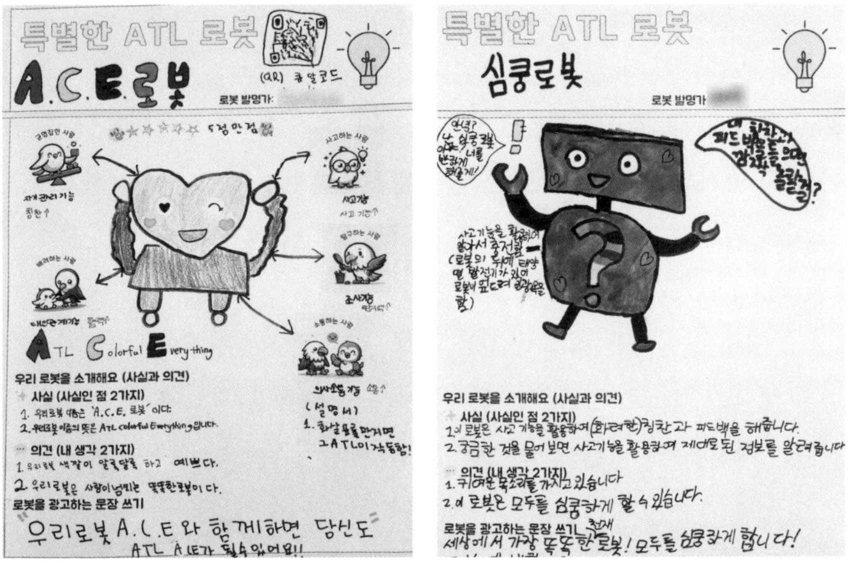

학생들이 만든 ATL 로봇 활동 사례

그다음 자신이 디자인한 로봇을 독자에게 소개하는 글을 쓰기 위해, 먼저 사실 문장 세 개와 의견 문장 세 개를 구별하여 작성하는 시간을 가졌다.

사실 문장과 의견 문장 작성하기 예

사실	- 이 로봇의 키는 100cm입니다. - 이 로봇은 분홍색입니다. - 이 로봇의 이름은 스타입니다.
의견	- 이 로봇은 정말 귀엽다고 생각합니다. - 이 로봇은 세상에서 가장 똑똑합니다. - 이 로봇은 세상에서 가장 멋진 로봇입니다.

대부분의 아이들은 정보를 글로 표현할 때, 어떤 문장이 '사실'이고 어떤 문장이 '의견'인지 명확하게 구분할 수 있었다. 이러한 정보 분별 연습을 통해 모든 글에 사실과 의견이 함께 담길 수 있음을 알아챌 수 있다. 그러나 일부 아이들은 여전히 사실과 의견을 구별하는 데 어려움을 보였다.

예를 들어, 한 아이가 '이 로봇은 가장 멋지다'라는 문장을 '사실' 칸에 적었다. "왜 이 문장을 사실이라고 생각했나요?"라고 묻자, 아이는 "이 로봇이 가장 멋지기 때문이에요"라고 답했다. 이어 "다른 친구들도 이 로봇이 가장 멋지다고 생각할까요?"라는 질문에 아이는 한참을 생각한 뒤 "그럼 이건 의견인 것 같아요"라며 해당 문장을 의견 칸으로 옮기는 모습을 보였다.

이처럼 아이들은 직접 문장을 작성하고, 교사의 질문에 응답하며 자신의 생각을 스스로 점검하고 수정해 나가는 과정을 겪었다. 이는 단순한 개념 이해를 넘어 비판적으로 사고하고, 자신의 언어를 점검하는 중요한 경험이 되었다. 수업 시간 동안 교실을 돌며 아이들이 사실과 의견을 정확히 구별하는지 살피고, 적절한 피드백을 제공하여 아이들이 생각을 명료하게 정리할 수 있도록 도왔다.

3차시 ① 내 로봇을 소개하는 퀴즈 만들기

로봇 소개 글쓰기를 마친 후, 아이들은 자신이 쓴 글을 바탕으로 두 개의 퀴즈를 만드는 활동을 하였다. 아이들이 글에 담긴 정보를 다른 사람의 시선으로 바라보고, 정보를 어떻게 전달할지 고민하는 창의적 확장 활동이었다. 퀴즈의 형식은 자유롭게 정하되, 예시를 주어 참고할 수 있도록 하였다.

로봇을 소개하는 퀴즈 만들기

모두가 정답이 하나만 나오는 사실 퀴즈	다양한 의견이 나올 수 있는 의견 퀴즈
"이 로봇의 이름은 모다입니다." → 참인가요, 거짓인가요?	"이 로봇의 좋은 점은 무엇인가요?" → 의견을 묻는 질문

아이들은 퀴즈를 만들고 나서, 교실을 자유롭게 돌아다니며 친구들과 짝을 이루어 서로의 퀴즈를 주고받았다. 친구의 로봇에 대해 질문하고 답해 보는 과정은 단순한 정보 확인을 넘어, 자신의 글을 독자의 시선으로 점검하는 경험이 되었다. 아이들은 이 활동을 통해 표현이 모호했던 부분을 발견하거나, 설명이 더 필요하다는 피드백을 자연스럽게 얻기도 했다.

또한, 퀴즈 활동을 통해 아이들은 사실과 의견을 구별하는 기준을 스스로 되짚어 보았고, 상대의 질문에 근거 있게 답하면서 정보에 대한 판단력과 표현력을 함께 기를 수 있었다. 무엇보다 이 활동은 교실 전체가 활발하게 움직이며 서로 질문하고 답하는 과정에서, 협력적이고 몰입도 높은 학습 분위기를 만들어 주었다.

3차시 ② 『감기 걸린 물고기』 읽고 정보에 대한 생각 심화하기

아이들이 사실과 의견의 차이에 대해 어느 정도 익숙해졌다고 판단했을 때, 다음과 같은 질문을 던졌다.

"우리가 들은 말이 정말 사실인지 어떻게 알 수 있을까요?"

"사실처럼 보이는 정보도 잘못된 경우가 있을까요?"

"정보를 바로 믿지 않고 한 번 더 생각해 보아야 하는 이유는 무엇일까요?"

그런 다음 그림책 『감기 걸린 물고기』를 읽어 주었다. 감기에 걸렸다는 물고기의 말 한마디가 커다란 소문으로 퍼지며 모두를 혼란에 빠뜨리

는 이야기를 통해, 사실처럼 보이는 말이 반드시 진실은 아닐 수 있다는 점을 유쾌하게 보여 준다.

책을 읽는 동안 아이들은 어떤 말이 근거 있는 사실인지, 어떤 말이 추측이나 과장된 정보인지 함께 탐색하였다. 그리고 활동지를 활용하여 책 속에서 소문이 어떻게 커졌는지 순서대로 정리한 뒤, 물고기가 감기에 걸렸다고 소문이 퍼진 이유는 무엇일지 생각해 보고, 우리가 정보를 받아들일 때 어떤 점을 조심해야 할지 자신의 생각을 정리하는 과정으로 수업을 진행하였다.

아이들은 "친구가 말한 걸 다 믿어도 괜찮을까?", "그 말은 어디서 들은 거야?"와 같은 질문을 바탕으로, 정보의 진위 판단, 출처 확인, 비판적 사고의 중요성에 대해 자연스럽게 의견을 나누었다. 그리고 수업 말미에 다음과 같이 강조하였다.

"우리가 듣는 정보가 모두 진실이라고 믿기보다는, 한 번 더 생각해 보고 그 말에 근거가 있는지 살펴보는 습관이 중요해요. 여러분은 이제 정보를 그냥 받아들이기보다, 스스로 판단할 수 있는 방법을 배웠으니까요."

이 활동은 단순히 사실과 의견을 구별하는 데서 나아가, 정보의 신뢰성과 출처를 판단하는 능력, 자신의 생각을 조심스럽고 책임 있게 표현하는 태도를 기를 수 있도록 돕는 심화 학습이 되었다.

STEP 5 수업 성찰하기

'사실-의견-질문' 수업을 계획하며 아이들이 사실과 의견을 명확히 구분하고, 나아가 사실이라고 여기는 정보가 모두 진실은 아닐 수 있다는 점까지 사고를 확장하기를 기대했다. 이 전략을 통해 정보 리터러시의 중요한 기초를 다질 수 있을 것이라 보았다.

하지만 실제 수업에서 아이들의 반응은 기대와는 다른 흥미로운 모습을 보여 주었다. 처음에는 사실과 의견을 구분하는 것이 쉽다고 생각했던 아이들이, 교사의 질문이 깊어질수록 두 개념 사이의 미묘한 경계에서 헷갈려하는 모습을 발견했다. 이는 '정보를 명확히 분별하는 것이 생각보다 복잡한 과정'이라는 중요한 시사점을 던져 주었다. 하지만 모두의 답이 다를 때, 그 이유를 들어 보고 서로의 의견을 나누는 과정을 통해 아이들은 점차 사실과 의견을 구분하는 힘을 키워 나갔다. 특히, 단순한 사실이라고 주장하던 문장이 질문을 통해 실제로는 의견이라는 것을 스스로 인식하는 순간들은 교사로서도 매우 인상 깊고, 아이들의 사고가 유연해지는 것을 발견한 귀한 장면이었다.

또한, '사실처럼 보이지만 진실이 아닐 수 있는 정보'에 대해 함께 고민하는 시간은 더욱 중요한 깨달음을 주었다. "모두가 믿는다고 해서 그게 진짜 사실일까?"라는 질문을 던졌을 때, 아이들이 각자의 경험을 떠올리며 진지하게 고민하는 모습에서 정보의 진위와 출처를 비판적으로 바라보는 자세가 얼마나 중요한지 다시 한 번 실감할 수 있었다. 이는 곧 미디어 리터러시 교육의 핵심과도 맞닿아 있었다.

이번 수업을 통해 사실과 의견을 구별하는 기회를 만들고, 다양한 맥락과 자료에 적용하며 심화할 수 있도록 수업을 구성하는 것이 교사의 과제임을 깨달았다.

● **수업 자료 모음**

수업에 활용한 활동지	· 사실-의견-질문 활동지 · 특별한 ATL 로봇 디자인 활동지 * QR을 촬영하면 수업에 활용한 활동지를 살펴볼 수 있습니다.

자료의 신뢰성 판단하기

STEP 1 자료의 신뢰성 판단하기를 어떻게 가르칠까?

탐구 수업에서 활용하는 다양한 책, 신문 기사, 동영상, 연구 결과 자료 등은 탐구에 꼭 필요한 것들이다. 어떤 재료를 쓰느냐에 따라 음식의 질이 달라지는 것처럼 수업 자료를 선택하는 것도 그에 못지 않은 중요성을 가진다. IB PYP의 탐구 수업에서는 아이들이 직접 자료를 찾고 조직하고 구성하는 것이 중요한데, 자료를 믿을 수 없다면 탐구의 결과 또한 신뢰하기 어렵다. 그래서 ATL에서는 조사하기 기능을 어렸을 때부터 체계적으로 가르치고, 수업에서 활용한다. 또한 도서관의 사서 교사가 저학년 때부터 자료를 찾고 신뢰성을 파악하는 전문적인 수업을 진행한다. 특히 IB의 DP(Diploma Programme, 고등학교 프로그램) 과정에서 소논문을 쓰는 활동이 있는데, 학생이 직접 논문에 필요한 자료를 만들어 내야 하는 경우도 있다. 그렇기 때문에 정확한 출처나 근거에 기반한 신뢰성 있는 자료를 사용하는 것이 필수이다.

아이들은 주제에 맞는 자료를 찾을 때 흔히 구글 등의 검색 사이트를 활용한다. 일상적으로 활용하는 인터넷이나 미디어에서 찾은 자료의 신뢰성을 판단하는 것은 쉽지 않다. 이때 자신이 찾는 자료의 신뢰성을 판단할 수 있는 기준을 수업을 통해 배운다면 앞으로의 학습 상황에서도 계속 활용할 수 있을 것이다.

자료의 신뢰성을 판단하는 수업에서는 CRAAP 전략이 유용하다. 전략을 바로 설명하지 않고 가짜 뉴스나 잘못된 정보로 인해 어려움을 겪었던 경험을 나누고 실제 자신이 관심 있는 주제의 자료를 찾아 신뢰성을 판단해 보는 것이 중요함을 스스로 느끼도록 수업을 설계했다.

STEP 2 수업 전략

전략 ① CRAAP

요즘처럼 온라인에서 자료를 찾는 것이 익숙한 환경에서 자신이 찾은 자료가 연구나 정책에 사용할 만큼 출처를 신뢰할 수 있는지 알기 어려울 수 있다. CRAAP은 처음에 학문이나 연구 전반에 걸쳐 자료의 신뢰도를 평가하기 위한 기준으로 만들어졌고, 현재 도서관 교육에서 자주 활용된다. 각각의 내용을 살펴보면 정보가 얼마나 최근의 내용을 담고 있는지 나타내는 최신성(Currency), 자료가 자신이 원하는 주제와 관련이 있는지 보는 관련성(Relevance), 자료를 쓴 글쓴이의 전문성을 평가하는 권위(Authority), 제공하는 자료가 사실에 근거한 자료인지 정확성(Accuracy), 마지막으로 자료를 제공하는 목적을 생각해 보는 목적성(Purpose) 다섯 가지이다.

예를 들어 '우리 지역의 국가 유산'과 관련한 탐구 자료를 조사한다고 해 보자. 자신이 온라인에서 찾은 자료가 올려진 날짜를 통해 최근의 자료인지 알아보고, 자료의 내용이 주제인 '국가 유산'과 관련이 있는지 보고, 자료를 쓴 사람의 이름이 나와 있는지, 그 사람이 그 분야의 전문가인지 확인한다. 그리고 제시된 자료가 가짜 뉴스는 아닌지 또는 근거가 있는지를 다른 자료와 비교·분석하는 과정을 통해 정확성을 판단할 수 있고, 자료를 제공한 목적이 지식 공유 외 홍보나 광고 등 개인적인 목적은 없는지 살펴본다.

아이들이 인터넷상에서 자료를 찾고 읽을 때 CRAAP을 사용하면 자신이 제대로 읽고 있는지 질문하며 비판적 읽기를 할 수 있다. 탐구 수업에서는 탐구 자료를 찾을 때 사용할 수 있고, 평생 학습자로서 이 전략을 익혀 두면 훗날 연구 보고서나 기획서를 만들 때 신뢰도가 높고 가치 있는 자료를 찾거나 생산해 낼 수 있을 것이다.

STEP 3 수업 준비하기

수업 안내

학년이나 관련 주제에 따라 다르지만 본격적으로 조사를 하게 되는 4학년을 대상으로 수업을 준비한다면, '자료의 신뢰성 판단하기' 수업은 총 6차시로 계획이 가능하다. 이번 수업에서는 CRAAP 전략을 이해하는 수업을 진행하기 전에 학생들이 전략의 필요성을 느낄 수 있는 학습 경험을 먼저 하도록 구성했다. 1차시에는 '자료의 신뢰성'과 관련된 경험을 나누며 신뢰성을 판단하는 것이 필요한 이유를 생각하고 토의하는 시간을 갖는다. 2~3차시에는 평소처럼 자신이 궁금한 주제에 대한 자료를 인터넷에서 찾아서 보고 다섯 가지 기준에 따라 신뢰성을 판단해 본다. 그리고 다섯 가지 기준을 CRAAP이라고 한다는 것도 함께 안내한다. 4차시는 CRAAP 전략 자체를 정확히 이해하는 것이 목적이다. 이후 5~6차시에는 과학 수업에서 필요한 자료를 직접 찾아보면서 자료의 신뢰성을 판단하고, 그 자료를 모둠에서 한 번 더 공유하면서 신뢰성 높은 자료는 무엇인지 논의해 본다. 모둠에서 같이 자료를 찾아야 하는 경우도 있고, 또 혼자 판단하는 것보다 서로 협의하면서 자료의 신뢰성을 판단할 수 있는 기회를 주는 것도 중요하다.

자료의 신뢰성 판단하기를 가르치는 수업 안내

대상 학년	수업에서 다루는 ATL 기능
4학년	조사 기능 > **자료의 신뢰성 판단하기**
차시	**수업 내용**
1차시	자료의 신뢰성 판단이 필요한 이유를 경험을 통해 생각하기
2~3차시	내가 찾은 자료의 신뢰성 판단하기
4차시	**CRAAP 전략** 이해하기
5~6차시	**CRAAP 전략** 활용하여 자료의 신뢰성 판단하기

수업 자료

CRAAP 전략을 익히기 위한 수업 자료로는 전략 활동지와 과학 교과서를 사용했다. 교육과정의 성취기준을 실제로 구현한 교과서를 기본적인 탐구 자료로 활용할 수 있다. 특히 사회나 과학에서는 자료를 조사하는 활동이 많은데 4학년 1학기 과학의 2단원 '물의 상태 변화'에서는 물의 상태 변화를 관찰과 실험을 통해 배우고, 이를 이용해서 물을 얻기 위한 도구를 만드는 활동이 있다. 이 과정에서 물이 부족한 지역에서 어떻게 물을 얻는지 도구나 사례를 조사하는 내용이 있어 과학 교과서를 '자료의 신뢰성을 판단하기' 수업 자료로 정하였다.

자료 내용 미리 보기

『[2022개정]초등교과서 과학 4-1』 양일호 외 19인 지음, 미래엔	2. 물의 상태 변화 물이 부족한 지역에서 물을 얻는 사례나 장치 조사하기

STEP 4 수업 진행하기

1차시 자료의 신뢰성 판단이 필요한 상황 떠올리기

'자료의 신뢰성'이라는 용어가 4학년 학생들에게는 어렵게 느껴질 것 같아서 아이들의 관심과 어떻게 연결할까 고민하다가 "인터넷에서 찾은 자료가 틀려서 당황하거나 어려움을 겪은 적이 있니?"라고 물었다. 아이들이 가장 많이 하는 이야기 중 하나가 게임에 관한 내용이었다. 집에서 게임을 즐겨 하는 아이들은 게임 잘 하는 방법을 알려준다고 해서 글을 읽으려고 들어갔는데 마지막에는 결국 현금으로 아이템을 사야 하는 내용이었다면서 억울해했다. 코로나가 한창일 때 학교가 무기한 휴교한다는 뉴스를 봤는데 알고 보니 가짜 뉴스였다는 아이도 있었다. 아이돌 팬클럽에서 활동 중인 아이는 자신이 좋아하는 멤버에 대한 잘못된 기사가 퍼져서 속상한 적이 있다고 했다.

두 번째 질문을 던졌다. "인터넷상에서 이런 일을 겪지 않으려면 어떻게 해야 할까?" 자연스럽게 아이들의 입에서 가짜 뉴스인지 아닌지 가릴 수 있어야 한다는 말이 나왔다. 이처럼 아이들에게 인터넷은 자료를 검색하고 정보를 얻는 익숙한 공간이지만, 정작 여기에서 얻은 자료의 내용을 비판적으로 읽어 내는 방법은 배워 본 적이 없었다.

2-3차시 내가 찾은 자료의 신뢰성 판단하기

자료의 신뢰성을 판단하는 방법을 바로 알려주기 전 평소에 아이들이 무엇에 관심을 갖고, 어떤 사이트를 이용하며, 어떤 과정을 거쳐서 자료를 찾는지 알 필요가 있었다. 학습자의 사전 경험을 파악하고 그에 맞는 수업을 진행해야 더 효과적이기 때문이다. 활동지를 건넨 뒤 아이들에게 궁금한 것에 대한 자료를 찾아보고, 제시한 기준에 따라 분석해 보라고 했다. 이때 기준은 아이들의 눈높이에 맞게 쉬운 말로 풀어서 나타냈다.

<table>
<tr><td>내가 찾고 싶은 주제나 관심사</td><td colspan="2"></td></tr>
<tr><td>내가 주로 정보를 얻는 곳 (웹사이트 이름)</td><td colspan="2"></td></tr>
<tr><td rowspan="6">자료를 찾아 제시된 기준에 따라 분석하기</td><td>기준</td><td>분석 내용</td></tr>
<tr><td>① 마지막으로 글을 올린 날짜는 언제인가?</td><td></td></tr>
<tr><td>② 글의 내용이 내가 찾는 주제와 어떤 관련이 있나?</td><td></td></tr>
<tr><td>③ 글은 관련 주제의 전문가가 썼나?</td><td></td></tr>
<tr><td>④ 자료는 사실에 근거한 정확한 정보를 제공하며, 출처를 밝히고 있는가?</td><td></td></tr>
<tr><td>⑤ 자료를 올린 목적이 무엇인가?</td><td></td></tr>
</table>

자료의 신뢰성 파악 활동지(일부)

많은 아이들이 자료를 찾을 때 공식적인 웹사이트보다는 구글, 블로그, 유튜브, AI 검색, 나무위키 등을 사용하고 있었다. 한 아이의 자료 검색과 분석 과정을 따라가 보자.

동물과 곤충을 좋아하고, 집에서 실제 도마뱀을 키우는 아이가 '블랙트리모니터'라는 도마뱀에 관한 자료를 찾고 싶어서 검색을 시작했다. 네이버를 통해서 한 블로그를 방문하였고, 거기에서 찾은 내용으로 활동지를 완성했다. 도마뱀에 관한 글은 2024년 11월 30일에 쓰인 글이고, 자신이 찾고자 하는 블랙트리모니터 도마뱀에 관한 내용이었다. 글을 쓴 사람은 파충류 사육 경력이 15년이며, 실제 파충류 관련 매장을 운영하고 있는 사람이라고 했다. 글의 목적은 도마뱀에 대해 알려주기 위한 것이고, 자신의 매장을 통해 도마뱀을 팔기 위한 것이라고 판단했다. 왜냐하면 글의 마지막에 이 도마뱀을 구입하고 싶다면 매장으로 오라는 말이 있었기 때문이었다. 한 가지 아쉬운 점은 블랙트리모니터 도마뱀에 관한 정보를 제시하는 부분에서 출처가 명확하지 않다는 점이었다. 파충류의 서식지나 먹이, 특성 등에 대한 정보는 글을 쓴 사람도 다른 자료를 참고했을 텐데 출처가 나와 있지 않았다. 아이와 함께 그 부분에 대한 이야기를 나누면서 만약 올린 사진과 정보에 대한 백과사전 링크 등이 있다면 더 신뢰할 수 있었을 것이라고 피드백을 주었다. 자신이 관심 있는 주제에 대한 자료를 찾을 때 아이들은 더 적극적으로 참여하고 이해도 깊어진다.

4차시 CRAAP 전략 이해하기

이제 본격적으로 CRAAP 전략을 이해할 차례다. CRAAP은 최신성(Currency), 관련성(Relevance), 권위(Authority), 정확성(Accuracy), 목적성(Purpose) 다섯 가지 영어 단어의 앞글자만 따서 만든 약자이다. 아이들에게는 CRAAP을 설명할 때 우리가 이것을 배우는 이유와 어디에 활용하는지 안내하고, 영어 약자를 하나씩 분리해 개개의 뜻을 안내했다. 그리고 명확한 이해를 위해 자신의 말로 쉽게 풀어 설명할 시간을 주고, 어떻게 설명하는지 교사가 시범을 보여 주었다.*

아이들이 CRAAP을 자신만의 언어로 풀어서 말하는 과정에서 사용할 수 있는 지도 팁이 있다. 바로 '최신성, 관련성' 같은 말을 어린 동생들에게 소개한다고 생각하고 설명해보라고 하면 아이들이 좀 더 쉽게 받아들이고, CRAAP을 자신의 수준에서 확실하게 이해하는 데 도움을 줄 것이다.

* 이러한 IB ATL 지도 과정에서 알 수 있는 특징은 '명시적 교수법'이다. 학생들에게 우리가 어떤 전략을 배울 것이고, 이를 통해 어떤 기능을 익힐 수 있는지 분명하게 제시함으로써 학생들은 학습 목표를 명확하게 이해할 수 있다. 또 학습 내용을 단순하고 작은 단계로 나눠 점진적으로 가르치기에 연습할 기회를 갖는다. 이 수업에서는 CRAAP이라는 새로운 학습 전략을 가르치는 부분에서 명시적 교수법이 활용되었다.

CRAAP 전략 이해하기 활동지

CRAAP 전략 이해하기	최신성(Currency)	
	관련성(Relevance)	
	권위(Authority)	
	정확성(Accuracy)	
	목적성(Purpose)	

5-6차시 CRAAP 전략을 활용하여 자료의 신뢰성 판단하기

CRAAP 전략을 배웠으니 이제 본격적으로 실제 수업에서 활용해 볼 차례다. 지금까지 전체 또는 개별 활동의 수업 방식이었다면 이번에는 모둠 활동을 추가했다. 4학년 1학기 과학 단원 중 물의 상태 변화를 알고 과학적 원리를 사용하여 물을 얻는 도구를 만드는 활동을 하기 전에, 자료를 조사하는 활동이 있다. 이전 같았으면 대략의 방향만 제시하고 각자 자료를 찾게 했을 텐데 이번에는 IB ATT 중 하나인 '팀워크와 협력'을 경험하도록 수업을 설계했다. 먼저 학생들에게 '물이 부족한 지역에서 물을 얻기 위한 장치나 사례'라는 조사 주제를 제시했다. 바로 검색하기보다 어떤 검색어를 넣어야 자신이 원하는 자료를 찾을 수 있을지 생각하게 하였다. 이전 차시에서, 찾고자 하는 검색어가 명확할수록 관련성 있는 주제를 찾는다는 것을 확인했기 때문이다. 주제와 관련된 검색어를 넣고 자료를 찾은 다음에는 앞에서 했던 것처럼 CRAAP 전략에 따라 자료의 신뢰성을 영역별로 판단하고 결과를 개별적으로 정리하였다. 그리고 학급의 패들렛에 올려 모둠 친구들과 공유하였다.

아이들은 자신이 찾은 자료를 보여 주면서 신뢰성을 어떻게 판단했는지 모둠 내에서 돌아가면서 설명하였다. 이때 유의사항으로, 내용 자체를 설명하는 것보다 CRAAP 기준에 따라 자료의 신뢰성을 판단한 결과를 말하도록 했다. 예를 들어 자신이 찾은 자료가 최근에 쓰였는지, 주제와 관련이 있는지, 믿을 만한 저자가 썼는지, 정보가 정확한지, 어떤 목적인지 판단한 내용에 중점을 두고 말하는 것이다. 스스로 어떻게 판단해야 할지 헷갈리는 부분에서는 교사에게 질문을 던지기도 했다.

"선생님, 이 정보가 정확하다는 걸 어떻게 알 수 있어요?"

"너희들은 어떻게 생각해?"

그러자 다시 웅성웅성 이야기를 나누더니 말했다.

"다른 자료에서도 똑같이 말하는지 찾아봐요."

"저희가 찾은 기사의 저자를 확인하고, 그분이 쓴 다른 기사들도 찾아봐요."

또 아이들이 직접 생각한 것을 다시 찾게 하고 충분히 경험할 시간을 주었다. 예를 들어 어떤 모둠은 도구에서 사용하는 물을 얻는 원리로 덴마크 대학교의 연구 결과를 가져왔는데, 거기에서 멈추지 않고 자료의 원천을 한 번 더 찾아보라고 안내하였다. 모둠 활동을 하면서 아이들은 자신이 생각하지 못한 아이디어를 친구를 통해 얻기도 하고, 자료를 읽으면서 이해가 잘 되지 않는 부분은 서로 물어보고, 자료의 신뢰성을 판단하기 애매할 때 협의를 하기도 했다. 이렇게 모둠으로 활동을 해 보니 아이들은 혼자서 자료의 신뢰성을 판단할 때와의 차이점을 직접 느낄 수 있었고, 친구들과 같이 하니 더 쉬웠다는 말을 많이 했다. 수업의 마무리로 조사 주제와 관련해 가장 신뢰할 만한 자료를 하나 선정해서 간단한 평을 쓰는 시간을 가졌다.

아이들마다 내용의 차이는 있지만 마치 심사위원이 된 것처럼 최신성, 관련성, 권위, 정확성, 목적성이라는 CRAAP의 다섯 가지 기준을 살펴보며 작성하는 모습이 사뭇 진지했다.

아이가 쓴 자료의 신뢰성 평가

물이 부족한 지역에서 물을 얻기 위한 장치나 사례로 나는 '햇빛으로 오염물을 식수로 바꾸는 물자루' 기사를 찾았다. 한겨레 신문의 기자가 쓴 글인데, 과학적 기사를 많이 쓴 사람이다. 2024년 6월 29일에 수정되었고, 정보를 제공하고자 하는 목적으로 썼다. 최신성, 관련성, 권위, 목적성은 명확한 것 같다. 하지만 햇빛으로 오염물을 식수로 바꾸는 과학적 원리를 설명하는 자료로 대학교의 연구 결과를 말하는데 출처가 정확하지 않았다. 정확성을 위해 다른 연구 결과를 더 보여주거나, 출처를 표시하면 좋았겠다.

STEP 5 수업 성찰하기

자료의 신뢰성을 판단하기 위한 수업에서 아이들이 가장 어려웠던 점은 CRAAP 전략 자체를 이해하는 부분이었다. '최신성'은 현재성이라고도 하는데, 인터넷 상의 정보는 계속 변화하거나 업데이트될 수 있기 때문에 언제 자료가 게시되었고 수정되었는지를 보면서 판단하는 것이다. 최신성을 기준으로 신뢰성을 판단하던 한 아이는 "선생님, 변하지 않는 내용(과학적 원리에 관한 것)이라면 오래되어도 괜찮나요?"라는 질문을 하기도 했다.

또 '관련성'을 기준으로 볼 때는 주제와는 맞지만 초등학생들이 이해하기에는 너무 높은 수준인 경우가 많았다. IB에서는 탐구 자료 검색창으로 어린이가 이해할 만한 수준의 웹사이트를 미리 안내하는데, 수업을 해보니 그 필요성에 공감이 되었다. '권위'는 아이들이 이해하는 데 많은 시간이 소요되었다. 아이들의 입장에서는 인터넷에 글을 올리는 주체가 보통 성인이나 어른이기에, 글을 쓴 사람의 권위를 판단할 때 어떤 걸 봐야 하는지 궁금해했다. 그래서 글 쓴 사람의 실명과 이메일 주소나 연락처가 있는지, 혹은 그동안 쓴 책이나 다른 기사의 내용을 보고 믿을 만하겠다고 판단하기도 했다.

'정확성'을 판단할 때 보이는 특징은, 아이가 찾은 자료들이 AI가 요약한 내용을 그대로 가져온 경우가 많았다는 점이다. 이런 경우, 요약본 아래에 가면 원자료의 출처가 있으니 아이들에게 다시 들어가서 확인하도록 안내했다. 또 '목적성'에서는 숨겨진 목적이나 의도를 찾는 것을 어려워했다. 이런 글을 왜 썼을까, 어떤 맥락일까 한 번 더 생각해 보는 것은 광고, 홍보, 상업적 의도를 파악하는 데 도움이 된다. 다시 이 수업을 한다면 CRAAP 전략을 초등학생에게 맞게 변형해 보거나 쉽게 전하는 방법을 더 고민해 보고 싶다.

'자료의 신뢰성 판단하기' 수업을 마치면서 아이들도 성찰의 시간을 가졌다. 처음에는 조금 낯설고 어려웠지만 여러 번 해 보니 점점 익숙해진다고 했다. 그래서 IB에서도 ATL은 일회적인 수업으로 그치는 것이 아니라 학년이 올라가서도, 또 일 년 내내 지속적으로 이루어진다. 운동을 하면서 체력을 기르는 것처럼 학습에 필요한 역량을 기르는 수업이기 때문이다. 어떤 아이는 만약 교사가 "자료의 신뢰성을 생각하며 찾으세요"라고만 했다면 어떻게 해야 할지 막막했을 텐데, CRAAP이라는 기준이 있고 이걸 활용해서 연습할 수 있다는 것을 새롭게 배워서 좋았다고 했다. 자신이 자료를 만들 때에도 CRAAP 전략을 활용하고 싶다는 글을 쓴 아이가 기억에 남는다. 나중에 커서 보고서나 글을 쓸 때, 수업에서 배웠던 것을 생각한다면 더 정확한 자료를 만들 수 있을 거라는 말은 예상치 못했던 부분이었다. 평생 사용할 수 있는 학습 방법을 배우는 수업이 왜 필요하고 중요한지 느끼는 순간이었다.

● 수업 자료 모음

수업에 활용한 활동지	· CRAPP 전략 활동지 * QR을 촬영하면 수업에 활용한 활동지를 살펴볼 수 있습니다.
도움이 되는 자료	· 『수업에 바로 써먹는 문해력 도구』(전보라, 학교도서관저널) · 『어린이를 위한 디지털 미디어 리터러시 매뉴얼』(한국언론진흥재단 미디어교육팀, 한국언론진흥재단) · 『초등학생 미디어 리터러시 교육안 초등 5-6학년. 개정본-교수학습안내서』(전주시민미디어센터, 전북대학교 지역디지털미디어센터, 전라북도교육청

05 자기관리 방법을 배우는 수업

자기관리 기능은 아이들이 스스로 학습을 이끌어 나가는 데 매우 중요한 역할을 한다. 자기관리 기능이란 자신을 스스로 통제하고 관리하는 능력을 말하며, 학습 목표를 설정하고 지속적으로 수행할 수 있도록 돕는다. 이 기능은 크게 두 가지로 구분할 수 있다. 첫 번째는 자신이 이루고자 하는 목표를 정하고 이를 달성하기 위한 '목표 설정 및 달성'이다. 두 번째는 학습 과정에서 마주할 수 있는 어려움이나 문제 상황에서 자신의 감정을 조절하며 이를 효과적으로 극복하는 '마음 관리'이다. 특히 감정 조절, 인내심, 회복탄력성 등은 마음 관리에 포함되는 중요한 요소들이다.

교실에서 자기관리 기능을 가르칠 때, 교사는 학급의 분위기와 아이들의 발달 수준을 고려하여 가장 시급하고 적절한 기능을 중심으로 수업을 설계할 수 있다. 5장에서는 자기관리 기능 가운데 '마음 관리'에 먼저 초점을 맞추고, 이후 '목표 설정 및 달성' 기능을 함께 다루고자 한다. 개념 기반의 탐구 수업에서는 아이들이 개념을 깊이 있게 이해하거나 협력적 활동에 참여하면서 정서적 어려움을 겪는 일이 잦다. 이때 감정을 효과적으로 조절하지 못하면 학습에 집중하거나 협력하는 데 어려움을 겪기 쉽다. 또한, 과제를 수행하는 과정에서 계획 수립에 어려움을 느끼는 경우도 많다. 이러한 점에서 마음 관리와 목표 설정 및 달성 기능은 아이가 자기 주도적으로 학습을 이어 나가기 위해 꼭 필요한 기능이며, 수업을 통해 체계적으로 길러져야 한다. 교육과정 성취기준을 보면 '[2바04-04] 지금까지의 생활 습관과 학습 습관을 되돌아본다', '[6도01-02] 생활 습관에 대한 성찰을 통해 자기 생활을 점검하고 올바른 계획을 세워 이를 실천한다' 등이 목표 설정 및 달성과 관련이 있다.

자기관리 기능을 배우는 것은 단지 과제를 잘 수행하도록 돕는 수준에 머무르지 않는다. 이는 아이가 학습뿐 아니라 일상생활 속에서 마주하는 다양한 상황에 주체적으로 대응할 수 있도록 돕게 한다. 특히 마음을 조절하는 힘과 목표를 설정하고 달성하는 능력은 스스로 목표를 세우고 실천해 나가는 자기 주도 학습의 기반이 된다. 교사는 학급의 필요에 맞는 자기관리 기능을 선정하고, 이를 아이의 삶과 연결된 수업 활동 속에서 자연스럽게 익힐 수 있도록 도와야 한다. 이러한 경험은 아이들이 학습에 대한 주도성을 기르고, 앞으로의 삶에서도 유연하게 적응하며 성장할 수 있도록 하는 든든한 토대가 될 것이다.

◆「자기관리 방법을 배우는 수업」 한 눈에 보기

<table>
<tr><td>일반화</td><td colspan="6">자기관리 방법을 배우는 것은 감정 조절과 시간 계획을 통해 문제 상황에 효과적으로 대응하고 주도적인 학습을 가능하게 한다.</td></tr>
<tr><td>수업에서 다루는 기능</td><td>의사소통 기능</td><td>사고 기능</td><td>대인 관계 기능</td><td>조사 기능</td><td>자기관리 기능</td><td>심미적 기능</td></tr>
<tr><td>세부 기능</td><td colspan="6">마음 관리, 목표 설정 및 달성</td></tr>
<tr><td>탐구 질문</td><td colspan="6">감정을 조절하고 목표를 달성하는 방법을 배우는 것은 학습에 어떤 도움이 될까?</td></tr>
<tr><td>관련 성취기준</td><td colspan="6">[2바04-04] 지금까지의 생활 습관과 학습 습관을 되돌아본다.
[6도01-01] 감정과 욕구를 조절하지 못해 나타날 수 있는 결과를 도덕적으로 상상해보고, 올바르게 자신의 감정을 조절하고 표현할 수 있는 방법을 습관화한다.
[6도01-02] 생활 습관에 대한 성찰을 통해 자기 생활을 점검하고 올바른 계획을 세워 이를 실천한다.
[6도04-02] 올바르게 산다는 것의 의미와 중요성을 알고, 자기 반성과 마음 다스리기를 통해 올바르게 살아가기 위한 능력과 실천 의지를 기른다.
[6음01-05] 이야기의 장면이나 상황을 음악으로 표현한다.
[6국05-05] 작품에 대한 이해와 감상을 바탕으로 하여 다른 사람과 적극적으로 소통한다.
[6국05-06] 작품에서 얻은 깨달음을 바탕으로 하여 바람직한 삶의 가치를 내면화하는 태도를 지닌다.
[4도01-03] 성실한 생활의 모범 사례를 탐색하고 시간 관리를 위한 생활을 계획하여 지속적인 자기 성장을 모색한다.</td></tr>
<tr><td>전략</td><td colspan="6">마음 관리하기
- FAST 인물 탐구 전략으로 인물 분석하기
- 줄세우기 전략을 활용해서 감정 관리 전략 탐색하기
- RAFT 활용 글쓰기
- Suno AI를 활용한 '희망 노래 만들기'

목표 설정 및 달성하기
- SMART 전략을 사용하여 공동의 목표 달성하기
- SMART 전략을 사용하여 개인별 목표 달성하기</td></tr>
</table>

'마음 관리하기'를 가르치다

STEP 1 마음 관리하기를 어떻게 가르칠까?

마음 관리는 아이가 자신의 감정을 인식하고 조절하며, 어려움 속에서도 학습을 지속할 수 있는 내적 힘을 기르는 것을 의미한다. 이는 단지 감정을 억누르는 것이 아니라, 감정의 원인을 분석하고, 그 감정이 사고와 행동에 어떤 영향을 미치는지를 이해하며, 상황에 적절한 표현과 전략을 선택하는 복합적인 사고 과정이다. 마음 관리는 학습 상황뿐 아니라 친구 관계, 갈등, 발표, 평가와 같은 불안 유발 상황에서도 정서적 안정을 유지하고 행동을 조절하는 데 중요한 역할을 한다. 마음 관리 기능을 갖춘 아이는 다음과 같은 모습을 보일 수 있다.

- 자신의 감정을 인식하고 상황에 맞게 표현한다.
- 스트레스를 느낄 때 긴장을 풀기 위한 다양한 방법을 활용한다.
- 실수나 실패를 학습의 일부로 받아들이고 다시 시도하려는 태도를 보인다.
- 감정에 휘둘리지 않고 집중력을 유지하려고 노력한다.
- 어려운 상황에서도 긍정적인 관점으로 상황을 해석하며 감정을 조절한다.

마음 관리 기능은 단기간에 형성되기 어렵다. 그러나 지식의 습득이나 깊이 있는 사고만큼이나 마음을 관리하는 기능은 학생의 전인적 성장에 필수적인 기능이다. 아이들이 마음 관리를 왜 해야 하는지에 대해 성찰하고, 효과적인 전략을 인지하며 이를 실제 생활 속에서 지속적으로 활용할 수 있도록 지도하는 것이 중요하다.

이를 위해 감정 인식 및 조절과 관련된 성취기준을 도덕과 중심으로 선정한 후에, 국어나 음악 교과 등 관련된 성취기준을 분석하였다. 이후, 마음 관리와 관련된 그림책을 선정하고, 수업에서 활용할 탐구 질문으로 '마음을 관리하는 것은 왜 중요할까?', '마음 관리를 위해 어떤 전략을 활용할 수 있을까?'를 구성하였다.

STEP 2 수업 전략

전략 ① FAST 인물 탐구

FAST 인물 탐구는 등장인물을 깊이 있게 분석할 수 있도록 돕는 도구로, 감정(Feelings), 행동(Actions), 말(Sayings), 생각(Thoughts)의 네 요소를 중심으로 구성된다. 아이들은 등장인물의 행동과 대사를 먼저 적은 후 그 속에 숨겨진 인물의 감정과 생각을 추측하여 기록할 수 있다. 대사가 없는 경우에는 인물이 어떤 말을 했을지 상상해 보는 방식으로 접근할 수도 있으며, 활동의 순서는 학습 상황에 따라 유연하게 적용할 수 있다. 이 전략을 활용하면 아이들은 인물의 감정을 보다 입체적으로 이해할 수 있을 뿐 아니라, 감정과 행동, 사고 사이의 관계를 자연스럽게 탐색해 볼 수 있다.

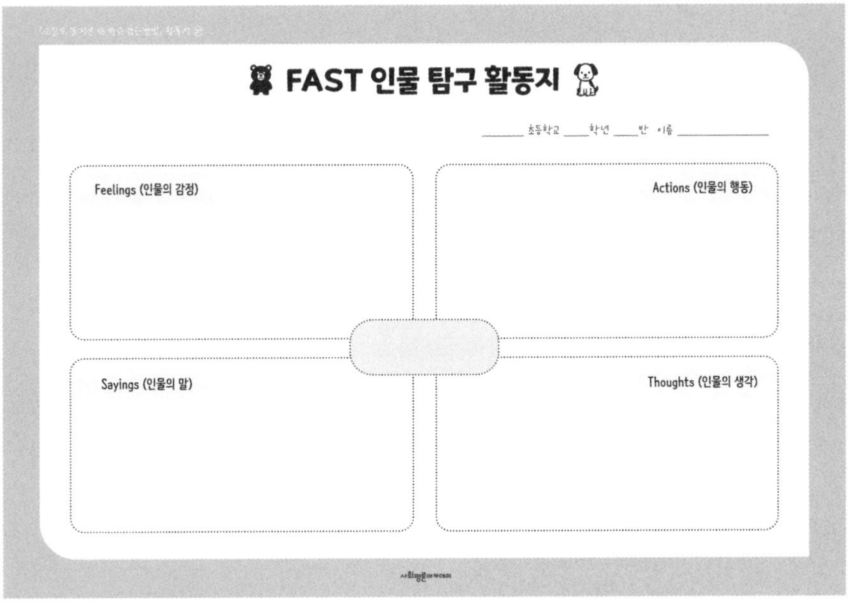

FAST 인물 탐구 활동지

전략 ② 줄 세우기

줄 세우기 전략은 여러 가지 의견이나 선택지를 주어진 평가 척도에 따라 시각적으로 구조화하여 배열하는 전략이다. 이 전략은 아이가 자신의 가치 판단 기준에 따라 우선순위를 정하고, 생각의 흐름을 한눈에 볼 수 있도록 돕는다. 아이들은 여러 선택지를 중요도, 흥미도, 동의 정도, 친숙도, 빈도 등 다양한 척도에 따라 한 줄로 순서대로 나열한다. 이때 같은 위치에 두 개 이상의 선택지를 놓을 수 없기 때문에, 스스로 비교하고 판단하여 명확한 기준에 따라 줄을 세워야 한다.

줄 세우기 전략은 아이들이 자신의 가치 판단 기준을 분명히 하도록 돕고, 다양한 선택지를 비교하며 사고를 정교화하는 데 효과적이다. 아이들은 각 항목의 중요성이나 의미를 스스로 판단하여 순서를 정하는 과정을 통해 자기 인식과 비판적 사고 능력을 기를 수 있다. 또한 활동 결과를 친구들과 비교하고 서로의 기준을 이야기 나누는 과정에서 다양한 관점을 이해하고 수용하는 경험을 하게 된다. 이러한 점에서 줄 세우기 전략은 개인의 생각을 명확히 하고, 타인의 생각과 비교하며 사고의 폭을 넓힐 수 있는 도구가 된다.

예를 들어, 여러 발명품 중에서 '가장 위대한 발명품' 순으로 줄을 세워 보고, 그 이유를 글로 써 보게 하거나 이야기 속 등장인물의 여러 행동 중 '도덕적으로 옳지 않다고 생각되는 행동' 순으로 나열한 뒤, 자신이 그렇게 판단한 이유를 정리하게 할 수도 있다. 이처럼 이 전략은 다양한 주제에 적용할 수 있으며, 아이들이 생각을 구조화하고 자기 생각을 설명하는 데 유용한 도구로 활용할 수 있다.

전략③ RAFT 활용 글쓰기

RAFT 전략은 글쓰기나 프로젝트 기반 학습에 효과적으로 활용될 수 있는 도구이다. 이 전략은 R(Role: 역할), A(Audience: 대상), F(Format: 형식), T(Topic: 주제)의 네 가지 요소를 통해 학습자가 특정 상황과 목적에 맞춰 창의적인 결과물을 만들도록 돕는다.

각 요소는 다음과 같다.

- R(Role: 역할) 글이나 결과물을 만드는 '누구'를 정하는 단계이다. 주인공, 역사 속 인물, 작가, 발명가, 마을 홍보대사 등 다양한 역할을 맡을 수 있다.
- A(Audience: 대상) 결과물을 전달받을 '누구'를 정하는 단계이다. 친구, 부모님, 다른 나라 대통령, 마을 주민 등 특정 대상을 설정함으로써 글쓰기의 목적을 명확히 한다.
- F(Format: 형식) 결과물을 어떤 '형식'으로 만들지를 정하는 단계이다. 편지, 일기, 연설문, 노래 가사, 신문 기사, 영상 대본 등 다양한 형

식을 선택할 수 있다.

- T(Topic: 주제) 전달하고자 하는 '주제'가 무엇인지를 정하는 단계이다. 핵심 개념이나 다루고자 하는 문제 상황을 중심으로 주제를 설정한다.

RAFT 전략은 동화책을 읽은 후 주인공이 되어 다른 등장 인물에게 편지를 쓰는 활동이나, 역사 속 인물이 되어 설득하는 연설문을 작성하는 활동 등 실제적인 글쓰기 과제를 제공한다는 점에서 의미가 있다.

또한 RAFT는 평가에 적용될 기준을 포함하여 총괄평가 설계 도구로 활용할 수 있으며, 개념 기반 탐구 학습에서 아이의 개념적 이해가 창의적으로 활용될 수 있다. 이때 '역할'은 단지 글을 쓰는 사람에 머무르지 않고, 영상 제작자, 미술가, 게임 제작자, 마을 홍보대사 등으로 확장될 수 있다. 이러한 실감 나는 역할 설정은 아이들에게 더욱 몰입도 높은 수행 과제를 제공하고, 학습의 전이와 실제 적용력을 높이는 데 기여한다. 아래 예시를 통해 RAFT를 어떻게 활용하는지 알아보자.

RAFT 활용 예시

상황 제시	"여러분은 문화유산을 지키고 알리는 특별한 게임 디자이너입니다. 문화유산에 별로 관심이 없는 또래 친구들이 이 게임을 하며 자연스럽게 문화유산의 의미를 이해하고, 그 가치도 느낄 수 있도록 멋진 보드게임을 기획해 보세요!"
RAFT 요소 분석	- Role(역할): 문화유산을 지키고 알리는 게임 디자이너 - Audience(청중): 문화유산에 관심이 적은 또래 친구들 - Format(형식): 보드게임 기획안 - Topic(주제): 문화유산의 의미와 가치를 이해하고 느낄 수 있도록 하는 방법

전략 ④ Suno로 노래 만들기

AI 디지털 도구의 활용은 아이들이 배운 내용을 새로운 방식으로 재구성하고 표현할 수 있도록 돕는 수단이 된다. 특히 생성형 AI는 학습 결과물을 보다 몰입도 높고 의미 있는 방식으로 시각화하거나 청각화할 수 있는 가능성을 제공한다. Suno는 텍스트를 바탕으로 노래를 자동 생성하는 생성형 AI 작곡 도구이다. Suno에 접속해 가입 후 'Create' 버튼을 클릭하면 노래 제작이 가능하다.

Suno에는 두 가지 생성 방식이 있다.

- Simple 버전 원하는 노래 스타일을 묘사하면 작곡과 작사를 모두 AI가 자동으로 진행하여 노래를 생성한다.
- Custom 버전 사용자가 직접 쓴 가사를 입력하고, 장르(예: pop, football, jazz 등)를 선택하면, 해당 가사에 맞는 곡을 AI가 작곡해 준다.

단, Suno는 초등학생이 직접 사용할 수 없는 서비스라는 점에 유의해야 한다. 대부분의 생성형 AI 서비스와 마찬가지로 Suno는 만 13세 이상부터 보호자 동의 아래 사용이 가능하며, 만 13세 미만의 경우 교사의 시연 중심 활용이 필요하다. 따라서 수업에서는 다음과 같은 과정으로 활용할 수 있다.

① 학생들이 공동으로 가사를 창작한다.
② 교사가 Suno에 가입하여 Custom 모드로 학생들의 가사를 입력하고, 장르를 선택해 노래를 생성한다.
③ 생성된 노래 중 몇 개를 학급에 공유한 후, 학생들이 가장 어울린다고 생각하는 곡을 투표로 선정한다.

이러한 방식으로 AI 도구를 활용하면, 아이들은 자신이 만든 콘텐츠가 디지털 기술을 통해 확장되는 경험을 하게 된다. 이를 통해 창의성과 표현력은 물론, AI를 활용한 결과물 제작 과정에 대한 자연스러운 이해도 함께 이루어진다. 또한, 학급 전체가 하나의 결과물을 함께 완성해 가는 경험은 협력적 창작의 즐거움과 공동체 의식을 동시에 키우는 소중한 계기가 된다.

STEP 3 수업 준비하기

수업 안내

마음 관리 수업은 학년과 학급 상황에 맞춰 유연하게 조정될 수 있으며, 보통 4~5차시로 구성된다. 이 수업은 6학년을 대상으로 총 5차시에 걸쳐 진행되며, 아이들이 문제 상황에 직면했을 때 감정을 조절하고 스스로 회복하는 힘을 기를 수 있도록 돕는 데 중점을 둔다.

1~2차시에는 '문제가 기회가 될 수 있다'는 메시지를 담은 그림책 『'문제'로 무엇을 할 수 있을까?』를 함께 읽는다. 이어서 FAST(Feelings, Actions, Sayings, Thoughts) 인물 탐구 전략을 활용하여 등장인물의 감정, 행동, 말, 생각의 변화를 파악한다. 이 활동을 통해 아이들은 문제 상황에서 겪는 감정의 흐름을 구체적으로 이해하고, 문제를 긍정적으로 바라보는 태도의 중요성을 자연스럽게 발견한다. 3차시에는 교사가 다양한 감정 조절 전략을 제시한다. 아이들은 '줄 세우기 전략'을 통해 각자에게 가장 효과적인 전략을 선택하고, 그 이유를 공유한다. 이 활동 후 아이들은 선택한 전략을 바탕으로 '나만의 마음 관리 전략'을 만들어 보며 자기 이해를 심화하는 시간을 가진다. 4~5차시에는 앞선 활동을 기반으로 RAFT 쓰기 전략과 AI 작곡 도구(Suno)를 활용하여 긍정의 메시지를 담은 노래를 만드는 공동 창작 프로젝트를 진행한다. 아이들은 마음 관리 전문가가 되어 문제를 겪고 있는 자신 또는 친구에게 희망과 응원을 주는 가사를

만든다. 완성된 가사에 AI 작곡 도구로 음악을 입히고, 노래와 어울리는 그림을 함께 제작하며 감정을 창의적으로 표현한다. 완성된 노래는 학급에서 공유하며 서로의 감정을 이해하고 응원하는 경험으로 확장된다.

이러한 수업 흐름은 아이들이 단순히 감정 조절 전략을 배우는 것을 넘어, 자신의 감정을 깊이 이해하고 건강하게 표현하며, 다시 일어서는 회복력을 기를 수 있도록 구성된다. 학급 분위기와 아이들의 상황에 따라 유연하게 조정할 수 있으며, 궁극적으로는 아이들이 자신의 감정을 인지하고 창의적인 방식으로 표현할 수 있는 기회를 제공하는 데 그 목적이 있다.

마음 관리하기를 가르치는 수업 안내

대상 학년	수업에서 다루는 ATL 기능
6학년	자기관리 기능 > **마음 관리하기**
차시	**수업 내용**
1~2차시	『'문제'로 무엇을 할 수 있을까』 읽고, **FAST 인물 탐구 전략**으로 인물 분석하기
3차시	감정 관리 방법을 배우고, **줄세우기 전략**으로 도움이 되는 전략 선정하기
4~5차시	**RAFT**로 과제를 안내하고, **SUNO AI**를 활용해 희망의 노래 창작하기

수업 자료

마음 관리 수업을 위해 선택한 그림책은 『'문제'로 무엇을 할 수 있을까?』이다. 이 그림책은 문제가 생겼을 때 이를 피하거나 외면하는 것이 문제 해결에 도움이 되지 않으며, 오히려 문제를 용기 내어 마주할 때 새로운 기회를 발견할 수 있음을 그림과 함께 효과적으로 전달하고 있다. 특히 책 속에서 '문제'를 특정 상황에 한정하지 않고 폭넓게 다루기 때문에, 책을 읽은 직후 아이들이 자신이 가진 문제를 자연스럽게 생각해 보고, 이를 마주하기 위해 어떤 마음가짐이 필요한지 바로 탐구할 수 있다는 점에서 이 그림책을 선정하게 되었다.

자료 내용 미리 보기

『'문제'로 무엇을 할 수 있을까?』 코비 야마다 글, 매 베솜 그림, 상상의힘	어느 날 갑자기 문제를 마주하게 된 한 아이는 문제를 원하지 않았고, 그것을 외면하고 피하려 했다. 하지만 문제는 점점 더 커지고 걱정도 함께 자라났다. 결국 주인공은 문제를 외면할 수 없다는 것을 깨닫고, 용기를 내어 마주한다. 그리고 그 순간, 문제 속에 숨겨진 새로운 기회와 가능성을 발견한다.

STEP 4 수업 진행하기

1-2차시 ① 아이들의 마음 살피기

수업을 시작하기 전에 무드미터(mood meter)를 활용하여 아이들의 현재 마음이 어떤지 확인하였다. 무드미터는 사람이 느끼는 감정을 색상과 위치로 시각화하여 표현하는 도구이다. 가로는 쾌적함의 수준을 나타내고, 세로는 활력의 수준을 나타낸다. 아이들이 선택한 감정은 매우 다양했는데, 특히 '스트레스 받는', '화난', '짜증 나는' 등 쾌적함이 낮은 감정을 선택한 친구들도 있었다. 교사는 마음이 빨간색이나 파란색과 같은 쾌적함이 낮은 영역에 머물러도 괜찮은지, 그리고 언제 이런 감정을 느끼게 되는지 질문하였다. 이를 통해 아이들이 자신이 겪고 있는 문제가 무엇인지, 혹은 특별한 문제가 없더라도 마음이 편하지 않을 수 있음을 생각해 보게 하였다. 이어서 수업에서 어떤 기능에 관해 배울 것 같은지 질문하자 아이들은 자기관리 기능 중 마음 관리에 관해 배울 것 같다고 답하였다.

1-2차시 ② FAST 전략으로 인물 분석하기

아이들은 『'문제'로 무엇을 할 수 있을까?』를 읽고, 이야기 속 문제 상황을 중심으로 장면을 네 가지로 나누었다. 주인공이 처음 문제를 만났을 때, 문제를 피하려 했을 때, 문제를 마주했을 때, 그리고 마침내 문제가 해결되었을 때의 장면으로 구분하였다. 네 명이 하나의 모둠으로 모둠 안에서 한 장면씩을 선택하여 FAST 인물 탐구지를 활용해 주인공의 감정을 분석하는 활동을 진행하였다. 아이들은 선택한 장면에서 인물이 어떤 말을 했거나 했을 법한지, 어떤 행동을 보였는지, 그때 느꼈던 감정은 무엇인지, 어떤 생각을 하고 있었을지를 자유롭게 추론하여 작성해 보았다.

아이들이 장면별로 쓴 FAST 활동 내용을 살펴보자.

장면별 FAST 인물 탐구 내용

장면	말(Sayings)	행동(Actions)	감정(Feelings)	생각(Thoughts)
문제를 처음 만났을 때	"저게 왜 여기 있는 걸까?"	매섭게 쏘아 보기도 하고, 무시하기도 함.	당황, 낯섦, 불편함	'문제로 무엇을 할 수 있지? 그냥 사라졌으면 좋겠어.'
문제를 피하려 했을 때	"제발 날 내버려 둬!"	아무것도 하지 않음. 문제를 피해 숨거나 내가 아닌 척함.	두려움, 불안, 걱정	'문제가 내 모든 것을 빼앗아 갈 것 같아.'
문제를 마주했을 때	"더는 안되겠어!"	용기를 내어 문제에 뛰어듦.	긴장, 걱정, 결심	'지금 도전하지 않으면, 이 문제는 계속 따라올 거야.'
문제가 해결되었을 때	"이건 문제라기보다는 기회였어!"	무언가를 찾고자 항해 중임.	뿌듯함, 자신감	'문제를 마주하면 새로운 가능성을 발견할 수 있어.'

개별적으로 하나의 장면씩 FAST 인물 탐구 활동지를 작성한 후, 모둠 안에서 아이들은 돌아가며 각 장면에서 주인공의 감정, 행동, 말, 생각에 대해 발표하였다. 모둠 안에서 공유까지 끝난 후, 교사는 아이들에게 다음

과 같은 두 가지 질문을 하며 사고를 확장하도록 했다. 아이들은 질문에 대한 자신의 생각을 간단히 글로 정리한 뒤, 조별로 돌아가며 의견을 나누었다.

> 질문 1 문제를 끝까지 해결하지 않았다면, 주인공은 어떻게 되었을까요?
>
> 질문 2 주인공은 문제가 기회라고 하였는데, 어떻게 문제가 기회가 될 수 있을까요?

교사의 질문에 대한 아이들의 의견

질문 1에 대한 의견	질문 2에 대한 의견
"문제를 끝까지 해결하지 않았다면, 문제가 더 커져서 주인공은 스트레스를 받았을 거야." "문제로부터 계속 도망 다니다가 지쳤을 거야."	"문제를 해결하기 위해 노력하는 과정에서 성장할 수 있었어." "문제를 해결하면 새로운 무언가를 얻을 수 있기 때문이야."

특히 그림책 속에서 문제가 먹구름처럼 표현된 장면은 아이들의 몰입을 이끌어 냈다. 주인공이 커다란 먹구름에 압도 당하는 장면에서, 아이들은 조용히 책을 바라보며 진지하게 생각에 잠겼다. 그리고 자연스럽게 이야기 주제는 우리 모두가 일상에서 겪는 문제들로 넓어졌다. 친구와의 갈등, 탐구 학습 과정에서의 포기하고 싶은 순간, 협력 활동 중의 오해 등 아이들이 마주하는 문제는 다양했다. 수업의 마지막에 이런 질문을 던졌다.

"우리는 매일 수많은 문제와 마주합니다. 어떤 문제는 작고, 어떤 문제는 크기도 해요. 우리는 주인공처럼 문제에 맞서기 위해 어떤 마음가짐을 가져야 할까요?"

"문제가 우리를 찾아왔을 때 문제와 맞서기 위해 우리 마음을 건강하게 관리하기 위한 전략에는 어떤 것이 있을까요?"

이 질문은 다음 차시로 이어질 감정 조절 전략 탐색 활동의 출발점이 되었으며, 아이들은 각자의 경험과 감정을 되돌아보며 수업을 마무리했다.

3차시 **줄 세우기 전략을 활용해 나에게 도움이 되는 마음 관리 전략 파악하기**

이어서 "문제에 맞서기 위한 나의 마음을 건강하게 하기 위한 방법은 무엇일까?"라는 질문을 중심으로 마음을 관리하는 전략을 탐색해 보았다. 교사는 "문제를 마주할 때, 나의 마음을 잘 관리하기 위한 전략은 어떤 것이 있을까?"라는 질문을 던졌고, 아이들은 잠시 하던 일을 멈추고 조용히 눈을 감은 채 떠오르는 생각들을 나누었다.

"좋은 기억을 떠올려요."

"할 수 있다고 스스로 말해요."

"그냥 잠깐 눈을 감고 있어요."

아이들의 다양한 의견이 칠판에 하나씩 적혔고, 이후 비슷한 의견을 모으고 정리하는 과정을 통해 아홉 가지 마음 관리 전략이 정리되었다.

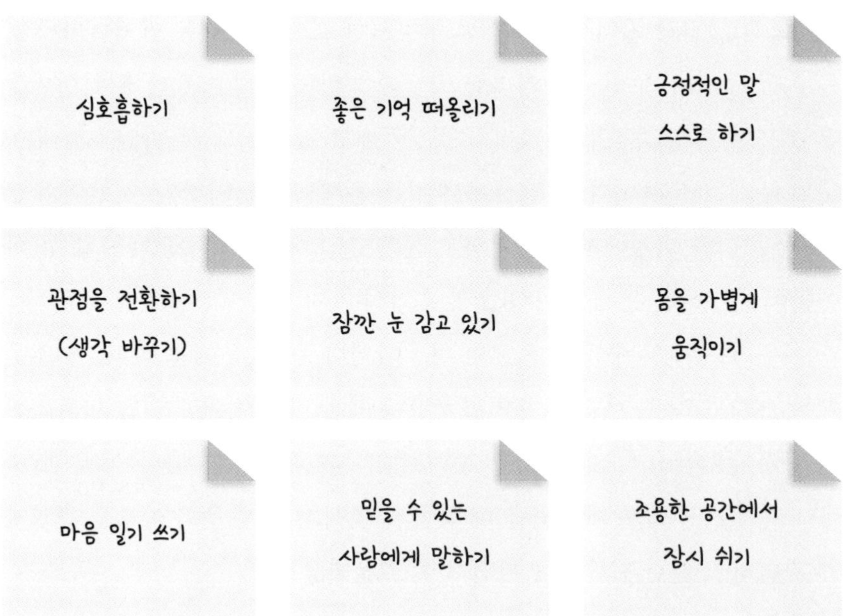

아홉 가지 마음 관리 전략 정리하기

아이들은 이 전략들이 적힌 작은 메모지를 받아 하나하나 자른 후, 0점부터 10점까지의 척도에 맞게 자신에게 가장 도움이 되는 마음 관리 전략 순으로 줄을 세워 보는 활동을 진행하였다. 이 활동을 통해 아이들은 자신의 경험과 감정을 되돌아보며 스스로에게 가장 적합한 전략을 고민하는 시간을 가졌다.

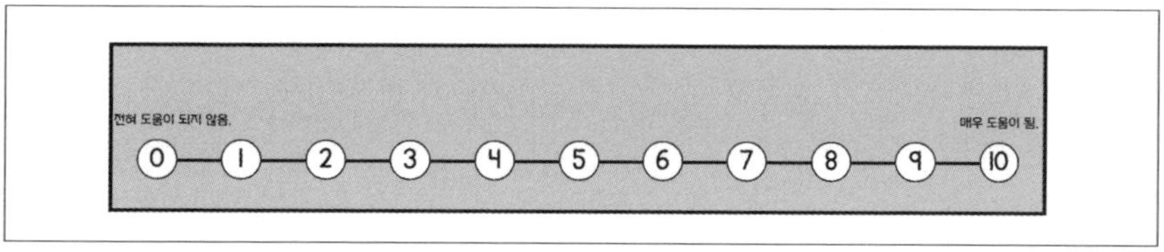

줄 세우기 전략 활동지

개별 정렬이 끝난 뒤에는 모둠으로 모여 자신이 선택한 상위 3개의 전략과 선정 이유에 대해 이야기를 나누었다.

"예전에는 참으려고만 했는데, 요즘은 친한 친구한테 말하면 마음이 좀 풀려요."

"잠깐 눈을 감고 숨 쉬면 생각이 안 나던 것도 정리돼요."

아이들은 서로의 마음 관리 방법과 경험을 나누며, 친구들이 마음을 다스리는 다양한 방법을 이해하는 기회를 가졌다. 어떤 아이는 "마음 일기를 쓰는 것이 좋다"고 이야기했고, 또 다른 친구는 "그것보다는 그냥 눈을 감고 있는 게 더 낫다"고 답했다. 다수의 아이들은 '긍정적인 말을 스스로에게 하는 것'이 마음 관리에 도움이 된다고 공감했다.

이외에도 '음악을 듣는다', '게임을 한다'와 같은 자신만의 마음 관리 방법을 제시한 아이들도 있었다. 게임을 한다는 의견을 낸 모둠에서 한 아이가 질문했다.

"이건 문제를 해결하는 전략일까? 아니면 잠깐 잊게 해주는 전략일까?"

이에 대해 다른 아이들은 토론을 이어갔다. 게임을 잠시 하는 것은 문제를 해결할 순 없지만 스트레스를 줄여 주기 때문에 마음을 관리하는 하나의 방법이 될 수 있다고 하였다. 하지만 한 아이가 "책 읽고 조사하기 힘들다고 게임을 하면 문제가 해결이 될까?"라고 말하면서 결국 그 모둠은 문제가 있을 때 중요한 것은 마음 관리 후 문제를 해결하고자 노력하는 것이라는 결론에 도달하였다.

마지막으로 아이들은 자신에게 도움이 되는 마음 관리 전략을 세 개에서 다섯 개 정도 선택하여 '마음 관리 전략서' 활동지에 정리해 보았다.

마음 관리 전략서 예시

4-5차시 ① RAFT를 활용한 과제 안내

마음 관리를 할 수 있는 다양한 전략을 탐색했을 때 많은 아이들이 긍정적으로 말하는 것이 중요하다고 하였다. 그래서 아이들과 힘들 때마다 들을 수 있는 노래를 하나 만들기로 하였다. 이때 RAFT 전략을 활용하여 아이들에게 과제의 맥락을 보다 명확하게 제시하였다.

"여러분은 작사가입니다. 앞으로 우리가 크고 작은 문제를 겪으면서 힘들어할 우리 자신을 위해 용기와 희망을 주는 메시지가 담긴 노래를 만들겠습니다."

아이들은 메모지를 하나씩 받아 자신이 힘들 때 들으면 힘이 날 수 있는 문구를 고민하여 적었다. "포기하지 말아요. 힘을 내요", "도전은 성장의 출발점"과 같이 간단하지만 용기를 주는 메시지들을 작성하였다.

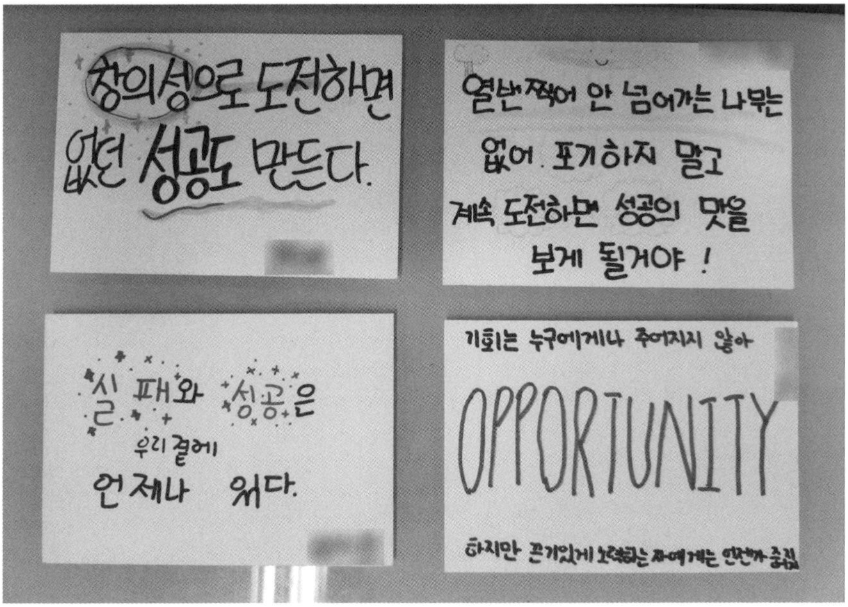

아이들이 작성한 용기를 주는 메시지

활동을 마친 후에는 짝과 가사를 바꿔 읽으며, 서로 어떤 메시지를 담았는지 이야기해 보는 시간을 가졌다. "이 말 나도 누군가에게 들으면 좋겠어요", "진짜 위로가 되는 가사네요"와 같은 반응이 나왔고, 이는 자신이 만든 문장을 통해 다른 사람의 감정에 공감하는 경험으로 이어졌다.

RAFT 전략을 활용함으로써, 아이들은 단순히 노래 가사를 작성하는 데 그치지 않고, 자신의 감정을 표현하는 목적과 대상, 형식을 스스로 인식하며 과제를 수행할 수 있었다. 반에서 나온 다양한 문구를 함께 모아서 비슷한 것은 합치는 작업을 하였다. 예를 들면, "힘을 내요", "힘을 내!", "화이팅!" 이런 비슷한 문구는 하나로 합쳤다. 이렇게 다양한 메시지가 합쳐서 노래 가사 초안이 완성이 되었다.

4-5차시 ② AI 디지털 도구를 활용한 희망 노래 만들기

희망 노래 만들기 프로젝트는 AI 디지털 도구를 활용한 공동 창작 활동으로 이어졌다. 먼저, 아이들과 함께 모둠별로 만든 가사 초안들을 큰 화면에 띄워 놓고 하나씩 검토하였다. 같은 표현이 반복되지는 않는지, 비슷한 의미의 문장이 겹치지는 않는지 확인하면서, 아이들은 "이 부분은 우리가 말하고 싶은 것과 조금 달라요", "'사랑'이라는 단어는 좀 부끄러워요" 등의 의견을 주고받았다. 실제로 많은 아이들이 "사랑"이라는 단어 대신 다른 표현을 넣고 싶다고 하여, 해당 단어는 삭제하였다. 이처럼 아이들의 의견을 반영하는 과정을 거쳐 하나의 공동 가사를 완성했다. 마치 학급 전체가 하나의 목소리를 찾아 가는 여정처럼 느껴졌다.

이후 수노(Suno) 웹사이트에 접속해 음악을 만들었다. 맨 처음 Create 버튼을 누르고 Custom 모드에서 아이들이 만든 가사를 입력하였다. 노래의 분위기는 아이들과 상의하여 'cheerful', 그리고 'football'이라는 키워드를 넣어 세 개에서 네 개의 버전을 생성하였다. Pro 버전을 활용했기 때문에, 충분히 다양한 곡을 생성할 수 있었고, 아이들은 눈을 반짝이며 "이게 진짜 우리가 만든 노래예요?", "이 멜로디는 가사랑 딱 어울려요!"라며 놀라워했다. 모든 노래를 함께 들은 후, 아이들은 가사와 가장 잘 어울리는 곡을 투표로 선정하였다. 선정된 곡은 영상 제작 활동으로 이어졌다.

아이들은 각자 모둠에서 가사의 분위기와 메시지를 담은 그림을 한 장씩 그려, 노래에 어울리는 그림을 만들었다. 그림 속에는 위로, 용기, 응원, 회복 같은 감정이 자연스럽게 담겼고, 그것은 아이들이 이번 프로젝트를 통해 서로에게 전하고 싶었던 말이기도 했다. 이렇게 만들어진 그림을 사진으로 촬영한 뒤, 영상 제작 프로그램을 활용하였고, 마침내 우리만의 뮤직비디오가 만들어졌다. 아이들은 마음 관리를 위한 자신들의 메시지가 담긴 가사와 그림이 어우러진 결과물을 보며 성취감을 느꼈고, 이는 학급 전체에 긍정적인 학습 분위기를 형성하는 데에도 의미 있는 역할을 했다.

아이들이 그린 가사의 분위기와 메시지를 담은 그림

STEP 5 수업 성찰하기

아이들은 긍정적인 마음을 가지고 생활하는 것이 중요하다는 사실을 이미 알고 있다. 그래서 처음 수업을 계획할 때는, 아이들이 이미 알고 있는 내용을 지도하는 것이 과연 얼마나 의미 있는 변화를 가져올 수 있을지 확신이 크지 않았다. 그러나 실제로 수업을 진행하고 난 뒤에는, 탐구를 기반으로 아이들과 '마음 관리하기'를 함께 배운 시간이 매우 유의미했다는 것을 깊이 느낄 수 있었다.

교사로서 평소 생활 지도 과정에서 아이들이 감정을 잘 다스리도록 지도해 왔지만, '마음을 관리한다'는 주제를 교사 혼자 강조하는 것과, 아이들과 함께 탐구하며 공동의 이해를 형성하는 것은 전혀 다른 차원이라는 것을 깨달았다. 이번 수업은 아이들이 자기 감정을 바라보고, 그것을 어떻게 표현하고 다루어야 하는지에 대해 서로 생각을 나누는 과정이었다. 특히 아이들과 함께 만든 노래는 수업이 끝난 이후에도 긍정적인 영향을 주었다.

학급 분위기가 침체되거나 학생들의 탐구의 과정에서 힘들어할 때, 또는 어떤 아이가 개인적으로 어려움을 겪는 상황에서 우리는 우리가 함께 만든 노래를 들으며 마음을 다잡고 감정을 조절하는 시간을 가졌다. 아이들은 "우리가 만든 노래를 들으면 기분이 나아져요", "왠지 다시 해 볼 수 있을 것 같아요"라고 말하며, 스스로 감정을 돌보는 경험을 했다. 단순한 음악 활동을 넘어, 자기 회복력을 기르고 긍정적인 마음을 되찾는 도구로 활용된 것이다.

마음을 관리한다는 것은 결코 쉬운 일이 아니다. 하지만 학교는 아이들이 자신의 감정을 들여다보고, 다양한 전략을 탐색하며, 함께 마음을 표현하고 나누는 경험을 축적할 수 있는 공간이다. 이번 활동을 통해 아이들은 '마음 관리'가 단순히 교사가 요구하는 행동 지도가 아니라, 자기 성장을 위해 꼭 필요한 과정임을 몸소 깨닫게 되었다.

특히 이번 수업은 탐구에 기반하여 이루어졌기 때문에 더욱 의미가 있었다. 아이들은 단순히 정해진 답을 배우는 것이 아니라, 스스로 질문을 던지고 서로의 경험을 나누며 마음을 관리하는 방법을 탐색했다. 이 과정에서 교사와 학생 모두가 배우는 '공동 성찰'이 일어났고, 이는 교실 분위기와 아이들의 태도에 긍정적인 변화를 만들어 냈다.

수업을 통해 아이들은 '내가 이런 방법으로 마음을 다스릴 수 있구나'라는 자기 깨달음을 얻었고, 교사는 아이들의 성장을 바라보며 '함께 배우는 수업'의 힘을 체감할 수 있었다. 결국 이번 경험은 탐구와 성찰이 만날 때, 아이들이 스스로를 돌보는 힘을 기르고 공동체 안에서 성장할 수 있다는 사실을 확인시켜 준 값진 배움의 과정이었다.

● **수업 자료 모음**

수업에 활용한 활동지	· FAST 인물 탐구 활동지 · 마음 관리 전략 활동지 * QR을 촬영하면 수업에 활용한 활동지를 살펴볼 수 있습니다.
도움이 되는 자료	· SUNO AI(https://suno.com/create) [학생 작품] · https://suno.com/s/ukRrTb29qhMOCJz3

'목표 설정 및 달성하기'를 가르치다

STEP 1 목표를 설정하고 달성하는 방법을 어떻게 가르칠까?

수업의 단위에서도 교사로서 학습의 목표가 있고, 교사는 아이들이 그것을 달성할 수 있도록 학습의 경험을 설계한다. 한편 아이들의 학습 상황에서도 크고 작은 단위, 또 개별 혹은 공동의 목표를 수립해서 계획을 세우고 실행해야 하는 경우가 생긴다. ATL의 자기관리 기능의 하위에도 '목표 설정'을 배우는 내용이 있으며, 이러한 기능을 배운 아이라면 도전적이고 현실적인 단기 및 장기 목표를 설정해서, 주어진 시간 내에 과업 수행을 하고 완성할 수 있다고 본다.

ATL은 말 그대로 학습에 필요한 기능을 익히는 것이기 때문에 이번 수업에서는 아이들에게 주어진 시간 내에 단기·장기 목표를 설정하고 완성해 보는 기회를 부여하고, 목표를 달성하는 경험을 제공하고자 했다. 어떤 목표를 달성하게 하는 것이 좋을까 하는 고민 끝에 아이들이 가장 좋아하는 과목 중 하나인 체육 교과와 연결했고, 그 안에서도 아이들이 도전하고 싶은 체육 활동을 선택하게 했다. 목표를 달성하는 방법으로는 모둠별, 개인별 두 가지를 준비했고, 개인적인 목표 설정 및 계획 전에 친구들과 같이 해보는 활동을 먼저 준비했다. 왜냐하면 IB PYP는 교수 접근 방법(ATT)에서도 말하고 있듯이 수업에서 '팀워크와 협력'을 강조하기 때문이다. 학급 자체가 소통과 협업을 독려하는 공간이 될 수 있도록 아이들이 친구들과 함께 무언가를 이루는 경험을 하도록 모둠별 목표 달성 활동을 먼저 한 것이다. 효과적으로 목표 달성을 하는 데 도움을 주는 도구로서

SMART 전략을 사용했다. SMART 전략은 IB 전문적 학습 공동체에서 교사의 실행연구를 진행할 때 활용한 경험이 있다. 목표 달성과 관련 다양한 곳에서 사용할 수 있으며, 아이들의 눈높이에 맞게 바꿔서 수업에서도 쓸 수 있다.

STEP 2 수업 전략

전략 ① SMART

SMART 전략은 목표 설정 및 관리에 사용되는 방법론이다. 이 전략에 따라 세운 목표는 구체적(Specific)이어야 하고, 측정 가능(Measurable)해야 한다. 또한 너무 높은 목표는 도달하지 못했을 경우 좌절감을 줄 수 있고 너무 낮은 목표는 동기가 약해질 수 있음을 고려하여, 적정 수준의 달성이 가능(Achievable)한 목표여야 한다. 이루고자 하는 목표가 개인이나 공동의 목적이나 가치와 관련이 있는지도 중요하기에 관련성(Relevant)도 고려한다. 마지막으로 SMART 전략의 'T'는 시간 제한 있음(Time-bound)을 기준으로 제시한다. 학습 상황에서도 목표를 세울 때 다섯 가지 기준의 SMART 전략을 활용하면 효과적으로 도달하는 데 도움이 될 것이다.

STEP 3 수업 준비하기

수업 안내

자기관리 기능 중 목표 설정 및 달성과 관련된 수업은 6차시로 구성할 수 있다. 목표를 설정하고 달성하는 수업을 위해서 첫 시간인 1차시에는 학습과 관련하여 자신이 목표를 세워서 성공 혹은 실패해 본 경험과 최근에 자신이 달성하고 싶은 목표에 대한 이야기를 나눈다. 2차시에는 이런 목표를 달성할 수 있게 도와주는 SMART 전략을 소개하고, 각각의 요소를 이해한다. 3~4차시에는 실제 전략을 사용해서 목표 달성을 연습하는데, 모둠별로 공동의 목표를 설정해서 해 본다. 그다음 5~6차시는 친구들과 함께 연습한 경험을 바탕으로 개인별로 SMART 전략을 활용해서 달성해 보는 시간이다.

ATL 수업을 할 때 아이들의 활동이 중복된다는 느낌을 받을 때가 있다. 그러나 하나의 전략을 충분히 익히기 위해서는 반복된 연습을 통해 내면화하는 것이 필요하다. 이때의 반복은 단순히 똑같지 않고 아이들의 사전 경험이 반영되기 때문에 차이가 있는 반복, 의미 있는 반복이다. 목표 설정 및 달성하기 수업은 계획을 수립한 후 실행해 보는 시간이 필요하기에 3~4차시 이후와 그다음 5~6차시 사이에 여유를 둔다는 점을 수업을 계획할 때 미리 고려해야 한다.

목표 설정 및 달성하기를 가르치는 수업 안내

대상 학년	수업에서 다루는 ATL 기능
4학년	자기관리 기능 > **목표 설정 및 달성하기**
차시	**수업 내용**
1차시	'목표 설정 및 달성의 경험'에 대한 이야기 나누기
2차시	목표 달성에 도움을 주는 **SMART 전략** 이해하기
3~4차시	**SMART 전략** 사용하여 개인별 목표 달성하기
5~6차시	**SMART 전략** 사용하여 공동의 목표 달성하기

수업 자료

IB는 별도의 교과서 없이 탐구 프로그램과 탐구 단원으로 진행되는 경우가 많아 교사들은 탐구 수업 자료에 대한 고민을 늘 한다. 이번 수업 자료는 체육 교과서를 사용했다. IB 학교의 프로그램이라고 해도 탐구의 내용은 국가교육과정의 성취기준에 의해 선정되고, 교과서나 지도서는 내용 체계나 성취기준에 도달하기 위한 내용으로 만들어졌기 때문에 하나의 잘 정리된 자료로 생각하고 활용할 수 있기 때문이었다. 물론 많은 교사들은 교과서뿐만 아니라 탐구 내용과 관련된 다양한 자료를 찾아 사용한다.

학습 상황에서 목표 설정 및 달성을 연습하기 위해서는 성취의 경험이 중요하다. 따라서 눈에 보이는 성취가 가능한 영역을 생각하다가 4학년 체육 2단원의 운동 생활 습관에 나오는 '우리 반 운동 동아리를 만들고 참여해요'를 선정했다. 운동 습관은 ATL의 자기관리 기능과도 관련이 있고, 아이들이 좋아하는 과목이라서 더 적극적으로 참여할 수 있을 것이라 생각했다. SMART 전략을 이해하고 활용하는 활동지는 아이들이 이해할 수 있는 쉬운 말로 수준을 조정하여 만들었다.

자료 내용 미리 보기

『[2022개정]초등교과서 체육 4』 김명숙 외 10인, 아이스크림미디어	2. 운동 생활 습관 우리 반 운동 동아리를 만들고 참여해요

STEP 4 수업 진행하기

1차시 '목표 설정 및 달성의 경험'에 대한 이야기 나누기

운동회 때 학년별로 달리기를 할 때를 떠올리면 달리기 출발선에 선 아이들의 표정이 비장하다. 누군가는 넘어지지 않고 끝까지 달리는 것이 목표일 수도 있고, 다른 아이는 1등을 하는 게 목표일 수 있다. 수업을 시작하며, 아이들에게 체육대회 때 달리기 출발선에 서 있는 사진을 띄우고 질문을 던졌다.

"여러분 혹시 목표를 세워서 성공해 본 경험이 있나요?"

목표가 거창하지 않아도 된다고 말해 주니 아이들만의 경험이 나온다. 수학 공부를 매일 한 시간씩 하기로 목표를 세운 것을 일주일 동안 지켜서 뿌듯했던 일, 줄넘기를 연습하여 줄넘기 급수제에서 각 단계를 통과했던 이야기를 들려 주었다. 물론 목표 달성에 실패한 경우도 있다. 태권도 승급 심사를 열심히 준비했는데 떨어져서 울었던 일, 합창 대회 예선에서 떨어진 경우 등 아이들마다 각자의 사연이 있다. 이야기를 들어 보니 혼자서 목표를 세워서 도전한 적은 있지만 누군가와 함께 목표를 세운 경험은 없었다. IB에서 협력을 중요하게 생각하는 이유 중 하나는 협력의 과정에서 친구들과의 상호작용을 통해 배우는 것이 많기 때문이다. 그래서 아이들에게 목표 달성을 할 수 있는 방법을 배우고 익혀서 친구와 함께 목표 달성에 도전해 보자고 말하면서 1차시를 마무리했다.

2차시 목표 달성에 도움을 주는 SMART 전략 이해하기

SMART 전략은 학습뿐만 아니라 성인의 경우 업무에서도 활용할 수 있는 전략이다. 전략이 만들어질 때 어린이만을 대상으로 한 전략이 아닌 경우가 있어서 아이들 눈높이에 맞게 재구성하는 과정이 필요하다. 그래

SMART 전략 이해하기

나의 목표:		
SMART 전략 이해하기	S: Specific	목표가 명확하고 구체적인가?
	M: Measurable	목표 달성 정도를 객관적으로 측정할 수 있는가?
	A: Achievable	목표가 현실적으로 달성 가능한가?
	R: Relevant	목표가 나에게 의미가 있는가? 나는 이 목표를 왜 달성하려고 하는가?
	T: Time-bound	주어진 시간 내에 달성 할 수 있는가?

서 SMART에서 각 글자가 의미하는 '구체성, 측정 가능, 달성 가능, 관련성, 시간 제한' 다섯 가지를 아이들이 이해하기 쉽게 질문 형태로 만들었다. 자기가 세운 목표를 두고 아이들이 다섯 가지 질문에 스스로 답해 보면서 실행 가능성을 높이도록 한 것이다.

그리고 각자 하나의 목표를 세운 다음, 서로의 목표를 공유하고 하나씩 기준에 따라서 적절성을 평가해 보았다. 만약 아이가 '수학을 잘하고 싶다'라고 썼다면 SMART 전략의 '구체적'인 부분을 언급하면서 더 명확하게 만들어 보도록 한다. 예를 들어 '5단원 수학 단원 평가에서 80점 이상을 맞는다'라는 식으로 한 번 더 고민하도록 자세하게 피드백을 준다.

3-4차시 SMART 전략 사용하여 공동의 목표 달성하기

이제 본격적으로 SMART 전략을 사용해서 체육 수업에서 공동의 목표를 달성하는 수업을 진행할 차례다. 아이들과 체육 교과서의 내용 흐름을 공유하고 나서는 어떤 활동을 하고 싶은지 협의하는 시간을 가졌다. 모둠 줄넘기, 모둠 이어달리기, 모둠 공 패스, 배드민턴 중간에 끊기지 않고 주고받기 등이 나왔고, 종목을 정한 후에는 구체적인 목표와 계획을 SMART 전략 활동지에 정리하게 했다. 주어진 시간이 체육 시간 한 차시(40분)였어서, 제한된 시간 안에 달성할 수 있는 목표를 세우라고 했다.

SMART 전략을 사용했을 때 가장 큰 장점은 자신의 목표와 과정을 객관적으로 볼 수 있다는 점이다. 각 모둠별로 40분 정도 계획을 세운 다음 발표를 했는데, 만약 SMART 전략으로 정리하는 시간이 없었다면 많이 우왕좌왕 했을 것이다. 전략에 따라 계획을 세우고, 체육관에서 40분 동안 모둠별 목표 달성 실행이 진행되었다. 여러 종목을 진행해야 하니 각자 모여서 공간 사용을 어떻게 할지 논의 후, 이어달리기 팀은 바깥쪽 라인을 쓰고, 공 패스와 줄넘기팀도 공간을 나누었다.

수업은 모둠별로 진행하였다. 미리 계획을 세워서인지 아이들은 자

SMART 전략 사용하여 공동의 목표 달성하기

모둠의 목표: 공 패스	
S: 구체적	네 명이 모여서 공 패스를 20개 성공한다
M: 측정 가능	공을 받을 때마다 숫자를 세어서 측정한다.
A: 달성 가능	공이 내게 오는지 항상 살펴보고 준비하고 연습한다면 달성이 가능하다. 그래서 목표를 달성하려면 자신한테 공이 언제 올지 몰라서 집중력과 순발력이 필요하다.
R: 관련성	피구 경기를 할 때 패스를 잘하면 이길 경우가 높다
T: 시간 제한	40분

기 나름의 전략을 세웠다. 그사이 끊임없이 모둠을 관찰하며 중간에 계획을 수정하거나 모둠에서 일어나는 소통을 도왔다. 예를 들어 패스 20개를 생각보다 금방 달성한 팀은 50개로 개수를 늘렸고, 모둠 활동에서 실수를 하는 친구를 탓하지 않도록 했다. 처음에 농구 드리블을 선택했던 아이는 막상 해 보니 어려워서 배드민턴으로 종목을 바꾸었다.

방과 후 학교에서 농구를 배우는 아이들은 모둠을 만들어서 농구 연습을 했다. 달리기에 관심이 많은 아이들은 함께 이어달리기를 하면서 초시계로 시간을 재고 단축시키는 것을 목표로 세웠다. 여섯 명 중 다섯 명은 달성했는데 한 명의 시간이 줄지 않아 걱정을 하더니, 서로 각자 조금씩만 더 줄이면 전체 시간이 줄어들 거라며 재조정을 했다.

모둠별 목표 달성 활동을 할 때는 잠시라도 중간 성찰 시간을 주면서 의견을 나누게 하는 것이 좋다. '모둠 공 패스'를 선택한 팀의 한 아이가 패스를 할 때 순서대로 하자고 제안하니 다른 아이가 이건 피구를 잘하기 위한 연습이라 자기한테 공이 언제 올지 몰라야 연습의 효과가 높다고 말했다. 모둠에서 끊임없이 협의하고 작은 문제를 해결하는 과정을 거치면서 목표 달성에 가까워진다는 걸 발견했다. 40분 수업이 끝나고 보니 모두가 목표를 달성했다. 시작할 때만 해도 가능할까 싶었는데 아이들은 친구와 함께 작은 성취를 이루었다.

5-6차시 SMART 전략 사용하여 개인별 목표 달성하기

이번에는 개인별 체육과 관련된 운동 목표를 세웠고, 체육 교과서에서 나온 종목이나 자신이 하고 싶은 분야를 정해 SMART 전략에 따라 각자의 목표와 계획을 수립했다. 친구와 함께 하는 활동에 아이들이 자신감을 얻었는지 개인별 목표를 달성하는 수업에서 계획서를 쓸 때는 막힘없이 써 내려갔다.

개별 목표를 달성하는 수업에서는 아이 개인의 특성을 훨씬 더 고려해야 한다. 활동지에도 개별적인 특성이 고스란히 드러난다. 야구 선수가 꿈이라서 평소에 야구 경기를 자주 관람하고, 주말마다 아빠와 야구를 하는 아이는 타자로서 스윙 연습 100번을 목표로 계획을 세웠다. 줄넘기 모아 뛰기가 안 되는 아이는 중간에 멈추지 않고 줄넘기 50개 넘기를 성공하겠다고 의지를 다졌다. 하지만 막상 해 보니 팔이 너무 아프거나, 중간에 숨이 너무 가쁜 예상치 못한 상황이 되자, 혼자 쉬면서 다시 목표를 조율

SMART 전략 사용하여 개인별 목표 달성하기

나의 목표: 훌라후프 25개를 이어서 한다.	
S: 구체적	훌라후프 돌리는 기본 동작으로 중간에 떨어뜨리지 않고 25회를 성공한다.
M: 측정 가능	내가 혼자 숫자를 세거나 친구한테 한 번 세어 달라고 한다. 표를 그려서 적어둔다. 1회, 2회, 3회 이렇게.
A: 달성 가능	허리 돌리는 걸 연습하고, 균형감이 있다면 달성 가능할 것 같다.
R: 관련성	체육 교과서에도 나오고, 신체의 유연함과 관련이 있다.
T: 시간 제한	체육 시간 40분

하는 과정이 추가되었다. 수업에서 교사가 아이들을 도와줄 수 있지만 대신 해 줄 수는 없다. 전략 활동지를 한 번 채우는 것으로 끝나는 것이 아니라 중간중간 동기를 불어넣어 주면서 계속 조정할 수 있는 기회를 준다.

제한된 시간 40분이 지났을 때, 개인별 목표를 달성한 아이도 있고 달성하지 못한 아이도 있었다. 마지막에는 서로의 도전과 달성을 축하하는 잠깐의 시간을 가지며 소감을 나누었다. 아이들은 "이렇게 해보니까 내가 어느 정도까지 가능한지 알 수 있었고, 매일 지금처럼 연습하면 나중에는 해낼 것 같다는 생각이 들었다"고 했다. 아이들이 효능감을 느낀다는 것, ATL 수업에서 말하는 성장 마인드셋이 바로 그것이다. 포기하지 않고 열심히 하면 성장할 수 있다는 스스로에 대한 믿음이 어떤 전략이나 기술보다 중요하고, 그 믿음 또한 실행을 통해 얻게 된다.

STEP 5 수업 성찰하기

돌이켜 보면 이번 수업에서는 '목표 달성하기'라는 수업 목표를 미리 공유한 점이 효과적이었다. 그리고 교사로서 아이들이 목표를 세우고 달성하는 과정에서 그들의 학습적 행동을 살펴보는 것이 굉장히 중요하다는 것을 느꼈다. 교사는 수업 중 아이들의 활동을 관찰하는데, 그 시간은 아이들의 관심사나 특성을 알 수 있는 기회다. 교사의 관찰은 평가와 관련해서는 학습의 모니터링 과정이 되며, 개별화 교육 측면에서는 학생 맞춤형 수업을 위한 기초 작업이 되기 때문이다. 관찰을 통해서 학생이 세운 목표가 자신과 관련성이 높고, 목적 의식이 강할수록 달성할 가능성이 높아진다는 것을 알았고, 다음 수업에 반영할 계획이다.

목표 달성 수업이 모두 끝났지만 아이들이 의견을 내어서 모둠별 줄넘기를 하고 싶다고 했다. 이때도 SMART 전략을 활용하고 각 모둠별 개수를 정하고 연습을 했다. 아이들은 배운 것을 금방 활용할 수 있는 능력을 가지고 있었다. 이번에는 체육이었지만 아이들이 공동의 목표를 세워서 수행한 경험은 누군가에게는 피아노 치는 것으로, 다른 누군가에게는 바이올린 연주로, 또 과학 발명품 만들기 등 여러 분야로 전이될 것이다. 운동 목표를 달성하는 수업을 통해 어떤 것을 배웠냐는 질문에 달리기 연습을 열심히 해두면 나중에 학교에 지각하지 않고 뛰어갈 수 있을 것 같다는 아이다운 대답이 들렸다. 아이들은 누구나 잘하고 싶은 마음이 있기에, 교사는 잘할 수 있는 방법을 알려 주고 아이는 스스로 도전해 보는 시간이 필요하다. 그 마음을 잃지 않고, 평생 학습자로 살아가는 데 필요한 배움을 익힐 수 있도록 돕는 일이 교사의 역할일 것이다.

● **수업 자료 모음**

수업에 활용한 활동지	· SMART 전략 활동지 * QR을 촬영하면 수업에 활용한 활동지를 살펴볼 수 있습니다.
도움이 되는 자료	· 『마인드셋』(캐롤 드웩, 스몰빅라이프)

06 아름다움을 느끼는 방법을 배우는 수업

2022 개정 교육과정에서 말하는 핵심역량 중 하나인 '심미적 감성 역량'은 인간에 대한 공감적 이해와 문화적 감수성을 바탕으로 삶의 의미와 가치를 성찰하고 향유하는 역량을 뜻한다. 여기에서 문화적 감수성에 포함되는 '아름다움'에 초점을 두고 어떻게 아이들이 아름다움을 느끼게 할지 고민하며 현재 성취기준에서 관련된 내용을 찾았다. 초등학교 1~2학년에서는 '즐거운 생활', 국어 과목에서는 '문학' 영역, 체육에서는 '표현' 영역, 음악에서는 '연주', '창작', '감상', 미술에서는 '미적 체험', '표현', '감상' 전 영역에서 심미적 감성 역량과 관련된 성취기준을 찾아볼 수 있다. 여러 학년과 다양한 교과 영역에서 연관된 내용이 나오는 것을 보면서 교육과정과 연계한 심미적 감성 역량을 키울 수 있는 수업이 필요하다는 생각이 든다. 왜냐하면 아름다움을 느끼는 것도 경험이자 연습이 필요하기 때문이다. 예를 들어 미술관에서 작품을 보고 누군가는 아름다움을 발견하지만 그냥 지나치는 사람도 있다. 교육을 통해 교사는 아이들에게 배우는 방법을 알려 주고, 그들이 갖고 있는 능력을 끌어내 볼 수 있도록 기회를 제공할 수 있다.

이번 수업도 학생 중심으로 진행하며, 본래 인간이 가지고 있는 아름다움을 느끼는 힘을 발휘하는 것에 초점을 맞춘다. 예술 작품의 내용인 '무엇'보다는 '어떻게'에 더 중점을 두어, '우리는 자연과 인간, 예술 작품 등에서 어떻게 아름다움을 느낄 수 있을까?'라는 질문을 던지며, 궁극적으로 아이들이 '아름다움을 느끼는 방법을 배우는 것은 우리의 삶을 더욱 풍요롭게 한다'는 것을 느끼기를 기대하며 시작한다.

◆「아름다움을 느끼는 방법을 배우는 수업」 한 눈에 보기

일반화	아름다움을 느끼는 방법을 배우는 것은 우리의 삶을 풍요롭게 한다.					
수업에서 다루는 기능	의사소통 기능	사고 기능	대인 관계 기능	조사 기능	자기관리 기능	심미적 기능
세부 기능	문화적 소양과 감수성, 문화적 상상력, 타인의 경험 및 인간에 대한 공감 능력, 다양한 가치에 대한 존중, 정서적 안정감, 의미 있고 행복한 삶의 추구와 향유					
탐구 질문	우리는 자연과 인간, 예술 작품 등에서 아름다움을 어떻게 느낄 수 있을까?					
관련 성취기준	[2즐01-04] 우리를 둘러싼 자연의 아름다움을 감상한다. [2즐02-01] 내가 참여할 수 있는 문화예술을 향유한다. [2즐02-04] 다양한 세상을 상상하고 표현한다. [2국05-04] 시나 노래, 이야기에 흥미를 가진다. [4국05-05] 재미나 감동을 느끼며 작품을 즐겨 감상하는 태도를 지닌다. [4체03-07] 움직임의 심미적 표현에 대한 호기심과 감수성을 나타낸다. [4음02-04] 생활 속에서 음악을 들으며 느낌과 호기심을 갖고 즐긴다. [4미01-04] 미적 탐색에 호기심을 갖고 참여하며 자신의 감각으로 대상의 특징을 이해할 수 있다. [4미03-04] 작품 감상에 흥미를 가지고 참여하며 작품에 대한 자신의 감상 관점을 존중할 수 있다. [6국03-01] 느낌과 아이디어를 떠올려 여러 매체나 방법으로 자신감 있게 표현한다. [6미01-02] 자신이나 대상에서 찾은 감각적 특징, 느낌, 생각 등을 관련지어 나타낼 수 있다.					
전략	**아름다움을 느끼는 방법 배우기** - **SEE-THINK-WONDER**를 활용해서 그림책 감상하기 - **SEE-WONDER-THINK**를 활용해서 나의 느낌과 생각 표현하기					

'아름다움을 느끼기'를 가르치다

STEP 1 아름다움을 느끼는 방법을 어떻게 가르칠까?

'아름다움'이라는 개념은 다소 추상적이라 어떻게 가르칠지 고민하는 시간이 꽤 길었다. 우선 아름다움을 느낄 대상이 필요했다. 그것은 다양한 예술 작품이나 자연, 인간의 살아가는 모습 등일 수 있다. 직접 예술 작품을 보고 느끼고, 삶의 현장이나 자연 공간을 찾아갈 수 있다면 더없이 좋겠지만 여기에서는 학교 안 수업이라는 조건이기에 '아름다움을 느끼는 방법'의 수업 자료로 '그림책'을 준비했다. 그림책은 글과 그림으로 제3의 이야기를 만들어 가는 하나의 예술 장르이다. 주제나 방식도 무척 다양해 누군가는 그림책은 '한 권의 작은 미술관'이라고 표현한다. 수업 자료의 측면에서도 그림책을 읽는데 동화책에 비해 긴 시간이 걸리지 않고, 그림책은 한 권만 있어도 아이들 전체에게 보여 주거나 읽어 줄 수 있다는 점에서 효율적이다.

아름다움을 느낄 때는 판단하지 않고 마음껏 충분히 그 안에 머무를 수 있는 시간이 필요하다. 대상이 미술, 음악, 문학, 체육 어떤 장르이든 상관 없다. 있는 그대로를 경험하고 그것을 바탕으로 자신의 관점에서 해석하고 타인과 공유하며 서로 이해하고 공감하게 한다. 심미적 감성 기능과 관련된 수업에서는 특히 개방적인 태도가 중요하니 아이들의 개성과 창의성을 존중하며 이를 격려하는 분위기를 만들려고 애썼다. 지금부터 '아름다움을 느끼는 방법을 배우는 수업'에서 SEE-THINK-WONDER 전략을 활용하여 그림책을 감상한 시간 속으로 들어가 보자.

STEP 2 수업 전략

전략 ① SEE-THINK-WONDER

SEE-THINK-WONDER 전략은 다양한 탐구에서 또 여러 학년에서 사용된다. 'S-T-W'라고도 하며, 하버드 제로 프로젝트의 주요 연구 영역 중 하나인 '사고 가시화'에서 소개하는 전략 중 하나이다. '사고 가시화'는 말 그대로 아이들이 사고하는 과정을 외부로 드러내고 구체화할 수 있도록 돕는 사고 루틴을 수업에서 활용하는 것을 핵심으로 한다. 여기서 중요한 것은 바로 루틴(습관)이라는 점이다. 이는 한 번만 사용하고 끝나는 것이 아니라 지속적으로 이루어져야 함을 의미한다. 생각을 가시적으로 드러내는 일이 아이들에게 일종의 습관이 되어야 한다는 것이다. 그래서 전략마다 목적이 있으며, 교사는 자신의 탐구 수업 단계의 성격과 목적에 따라 적절한 전략을 사용해야 한다. SEE-THINK-WONDER 전략의 목적은 아이들이 대상을 주의 깊게 관찰(SEE)하고, 관찰한 것에 대해 자신의 생각(THINK)을 끌어내고, 더 궁금한 점을 질문(WONDER)하는 데 있다. 탐구 수업의 초기 단계에 어떤 사진이나 영상, 자료를 볼 때 자주 활용하고, 여기서 만든 질문들을 범주화해서 탐구 질문으로 만들기도 한다. 또 외국에서는 미술관에서 작품을 감상할 때 이 전략을 활용해서 아이들의 감상을 이끄는 장면을 자주 볼 수 있다.

SEE-THINK-WONDER 전략에서 중요한 점은 각 파트가 개별적인 것이 아니라 연속적으로 이어져야 한다는 것이다. 관찰한 것에 대해 생각하고, 궁금증을 갖는 것이 필요하다. 관찰한 것에서 사고가 시작되고 질문으로 연결되어 탐구를 이끄는 것이 중요한 목적이다. 아름다움을 느끼는 방법을 가르치는 수업에서 이 전략을 사용하기로 한 것은 바로 느낌이나 생각의 바탕이 바로 '관찰'이라고 생각했기 때문이다. 특히 아이의 발달 시기를 고려했을 때에도 구체적 감각을 활용하여 잘, 천천히 보는 것이 중요하기에 관찰을 바탕으로 한 SEE-THINK-WONDER 전략이 적절하다.

SEE-THINK-WONDER 전략 안내

SEE(관찰)	THINK(생각)	WONDER(질문)
· 주어진 자료나 실제의 현상을 주의 깊게 관찰한다. · 관찰 대상에서 발견한 것들을 정리한다.	관찰한 것에 대한 자신의 생각을 공유한다. 이때 어떤 이유에서 그렇게 생각했는지도 고민한다.	관찰하고 생각한 것을 바탕으로 궁금한 점을 질문으로 만든다.

전략 ② SEE-WONDER-THINK

수업에서 쓰는 전략은 말 그대로 어떤 목표를 달성하기 위해 수립하는 전반적인 계획이나 방법을 뜻한다. 그래서 넓은 의미에서 '전략'이라는 말은 수업뿐만 아니라 경영 전략, 군사 전략 등 다양한 분야에서 사용되고, 또 상황이나 목적에 따라 바뀌어 사용되기도 한다. 앞에서 사용한 SEE-THINK-WONDER 전략도 마찬가지로 고정적이지 않고, 아이들의 학습 상황에 따라 바뀔 수 있으며, 더 나아가 아이들이 변경할 기회를 줄 수도 있다. 그래서 이번에는 본 것에서 의문을 갖고 여기에 자신이 왜 궁금한지 생각을 덧붙일 수 있도록 SEE-WONDER-THINK로 순서를 바꿔서 제시했다.

아이들이 사진이나 그림 등 탐구 대상을 주의 깊게 관찰(SEE)하는 것은 똑같은데, 관찰한 것에서 떠오르는 궁금증을 질문(WONDER)으로 먼저 만든다. 그 질문을 다시 곰곰이 살펴보면서 자신이 왜 궁금한지 생각(THINK)해 보고 그것을 덧붙여 보는 순서로 진행한다.

이때 관찰한 것에서 떠오르는 질문을 바로 붙잡는 것이 중요하다. 같은 것을 관찰해도 아이들마다 받아들이는 것이 다르기에 궁금한 지점도 제각각이다. 다양한 반응을 인정해 줘야 그다음 과정에서도 편안하게 자기 생각을 끌어낼 수 있다. 또한 전략의 순서를 바꿔서 제시함으로써 상황에 따라 전략을 바꿀 수 있다는 것을 보여 주는 모델링이 되기도 한다.

SEE-WONDER-THINK 전략 안내

SEE(관찰)	WONDER(질문)	THINK(생각)
· 주어진 자료나 실제의 현상을 주의 깊게 관찰한다. · 관찰 대상에서 발견한 것들을 정리한다.	관찰한 것에 대해 궁금한 점을 질문으로 만든다.	궁금한 까닭을 생각하고 덧붙인다.

STEP 3 수업 준비하기

수업 안내

'아름다움을 느끼는 방법을 배우는 수업'은 교사의 재량에 따라 다양하게 구성할 수 있으며, 총 6차시로 계획하였다. 1차시에는 주변에서 아름다움을 느꼈던 경험을 자유롭게 말한다. 이야기를 나누면서 서로 느끼는 지점과 방법이 각자 다르다는 것을 알고, 아름다움을 느끼면 어떤 점이 좋은지도 덧붙이면서 더 깊이 느끼도록 도와주는 SEE-THINK-WONDER 전략을 소개한다. 설명을 길게 하는 것보다 실제로 해 보면서 아이들이 어떤 과정인지 이해하는 것이 더 좋다. 2~3차시에는 그림책을 감상하는데, 자세히 감상하는 것이 중요하기에 시간을 넉넉히 계획한다. 그림책을 읽고 나서는 앞에서 배운 전략을 활용해서 활동지에 정리하고 친구들과 공유한다. 같은 책을 읽었지만 감상 지점이 다채롭다. 4~5차시에서는 전략의 순서를 SEE-WONDER-THINK로 바꿔서 해본다. 이런 과정을 통해서 아이들은 전략이 고정적인 것이 아니라 바꿀 수도 있음을 경험할 수 있다. 6차시에는 SEE-THINK-WONDER 전략을 다양하게 활용할 기회를 주는 시간이다. 아이들에게 어떨 때 이 전략을 사용해서 아름다움을 느낄지, 아름다움을 느낀다는 것은 어떠한지 전이해 보고, 성찰하며 수업을 마무리한다.

아름다움을 느끼기를 가르치는 수업 안내

대상 학년	수업에서 다루는 ATL 기능
4학년	심미적 기능 > **아름다움을 느끼기**
차시	**수업 내용**
1차시	주변에서 아름다움을 느낀 경험 나누기
2~3차시	**SEE-THINK-WONDER**를 활용해서 그림책 감상하기
4~5차시	**SEE-WONDER-THINK**를 활용해서 나의 느낌과 생각 표현하기
6차시	**SEE-THINK-WONDER**를 다양하게 활용하기

수업 자료

아름다움을 느끼는 방법을 배우는 수업에서 사용한 자료는 '글 없는 그림책'으로 유명한 데이비드 위즈너의 『이상한 화요일』과 필리스 레이놀즈의 『놀이터의 왕』이다. 데이비드 위즈너는 『구름 공항』이라는 그림책으로 국어 교과서에도 실린 적이 있는데, 글이 없어 그림을 훨씬 더 자세히 들여다 봐야 해서 아이들이 관찰할 요소가 더 풍부할 것이라는 생각에 선정했다. 또 열려 있는 결말과 상상력 때문에 부담 없이 다가갈 수 있겠다 싶었다. 그에 비해 『놀이터의 왕』은 더 현실적이고, 아이들에게 일어날 만한 이야기를 표현하고 있는 그림책이다. 여기에서는 이야기를 그림으로 표현할 때 인물의 감정을 색이나 모양으로 나타내는 것을 아이들이 살펴보게 하는 게 목적이었다. 이처럼 수업 자료를 선정할 때 어느 정도의 기준과 방향성을 갖고 있지만, 실제 수업이 의도한 대로 흘러가지는 않는다. 두 그림책의 성격이 다른 이유도 첫 번째 그림책으로 수업을 해 본 결과 아이들에게는 다소 어려웠다는 판단이 들었기 때문이다. 아름나움을 느끼는 방법을 배우는 수업에서는 '아름다움'을 느낄 대상을 무엇으로 해야 하는지가 중요함을 자료를 선택하면서 깨달았다.

자료 내용 미리 보기

『이상한 화요일』 데이비드 위즈너 지음, 비룡소	화요일 저녁 8시, 지루한 표정으로 꾸벅꾸벅 졸고 있는 개구리들이 화들짝 잠에서 깬다. 개구리들의 몸이 둥실 하늘로 솟아오르더니 아침 해가 밝아올 때까지, 신나는 비행이 계속된다. 하늘을 나는 새들을 놀라게 하고, 빨랫줄에 널린 빨래로 장난을 치고, 노부인의 거실을 제멋대로 돌아다닌다.
『놀이터의 왕』 필리스 레이놀즈 네일러 글, 놀라 랭그너 멀론 그림, 보물창고	케빈은 놀이터에서 놀려고 할 때마다 새미가 나타나 괴롭힌다. 아빠는 잔뜩 주눅이 든 아이를 나무라지도 않고, 새미를 이기는 방법을 알려 주지도 않는다. 케빈은 아빠와의 대화를 통해 상황을 객관적으로 바라보고, 용기를 얻는다. 그리고 케빈은 기지를 발휘하여 새로운 관계를 만들어 나간다.

STEP 4 수업 진행하기

1차시 주변에서 아름다움을 느낀 경험 나누기

아이들은 언제, 어디에서 아름다움을 느낄까? 주변에서 아름다움을 느낀 경험을 나누는 데 많은 아이들이 여행을 갔을 때 본 풍경이나 자연물 이야기를 했다. '해질 녘에 보던 노을', '음악에 맞춰 분수가 춤을 추던 모습', '호주에서 기차를 타고 윈야드역을 지났을 때', '자기가 키우는 도마뱀'을 말하는가 하면, 게임을 좋아하는 아이는 '키보드에서 빛이 엄청 빛나는 것'을 꼽기도 했다. '합창 연습을 할 때 친구들의 소리가 하나로 모아지는 순간', '누군가를 도와주는 사람의 행동' 등 각각 아름다움을 느끼는 지점도 강도도 다양했다. 어떤 아이는 그림을 그리듯이 생생하게 기억하는가 하면, 아련한 느낌이지만 강하게 품고 있는 아이도 있었다.

그렇다면 우리가 아름다움을 느끼면 뭐가 좋을까라는 질문에 많은 아이들이 "아름다운 걸 보면 행복하잖아요"라고 대답했다. 무언가를 알고 배우면 그것을 더 사랑할 수 있고, 이는 결국 삶의 행복과 연결되어 있다. 심미적 감성 역량을 키우는 궁극적인 목적 또한 '왜 살아야 하는지를 묻는' 삶의 의미와 가치를 이해하는 것이기에 아이들이 말한 '행복'이라는 단어가 크게 다가왔다. 수업의 첫 부분에서 이야기를 나누는 경험은 아이들의 일상을 볼 수 있다는 장점이 있다. IB PYP에서는 실생활과의 연계를 고려하고, 그래서 탐구 수업에서도 배운 것을 삶에서 적용하는 '실천'을 중요하게 생각한다. 아이들에게 "그럼 아름다움을 깊이, 많이, 자주 느낀다면 더 행복해질까?"라는 마지막 질문을 던졌는데 한 아이의 말이 인상적이었다.

"내가 여전히 모르는 아름다움이 세상에 많을 텐데, 아름다움을 느끼는 방법을 배우면 미래의 나는 더 많은 아름다움을 느낄 수 있을 것 같아요."

이 말을 들으니, 이미 아이들은 우리가 이 수업을 해야 하는 이유를 알고 있었는지 모른다는 생각이 들었다. 이어서는 자연스럽게 아름다움을 느끼는 여러 방법 중 하나로 SEE-THINK-WONDER 전략을 소개했다. 각각의 단계에서 어떤 것을 하는지 설명하고, 연결성을 강조했다. 자세하게 설명하기보다 아이들이 먼저 해 보고 궁금한 것을 묻게 하는 방식으로 진행했다.

2-3차시 SEE-THINK-WONDER 전략을 활용해서 그림책 감상하기

아이들과 함께 볼 그림책은 데이비드 위즈너의 『이상한 화요일』이다. 처음 보는 사람은 데이비드 위즈너의 그림이 조금 낯설 수도 있다. 아무런 글이 없이 그림만 있어 무엇을 말하고자 하는지 모르겠다는 독자들도 많다. 그런데 아이들은 생각보다 아무렇지 않게 받아들였다. '그림책'이라는 이름 자체만 고려하면, 그림만으로도 충분히 이야기를 전달할 수 있어야 하기 때문이 아닐까? 그래서 글 없는 그림책은 더더욱 천천히 읽어 주고, 그림에 머무는 시간을 충분히 확보해야 한다. 처음에는 전체적으로 읽어

주고, 다 읽고 나서는 모둠별로 한 권씩 두고 더 자세하게 볼 수 있게 했다. 본격적으로 SEE-THINK-WONDER 전략으로 활동할 차례가 다가왔다.

활동지를 만들 때 고려한 점은 바로 교사의 질문이었다. 어떤 것을 관찰할 때, 아이들에게 처음에는 아름다운 것을 찾아보라고 할까 하다 자신에게만 특별하게 보이는 것을 찾아보라고 했다. 아름다움에 대한 정의가 아이들마다 다르기 때문에 자신의 방식대로 할 수 있게 열어 두기 위해서였다. 만약 아름다움을 찾으라고 했는데 "제가 보기에 이 책에는 아름다움이 없는데요"라고 말하면 수업 진행이 어렵다. 그래서 아름다움이 없다면 어떤 강한 느낌, 낯설거나 놀라운 느낌 그것도 없다면 불편하거나 불쾌한 느낌도 찾아보라고 한다. 실제로 『이상한 화요일』을 보고 어떤 아이는 아름다움보다 무서움을 더 느꼈다고 했다. 다음으로 아래처럼 어떤 것을 활동지에 써야 하는지 알려주고 자유롭게 쓰는 시간을 가졌다. 아이들을 관찰하니 본 것과 생각하는 것을 구분하는 것을 어려워했다. '본 것'은 말 그대로 있는 그대로 본 것을 쓰는 것인데, 본 것에 생각을 넣는 경우가 많았다.

교사의 질문과 SEE-THINK-WONDER 전략

	SEE(관찰)	THINK(생각)	WONDER(질문)
교사의 질문	· 그림책에서 본 것은 무엇인가요? · 그림책에서 나에게만 특별하게 보이는 것은 무엇인가요?	본 것에서 떠오르는 나의 생각은 무엇인가요?	나의 생각에서 궁금한 점은 무엇인가요?

개구리가 날아다니며 벌어지는 일을 상상으로 그려낸 그림책 『이상한 화요일』에서 아이들은 어떤 것을 보고, 생각하고, 궁금해했는지 들여다보자.

학생들의 SEE-THINK-WONDER 활동 예시

SEE(관찰)	THINK(생각)	WONDER(질문)
개구리가 나뭇잎을 타고 하늘로 올라간다.	개구리가 상식적으로 나뭇잎에 올라갈 수는 있지만 타고 하늘로 올라갈 수는 없다.	개구리는 어떻게 나뭇잎을 타고 하늘로 올라갔을까?
개구리가 연잎에서 떨어진다.	개구리가 떨어지는 장면에서 외래종 황소개구리가 생각났다.	왜 데이비드 위즈너는 개구리를 황소 개구리처럼 그렸을까? 그냥 개구리처럼 그릴 수 있을텐데.
연못 위로 날아다니는 개구리	저렇게 연못이 이쁘고 아름답고 평화로운 생태계를 보고 싶다.	그림책에 나오는 깨끗한 연못이 실제로도 있을까?
개구리가 날아오른다.	하늘을 나는 개구리라니 나는 생각도 못한 창의적인 생각 같다.	개구리가 하늘을 나는 거랑 동물들이 나는 거랑 상관이 없는데 동물들은 왜 갑자기 날았을까?

서로 발견하고 생각하고 궁금한 것을 모둠에서 나누었다. 같은 것을 보더라도 각자의 생각이나 질문이 달랐는데, '개구리가 날아오르는 장면'을 여러 명이 골랐지만 거기에서 느낌과 질문은 모두 달랐다. 미술관에서 같은 작품을 감상해도 다른 것을 느끼는 것과 비슷하다. 아이들 각자가 기존에 갖고 있던 경험과 관점이 다르기 때문에, 활동의 결과도 다른 것이다.

4-5차시 SEE-WONDER-THINK 전략을 활용해 나의 느낌과 생각 표현하기

전략의 순서를 바꿔서 진행하면 어떻게 달라질까? 데이비드 위즈너 책이 '그림'을 강조했다면 이번에는 '이야기'에 초점을 둔 그림책 『놀이터의 왕』을 선정했다. 아름다움은 그림책의 그림 자체에서도 느낄 수 있고, 이야기의 구조나 흐름에서도 발견할 수 있기 때문이다. 특히 이 책을 읽으면서는 이야기를 기억해서 그려 보게 했는데 그러면 더 자세하게 보려고 애쓰기 때문에 집중도를 높일 수 있다. 『놀이터의 왕』의 주인공 케빈이 놀이터에서 새미한테 계속 괴롭힘을 당하는데 아빠는 나무라거나 해결 방

교사의 질문과 SEE-WONDER-THINK 전략

	SEE(관찰)	WONDER(질문)	THINK(생각)
교사의 질문	· 그림책에서 본 것은 무엇인가요? · 그림책에서 나에게만 특별하게 보이는 것은 무엇인가요?	본 것에서 어떤 궁금한 것이 떠오르나요?	내가 왜 그 부분이 궁금한지 생각을 꺼내볼까요?

학생들의 SEE-WONDER-THINK 활동 예시

SEE(관찰)	WONDER(질문)	THINK(생각)
모래성 만들기 전에 케빈과 새빈이 있을 때 케빈의 머리가 뾰족하게 곤두세워져 있었는데 나중에 내려간다. ❶	왜 케빈의 머리카락이 곤두세워졌다가 내려갔을까? ❶	케빈이 무서워하던 새미가 케빈에게 친절해진 게 머리카락으로 보여서.
새미가 케빈이 미끄럼틀을 타려고 하자 새미가 밧줄로 묶겠다고 협박하고 쫓아낸다.	왜 새미는 케빈을 쫓아냈을까?	새미의 놀이터도 아니고 케빈의 놀이터도 아니고 모두가 같이 사용할 수 있는 놀이터이고 누구나 사용할 수 있는데 말이다.
새미가 삽으로 땅을 파는 모습이 보인다. ❷	왜 새미는 삽을 거꾸로 들고 있을까? ❷	원래 삽은 철 부분을 써서 파야 하는데 거꾸로 들어서 궁금했다. 삽을 거꾸로 들면 잘 안 파지는데.
그림책 속 테이블 탁자 위에 파란색 컵이 있다.	왜 굳이 테이블 위에 파란색 컵을 그렸을까?	많은 색깔들이 있는데 그 중에 파란 색깔을 쓴 것을 보면, 파란색은 슬픈 감정을 나타내는데 케빈이 새미한테 놀이 기구를 뺏겨서 기분이 안 좋다는 것을 암시하는 것 같다.

❶

❷

아이가 활동을 하면서 그린 그림

법을 알려 주는 것 대신에 이야기를 들어 주고 질문을 던진다. 케빈이 나타나는 장면마다 표정의 변화 등을 보는 재미가 있다. 아이들도 또래의 이야기라서 그런지 더 몰입하는 듯했다.

전략의 순서를 바꿨더니 보이는 특징이 있다. 본 것에서 질문을 바로 만드니 본 것과 생각한 것을 헷갈려하던 지점이 해결된다. 본 것 그 자체에서 질문을 만드는 것이 아이들에게 쉬웠던 거다. 그리고 질문을 던지고 나서 왜 궁금한지 스스로에게 묻는 과정에서 '내가 이런 생각을 하고 있었구나'라고 발견한다는 걸 알 수 있었다. 이렇게 '관찰-생각-질문'이 순환하는 전략을 몸에 익히면 아이들은 자연스럽게 질문에서 거꾸로 발견한 것을 찾아갈 수도 있고, 관찰한 것에서 그치지 않고 생각이나 질문으로 확장할 수 있을 것이다.

6차시 SEE-THINK-WONDER 전략을 다양하게 활용하기

이번에는 전략을 사용해서 그림책을 감상하니 어떤 점이 좋은지 말하게 했다. 기존에는 그림책에서 그림을 볼 때 작은 것들은 그냥 지나쳤는데 자세하게 보고, 자꾸 보고, 집중해서 보게 되었다고 했다. '관찰' 자체를 연습하는 경험을 한 것이다. 또 예전에는 그냥 보기만 했는데, 수업을 통해 그림책의 내용을 깊이 생각도 하고 질문도 만들어 더 재밌었다고도 했다. 본 것을 그림으로 떠올리려고 하니 더 오래 기억에 남는다고도 했다.

학습하는 방법을 가르칠 때 중요한 것은 학생들에게 그것을 활용할 기회를 끊임없이 제공하는 것이다. ATL의 기능은 학습을 넘어선 기능, 교과의 경계를 넘나드는 기능이다. 마침 이 전략을 다양하게 활용할 기회가 생겼다. 그림책을 활용한 수업이 끝난 이후 다음 시간이 과학 시간 중 식물의 특징을 공부하는 단원이었다. 알로에 일부를 관찰하며 특징을 발견하는 것이 수업 내용이었다. 이때다 싶어서 아이들에게 앞에서 배운 전략을 활용해서 알로에를 관찰해 보면 어떨지 의견을 물었고 아이들은 흔쾌히 응했다.

'SEE-THINK-WONDER 전략', 'SEE-WONDER-THINK 전략' 중에서 선택하거나 직접 자신이 전략의 순서를 조정하여 새로운 전략을 만들어 봐도 좋다고 했다. 주목했던 활동을 만든 아이 중, 관찰하고(SEE) 관찰하고(SEE) 관찰하고(SEE) 질문을 만든(WONDER) 아이가 있었다. '왜 알로에는 가시가 많을까?'라는 질문은 관찰을 통해서 만들어졌고, 물을 머금고 살아야 하는 식물의 특성과도 관련이 있을 것이다. 과학 탐구는 그 과정에서 '관찰'이 두드러지기에, 아이가 스스로 이러한 과정을 선택한 것이 신선했다. 교사가 제시한 질문이 아닌 스스로 만든 질문이 아이의 탐구를 이끌어 나간다는 것을 확인할 수 있었다.

학생이 새롭게 만든 SEE-SEE-SEE-WONDER 전략

SEE(관찰)	SEE(관찰)	SEE(관찰)	WONDER(질문)
가시가 많고 뾰족하다.	알로에 잎 색깔이 초록처럼 보이지만 잘 관찰하면 노랑색, 연두색, 투명색이 있다.	· 알로에 겉에 투명한 막이 있다. · 안이 차갑다. · 피부에 잘 스며든다.	왜 알로에는 가시가 많을까?

이 전략을 과학 수업 외에 어떨 때 또 활용할 수 있을지 물으니 여러 아이디어가 쏟아졌다. 컴퓨터 게임을 좋아하는 아이는 게임 화면도 이렇게 자세히 보고 전략을 짜면 도움이 되겠다고 하거나, 영화 감상이 취미인 아이는 영화를 볼 때 써 보고 싶다고 했다. 이렇게 교실에서 배운 내용이지만, 거기에 그치지 않고 아이들의 생활에서 자신만의 방식대로 활용되었으면 좋겠다고 생각했다.

STEP 5 수업 성찰하기

심미적 감성 역량을 키우기 위한 수업으로써 아름다움을 느끼는 방법을 가르치고 나니 심미적 감성 역량이 자기관리 기능과도 연관되어 있다는 점을 알 수 있었다. 왜냐하면 자기관리 기능은 긍정적인 자아의식을 바탕으로 주도적으로 자신의 삶을 관리해 나가는 능력인데, 심미적 감성 역량이 발휘되려면 특히 초등학생은 자신의 느낌, 생각에 대한 믿음이나 자아의식이 바탕이 되어야 한다. 심미적 감성 역량에서 중요한 요소 중 하나가 '공감'이자 '향유'인데 이것은 자신의 관점이나 느낌이 먼저 받아들여진 경험을 충분히 한 후에 이루어지기 때문이다.

또 이번 수업에서 새롭게 느낀 점은 ATL간의 관련성이다. 다른 ATL 수업에서도 사고 기능을 익히려면 조사 기능을 활용해서 내용을 조사하고 정리하는 능력이 바탕이 되어야 하는 것처럼 ATL 각자 기능이 서로 연결되며, 같은 조사 기능이라도 학년이 올라갈수록 심화된다. 수업 전후에 아이들에게도 어떤 변화가 있었는지 궁금하다면 심미적 감성 역량을 측정하는 체크리스트를 참고하여 해 보는 것도 권한다.

심미적 감성 역량 체크리스트*

※ 아래의 질문에 대해 나의 생각을 골라 표시해 보세요.

영역	질문		점수				
느끼는 감각	1	나는 예쁜 풍경을 볼 때 정말 멋지다고 생각한다.	1	2	3	4	5
	2	나는 아름다운 음악을 들으면 마음이 편안해지거나 기분이 좋아진다.	1	2	3	4	5

* Schaefer(1979)의 심미적 경험 도구(Aesthetic Experience Tool)는 사람들이 예술과 일상에서 경험하는 심미적 반응을 측정하기 위해 설계된 심리학적 도구다. 이 도구는 심미적 민감성(aesthetic sensitivity)과 정서적 반응을 평가할 수 있는 설문형 방식으로 구성되어 있으며, 심미적 경험의 주관적인 측면을 분석하는 데 초점을 둔다.

마음의 느낌	3	나는 멋진 그림이나 작품을 보면 정말 감동 받는다.	1	2	3	4	5
	4	예쁜 자연(숲, 꽃, 하늘)을 보면 행복한 느낌이 든다.	1	2	3	4	5
아름다운 것 찾기	5	나는 물건이 잘 어울리게 꾸며져 있으면 주의 깊게 본다.	1	2	3	4	5
	6	나는 색깔이나 모양이 조화롭게 배치된 것을 보면 관심이 간다.	1	2	3	4	5
깊이 빠져들기	7	나는 그림, 음악, 만들기 같은 활동에 열심히 빠져서 한다.	1	2	3	4	5
	8	나는 멋진 장면이나 사물을 오래 바라보며 더 관찰해보는 것을 좋아한다.	1	2	3	4	5
일상의 즐거움	9	나는 일상에서 예쁘거나 특이한 것들을 발견하면 신이 난다.	1	2	3	4	5
	10	나는 좋아보이는 물건이 어떤 점에서 멋진지 생각해 본다.	1	2	3	4	5
내가 속한 환경과 문화	11	나는 우리 동네의 건물이나 장소에 있는 디자인이 멋지다고 느낀 적이 있다.	1	2	3	4	5
	12	나는 우리 문화(한국 전통 무늬나 그림 등)가 정말 아름답다고 생각한다.	1	2	3	4	5

* 1점: 전혀 그렇지 않다 / 2점: 별로 그렇지 않다 / 3점: 보통이다 / 4점: 그렇다 / 5점: 아주 그렇다

● 수업 자료 모음

수업에 활용한 활동지	· SEE-THINK-WONDER 활동지 · SEE-WONDER-THINK 활동지 * QR을 촬영하면 수업에 활용한 활동지를 살펴볼 수 있습니다.
도움이 되는 자료	· 미술관에서 'SEE-THINK-WONDER'를 활용하여 전시 관람을 설명하는 영상(https://www.youtube.com/watch?v=OFkMEGHR2Ek) · 『블루 기타 변주곡』(맥신 그린, 커뮤니케이션북스) · 『생각이 보이는 교실』(론 리치하트·마크 처치·캐린 모리슨, 사회평론아카데미) · 『Slow Looking : The Art and Practice of Learning Through Observation』(Shari Tishman, Taylor & Francis Ltd)

3부 학습하는 방법을 익히는 교실 문화 만들기

성장 마인드셋 심어주기

IB ATL 기능을 익히는 수업은 한 번만 하고 끝나는 것이 아니라 반복적으로 활용할 수 있도록 교사가 지속적인 연습과 성찰의 기회를 제공해야 한다. 기능을 반복해서 활용하고 그때마다 성찰을 하게 되면 아이는 점점 더 그 기능을 내면화하게 된다. 이런 과정에서 중요한 것 중 하나가 교사로서 아이들이 노력하면서 해낼 수 있다는 '성장 마인드셋'을 이해하고, 수업에도 활용하도록 하는 것이다.

캐롤 드웩(Carol Dweck)은 미국 스탠퍼드 대학교 심리학과 교수로, 인간의 동기와 자기개념에 대한 연구로 세계적인 명성을 얻은 심리학자이다. 특히 '마인드셋'이라는 개념을 정립하고 연구한 결과가 여러 교육 방법에 영향을 주었다. 그에 의하면 인간의 사고방식은 크게 '고정 마인드셋'과 '성장 마인드셋'이라는 두 가지 유형으로 나뉜다. '고정 마인드셋'은 능력은 타고난 것이며 쉽게 변하지 않는다고 믿기에, 실패는 자신의 한계를 드러내는 일이라고 생각한다. 그에 비해 '성장 마인드셋'은 노력과 전략을 통해 능력이 얼마든지 성장할 수 있다고 믿으며, 실패를 학습의 일부로 받아들여서 도전을 즐기는 마음이다. 정리하자면 '성장 마인드셋'은 자기 인식과 학습 태도와 노력에 따라 개인의 능력이 향상될 수 있다는 믿음을 갖는 것을 의미한다.

연구 결과에 따르면 학생, 운동선수, 예술가 등 다양한 분야에서 성공한 사람들은 공통적으로 성장 마인드셋을 가지고 있었다고 한다. 그래서 노력하면 변화할 수 있고, 성장할 수 있다고 생각하기에 '아직은 못하지만, 노력하면 나아질 수 있어'라는 믿음이 있다. 이러한 내용은 학습 과학에서 '뇌는 경험과 학습을 통해 계속 변화하며 새로운 연결을 만들어 낸다'는 '신경가소성 원리'에 기반한다(Carol, D., 2023).

성장 마인드셋과 IB ATL과의 관계를 생각해 보면, 아이들이 학습 기능을 배운다면 분명 능력이 향상되고 이를 통해 성장할 수 있다는 믿음이 서로 영향을 주고 있음을 알 수 있다. 아이들은 노력하는 방법을 익히기 위해 전략을 익히고, 이를 자주 실행해서 학습이 변화할 기회를 갖게 된다. 혹 중간에 실패를 하더라도 교사는 학습의 과정에 초점을 두어 피드백을 하면서 "이번에 방법을 한 번 바꿔 볼까?"하고 회복탄력성을 높이도록 도와줄 수 있다. 아이들 또한 새로운 학습에 대한 도전과 실행, 성찰을 통해 자신이 성장하는 것을 직접 경험한다면 자연스럽게 '나도 노력하니까 할 수 있구나. 다음에는 이런 부분에도 도전해 봐야겠다'라는 마음이 들 것이다. 학부모와도 협력하여 가정에서도 자녀에게 '성장 마인드셋'을 심어 주도록 함께 도와줄 수 있다.

그렇다면 교실에서는 아이들에게 성장 마인드셋을 심어주기 위해 무엇을 할 수 있을까?

성장 마인드셋 소개하기

학년 초 학급 세우기 활동과 함께 성장 마인드셋의 개념과 사례를 아이들에게 소개한다. 역사적 인물 탐구나 실제 생활 주변 사례를 통해 실패를 발판 삼아 성장한 인물들을 살펴보면서, 실패는 끝이 아니라 성장의 출발점이자 배움의 과정이라는 인식을 심어 준다. 이후 활동으로는 '내 마음에 성장 마인드셋 씨앗을 심는다'는 주제로, 씨앗이 잘 자라기 위해 필요한 긍정적인 생각이나 말을 적어 교실 곳곳에 붙인다. 이렇게 하면 아이들이 성장 마인드셋을 일상적으로 떠올리고, 서로에게 긍정적인 메시지를 전하는 교실 문화를 만드는 데 도움이 된다.

아이들이 서로 성장하는 피드백

아이들의 탐구 과정에서 이루어지는 상호 피드백은 성찰의 기회를 제공하며 서로의 성장을 돕는다. 아이들의 성장 마인드셋을 심어 주는 피드백은 도전, 노력, 전략, 그리고 학습 과정에서의 성장을 강조하는 방식으로 이루어져야 한다. 그러나 실제 수업에서 아이들이 주고받는 피드백은 "잘했어!", "멋지다!"처럼 느낌이나 감상 위주로 이루어지고 구체적인 내용이 부족한 경우가 많다. 대신 아이의 노력을 강조하거나, 실수에서 얻은 배움을 포용하는 피드백이나, 자신만의 전략을 만들어 낸 것을 응원하거나, 포기하지 않으려는 태도를 격려하는 피드백을 주고받을 수 있다.

과정에 집중한 피드백의 예를 살펴보자. 친구가 쓴 글을 읽고 나서 "네가 여러 아이디어를 내기 위해서 계속 고민하는 모습을 봤어. 결국 예상하지 못했던 새로운 생각을 해내는 걸 보니 나도 배우고 싶은 마음이 들었어"처럼 친구의 글쓰기 과정에 집중해서 피드백을 줄 수 있다.

아이들이 긍정적인 피드백을 통해 성장할 수 있도록, 교사는 먼저 피드백의 목적이 '아이가 더 나아질 수 있도록 돕는 데 있음'을 안내해야 한다. 또한 피드백을 줄 때는 상대방의 마음을 고려하여 먼저 칭찬할 점을 말하고, 그다음 제안할 점을 전달하는 방식이 효과적이다. 이때 수업에서 함께 정한 평가 기준을 근거로 하여 의견을 제시하도록 지도한다. 아이들이 피드백 방법을 명확히 이해할 수 있도록, '내가 잘되었다고 생각하는 점은', '내가 제안할 점은' 이렇게 피드백 문장 틀을 제시하거나 평가 기준표를 나누어 주어 연습시키는 것도 좋다. 이러한 과정을 통해 아이들은 비난이 아닌 성장을 위한 대화를 나누게 되고, 학급 안에서 서로 배우고 함께 성장하는 문화가 자리잡게 된다.

어디서나 배우는 교실 환경 만들기

학습은 수업 시간에만 이루어지지 않는다. 교실은 아이들이 배우고, 배움을 나눌 수 있는 탐구 공간이다. 아이들이 많은 시간 동안 머무는 교실은 주도적으로 학습을 할 수 있는 유용한 물리적 교육 환경이자, 학습하는 문화가 만들어지는 중요한 공간이다. 여기서는 아이들이 스스로 학습하는 법을 배우며 성장할 수 있는 교실 환경을 마련하는 방법과 다양한 수업 자료를 안내하고자 한다.

함께 만드는 우리 반 약속

과거에는 새 학년을 준비하며 교사가 미리 학급 규칙을 정해 벽에 붙여 두곤 했다. 아이들은 새로운 교실에 와서 그 규칙을 읽고, 잘 지키겠다고 약속했다. 겉으로 보면 평범한 시작처럼 보이지만, 사실 아이들은 자신과 상관없이 정해진 길을 따라야 한다는 느낌을 받는다. 배움의 목적이 '삶을 살아갈 힘을 기르는 것'이라면, 교사가 정해 놓은 규칙을 그대로 따르게 하는 방식은 아이들에게 스스로 생각할 기회를 주기 어렵다. 그렇게 만들어진 교실은 마치 이미 선이 그어진 좁은 통로 같다. 아이들은 그 통로를 벗어나면 안 된다는 생각에, 질문하기를 주저하고, 자신의 의견을 드러내기를 망설인다. 반대로 약속을 함께 만드는 과정은 교실을 울창한 숲처럼 바꿔 준다. 처음엔 어디로 갈지 몰라 조심스럽지만, 아이들은 스스로 길을 만들어 걷고, 때로는 친구들과 멈춰서서 '이 길이 좋은지', '다른 방법도 있을지' 이야기한다. 그렇게 교실은 교사의 지시를 따르는 공간이 아닌, 서로의 질문과 생각이 자유롭게 우거진 배움의 공동체로 변해 간다. 교실이 진짜 배움의 숲이 되려면, 아이들이 공동체의 가치를 함께 고민하고, 그 가치를 지키기 위한 약속을 만들어 보는 시간이 꼭 필요하다. 이때 교사의 역할은 모든 길을 미리 정해 주는 사람이 아니라, 아이들이 길을 발견하고, 서로 도울 수 있도록 질문을 던지는 동행자여야 한다.

학년 초, 교사는 다음과 같은 질문으로 약속 만들기를 시작할 수 있다.

- 함께 성장하는 교실 공동체를 위해 어떤 가치가 중요할까요?

• 그러한 가치를 실천하기 위해 우리는 어떤 노력을 할 수 있을까요?

아이들은 '배려', '협력', '도전', '행복' 등 다양한 가치를 떠올리고, 그 가치를 지키기 위한 실천 방안을 함께 고민한다. 예를 들어, "우리는 배려하는 반이 되기 위해 서로 긍정적인 말을 사용합니다"와 같은 약속이 만들어질 수 있다. 약속을 만드는 과정에서 교사는 두 가지를 기억하면 좋다.

첫째, 약속에는 긍정적인 표현을 사용하는 것이 좋다. 부정적인 문장은 아이들의 말과 행동을 부정적으로 이끌 수 있다. 예를 들어, "복도에서 뛰지 않는다" 대신 "복도에서 천천히 걸어요" 또는 "사뿐사뿐 걸어요"처럼 긍정적인 언어로 바꾸면 아이들도 자연스럽게 긍정적인 말을 사용하게 된다.

둘째, 약속은 구체적으로 작성하면 실천 여부를 확인하기 쉽다. "함께 성장해요"처럼 추상적인 약속은 실천으로 연결되기 어렵다. 대신, "우리는 서로의 성장을 돕기 위해 구체적인 피드백을 주고받아요"처럼 행동이 드러나는 약속을 만들면 아이들도 실질적인 변화를 체감할 수 있다.

아이들과 함께 만든 약속은 교실 앞에 잘 보이도록 게시하는 것이 좋다. 종이에 직접 써서 붙이거나, 디지털 도구를 활용해 크게 출력할 수도 있다. 하지만 약속을 벽에만 붙여 두면 시간이 지나 잊히기 쉽다. 교사와 아이가 함께 그 약속을 일상 속 언어로 사용해야 한다. 다음과 같은 방법으로 약속을 생활 속에 자연스럽게 녹여낼 수 있다.

• 아침 열기 시간에 함께 약속을 읽는다.
• 수업을 마치며 오늘 약속을 잘 지켰는지 돌아본다.
• 특별한 활동을 시작하기 전, 필요한 약속을 함께 떠올린다.
• 학급 회의를 통해 약속 실천 여부를 점검하고, 개선할 점을 이야기한다.

약속을 함께 만드는 과정은 아이들이 교실의 주인으로 성장하는 첫걸음이다. 그리고 그 약속을 생활 속에서 지켜 가며, 교실은 점차 질문이 살아 숨 쉬고, 각자의 생각이 존중받는 공동체로 변한다. 그런 교실에서 비로소 아이들은 '학습하는 방법'을 자연스럽게 익히며, 서로 배우고 성장하는 즐거움을 경험하게 된다.

함께 만드는 교실 환경

새 학년을 준비할 때, 교실을 깔끔하게 정돈하고, 학생 작품을 걸 공간만 비워 두면 모든 준비가 끝난 듯한 느낌이 든다. 그리고 아이들이 교실에 들어오면, 활동 결과물은 미리 정해진 곳에 붙이도록 안내한다. 그런데 이렇게 틀이 정해진 교실에서 정말 아이들의 창의성과 호기심이 살아날 수 있을까? 교실은 탐구의 산실이며, 탐구는 '호기심'에서 시작된다. 아이들이 자유롭게 질문하고, 새로운 생각을 펼치기 위해서는 교실이라는 공간도 유연해야 한다. 우리는 종종 반듯하게 정리된 교실에서 아이들에게 창의적으로 생각하라고 요구한다. 하지만 고정된 환경 속에서 유연한 사고가 자라나기는 어렵다. 이제 교실을 '고정되고 완성된 공간'이 아니라, '함께 설계해 가는 공간'으로 바라보자.

예를 들어, 시간표를 아이들이 직접 디자인할 수 있다. 어떤 모양, 어떤 색, 어떤 그림이 어울릴지 아이들의 의견을 듣고, 스스로 교실 한 부분을 만들어 가는 경험을 제공하는 것이다.

또 하나의 방법은 학급 캐릭터 만들기다. 아이들과 함께 우리 반을 대표할 캐릭터를 정하고, 이름을 공모해 붙여 본다. 예를 들어, 아이들이 토끼띠라서 토끼 캐릭터를 사용하고 싶어 한다면, 직접 토끼 캐릭터를 그려 보고, 캐릭터에 어울리는 이름을 함께 정하는 것이다. 이렇게 만들어진 캐릭터는 시간표, 학습 도구, 교실 곳곳에 활용되어 교실 전체에 아이들의 흔적을 남긴다.

또 아이들의 의견을 반영해 책상 배치를 바꾸거나, 교실 안에 작은 탐구 코너를 만드는 것도 좋은 방법이다. 마음을 돌볼 수 있는 힐링 코너, 편안하게 음악을 들을 수 있는 음악 코너도 아이들과 상의해 함께 만들어 볼 수 있다. IB 학교를 방문했을 때, 어느 교실에서는 'Relaxing Zone'을 만들어서 스트레스를 받을 때 잠시 숨을 고르고 쉴 수 있게 두었다. 교실을 함께 디자인하는 과정은 아이들에게 단순한 공간을 넘어, '나의 의견이 반영되는 곳', '함께 만들어가는 우리 반', '자유롭게 탐구할 수 있는 환경'이라는 메시지를 자연스럽게 전달한다.

아이들이 교실을 자기 공간으로 느낄수록, 그 안에서 질문하고 탐구하는 태도도 함께 자라난다. 교실을 바꾸는 작은 시도들이, 결국 아이들의 배움과 성장에 큰 변화를 만들어 낸다. 물론 교실 환경은 단기간에 완성되지 않는다. 교실 환경은 고정된 것이 아니라, 필요에 따라 계속 변할 수 있다는 것을 기억하고 아이들의 목소리를 반영하여 만들어 간다면 충분히 할 수 있을 것이다.

질문하는 교실 만들기

배움에 주도적인 학습자는 탐구의 과정에서 질문을 한다. 아이들이 질문을 하기 위해서는 다양한 관점에서 질문을 만들어 보는 연습도 중요하지만, 그보다 먼저 아이들이 언제든지 자유롭게 질문을 남길 수 있는 공간이 필요하다. 질문은 예고 없이 갑자기 떠오르는 경우가 많기 때문이다. 그 순간을 놓치면 질문은 사라지고, 아이들이 생각을 확장할 기회도 함께 사라진다. 개인 탐구 일지에 질문을 기록하는 경우도 많지만, 만약 교실 안에 모두가 함께 질문을 공유하는 공간을 마련한다면, 서로의 질문을 보며 새로운 시각을 얻거나 비슷한 궁금증을 함께 탐구해 가는 경험을 할 수 있다. IB 학교의 교실에서는 'Wonder Wall'이라는 이름으로 아이들의 질문을 모아 둔 것을 종종 볼 수 있다. 서로의 질문을 보는 것만으로도 자연스럽게 배움이 확장되기에 교실 환경에 적용하는 것이다. 질문을 붙여 두는 공간의 이름도 교실 분위기에 맞게 다음과 같이 다양하게 정할 수 있다.

- 생각 씨앗판 작은 생각의 씨앗을 심는 공간
- 질문 구름 자유롭게 떠오르는 궁금증을 모으는 공간
- 질문해요! 누구나 쉽게 다가갈 수 있는 친근한 표현
- 궁금증 코너 사소한 궁금증도 소중히 여기는 공간

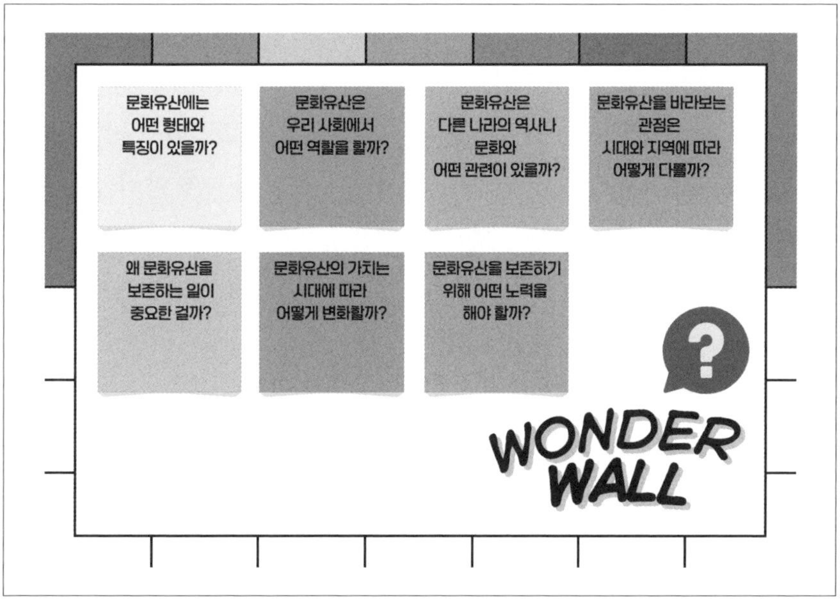

Wonder Wall 질문 예시

질문을 모으는 코너의 이름 또한 교사가 정해 주는 것이 아니라, 아이들과 함께 정해 보는 것도 좋다. 코너의 이름과 공간이 결정되면 아이들은 붙임쪽지나 작은 메모지에 떠오르는 질문을 적어 여기에 붙인다. 이때 교사는 아이들에게 '질문 해결사' 활동을 제안할 수 있다. 개인 또는 친구들과 함께 질문에 대한 답을 찾아보고, 해결된 질문은 옆 칸으로 옮기거나, 하트 스티커를 붙여 해결된 표시를 남기는 것이다. 이렇게 하면 아이들은 질문을 단순히 쌓아 두는 것이 아니라, 자발적으로 탐구하고 해결해 가는 과정을 직접 경험한다.

질문하는 능력은 생각을 깊이 있게 발전시키고, 스스로 탐구하는 힘의 시작점이 된다. 즉, 사고 기능과 조사 기능을 키워 주는 토대가 되는 것이다. 아이들은 질문을 통해 비판적으로 생각하고, 필요한 정보를 어떻게 찾아야 할지 고민하며, 점차 배우는 힘을 길러 간다. 트레버 매켄지(Trevor MacKenzie, 2016)는 아이들의 호기심이 행동으로 이어질 때, 진정한 탐구가 시작된다고 강조한다. 아이들이 자신의 질문을 직접 탐구하고 해결하는 과정은 결국 주도적인 학습자로 성장하는 중요한 밑거름이 된다.

또한 론 리치하트(Ron Ritchhart, 2015)는 교실 문화가 아이들의 사고를 촉진하는 핵심 환경이라고 말한다. 질문이 자연스럽게 오가는 교실 분위기 속에서 아이들은 점차 더 용기 있게 질문하고, 서로의 생각을 존중하며 함께 배우는 공동체로 성장한다.

질문이 살아 숨 쉬는 교실, 서로의 궁금증을 존중하는 교실에서 아이들은 자신이 주도적으로 학습할 수 있다는 확신을 갖게 된다. 그렇게 교실은 '질문하는 문화', '탐구하는 문화'로 채워지고, 아이들의 배움도 더 깊어진다.

교실에서 우리의 학습을 되돌아보기

수업과 학습에서 교사와 학생 모두를 성장시키는 힘은 어디에서 나올까? 바로 '성찰'이다. 단순히 지식을 배우는 것을 넘어, 개념적 이해를 추구하고, 그 과정에서 자신을 돌아보고, 더 나은 방향을 함께 고민할 때 진짜 배움이 이루어진다. 특히 교실에서는 협력적 성찰을 통해 교사와 학생이 같이 성장할 수 있다. 교육학자 존 듀이는 성찰을 '경험을 바탕으로 깊이 생각하고, 그 경험을 새로운 행동으로 연결하는 과정'이라고 설명한다. 성찰은 단순한 되돌아보기가 아니다. 배운 것을 자신의 삶과 연결하고, 새로운 가능성을 탐색하는 적극적인 사고의 과정이다. 아이들은 IB의 ATL 수업을 통해 다양한 학습하는 방법을 배운다. 학습하는 방법은 한 번 배우는 것으로 끝나지 않는다. 수업 속에서 지속적으로 실천하고, 그 과정을 되돌아보는 경험을 반복해야 비로소 내면화될 수 있다. 그렇기에 성찰은 학습하는 방법을 자신의 것으로 만드는 데 꼭 필요한 과정이다. 아이들은 성찰을 통해 '내가 어떻게 배우고 있는지', '학습하는 방법을 잘 활용하고 있는지'를 돌아보며, 점차 성장하는 주체로 변화한다.

다음에서는 아이들이 학습하는 방법을 스스로 점검하고, 내면화할 수 있도록 돕는 구체적인 성찰 도구를 소개하려고 한다. 교사 또한 이러한 도구를 통해 아이들이 학습하는 방법을 생활 속에 적용하고, 자신의 변화를 인식할 수 있는 수업을 이끌 수 있다.

학생이 배움을 성찰하는 방법

성찰 질문

교사는 질문을 통해 학생이 학습하는 방법을 잘 배우고 있는지 성찰할 기회를 제공할 수 있다. 단순히 "학습하는 방법에 대해 성찰해 봅시다"라고 말하기보다, 학생들이 생각을 표현할 수 있는 질문을 던지는 것이 효과적이다. 성찰 질문은 수업의 마무리 단계뿐만 아니라, 수업의 전 과정에 걸쳐 유기적으로 활용될 때 그 효과가 극대화될 수 있다. 학습을 시작하는 단계에서는 다음과 같은 질문을 던질 수 있다.

"우리가 오늘 중점적으로 배우는 기능은 무엇인가요?"

"그 기능에 대해 이미 알고 있는 것은 무엇인가요?"

수업이 진행되는 동안에는 성찰 질문을 통해 학생이 학습하는 방법을 잘 익히고 있는지 점검할 수 있다.

"우리가 배우고 있는 기능은 무엇인가요?"

"지금까지 배운 내용 중 가장 중요한 것은 무엇일까요?"

수업을 마친 후에는 학습 과정 전반을 평가하며 다음과 같은 성찰 질문을 던질 수 있다.

"오늘, 나는 학습하는 방법을 향상하기 위해 어떤 노력을 했을까?"

"앞으로 더 나은 학습을 위해 어떤 실천을 해 볼 수 있을까?"

성찰 질문을 반복적으로 활용하면, 아이들은 수업 속에서 자신의 학습 행동을 돌아보는 습관을 자연스럽게 기를 수 있다. 시간이 지나면 아이들은 시키지 않아도 스스로 학습 방법을 점검하고 조정하는 힘을 갖게 된다.

학습하는 방법 카드

아이들이 학습 방법을 구체적으로 인식하고 실천할 수 있도록, 교사는 학습하는 방법 카드를 활용할 수 있다. IB에서는 ATL 카드를 저학년, 고학년에 맞게 만들어서 사용하기도 한다. 본 책에서 제공하는 QR코드를 통해 자료를 내려받아 출력하거나, 학급 상황에 맞게 수정해 아이들에게 실물 카드로 나눠줄 수 있다.

해당 카드는 다양한 방법으로 활용할 수 있다. 예를 들어 모둠별로 조

학습하는 방법 카드

사 기능을 제외한 네 장의 카드를 나눠주고, 각 카드에 따라 모둠 활동에서의 역할을 정해 진행할 수 있다. 대인관계 기능 카드를 받은 학생은 모둠의 협력을 이끄는 협력 전문가, 사고 기능 카드는 아이디어를 주도하는 생각 전문가, 자기관리 기능 카드는 시간과 감정을 조율하는 관리 전문가, 의사소통 기능 카드는 생각을 정리하고 공유하는 소통 전문가로 활동하게 된다. 이렇게 네 명의 학생이 각기 다른 기능을 담당하며 모둠 과제를 수행하면, 학생들은 자신의 역할과 책임을 명확히 인식하고 협력의 과정을 체계적으로 경험할 수 있다. 또한 이 카드는 모둠 활동이 끝난 뒤 성찰 활동에도 활용할 수 있다. 아이들은 카드에 적힌 항목 중에서 자신이 잘했다고 생각되는 부분과 더 노력해야 할 부분을 이야기하며 학습 행동을 돌아볼 수 있다.

다른 방법으로는 모든 아이들이 다양한 카드 중 오늘 실천해 보고 싶은 학습 방법을 선택하고, 수업 시간 동안 이를 의식적으로 실천한다. 수업이 끝난 후, 자신이 선택한 학습 방법을 얼마나 잘 실천했는지 돌아보며, 더 나은 실천을 위한 계획을 세운다.

성찰일지

아이들은 시간이 지날수록 조금씩 변하지만, 그 변화를 인식하기는 쉽지 않다. 교사는 '예전의 나 - 지금의 나'를 비교하는 성찰 전략을 통해 아이들이 자신의 학습 방법과 태도 변화를 직접 확인할 수 있도록 돕는다. 학기 초 또는 단원 초에, 자신이 학습하는 방법에서 잘하는 점과 더 노력해야 할 점을 기록한다. 일정 시간이 지난 후 같은 내용을 다시 돌아보며 '예전의 나'와 '지금의 나'를 비교할 때 '변화된 점, 성장한 부분, 앞으로의 목표'를 적으면서 자신을 돌아볼 수 있다.

한편 아이들이 자신의 변화를 시각적으로 확인할 수 있도록 돕는 방법 중 하나가 '성장 그래프'다. 이 그래프를 통해 아이들은 학습하는 방법에 대한 자신의 현재 수준과 변화를 한눈에 확인할 수 있다. 이 활동은 학습 초기에 각 학습 방법에 대해 자신의 현재 수준을 그래프로 표시한다. 그리고 일정 기간이 지난 다음 같은 항목을 다시 그래프로 그려 본다. 이 과정에서 예전의 나 - 지금의 나를 비교하며, 성장한 부분과 더 발전할 부분을 정리한다. 이로써 아이들에게 '나는 성장하고 있다'는 긍정적인 학습

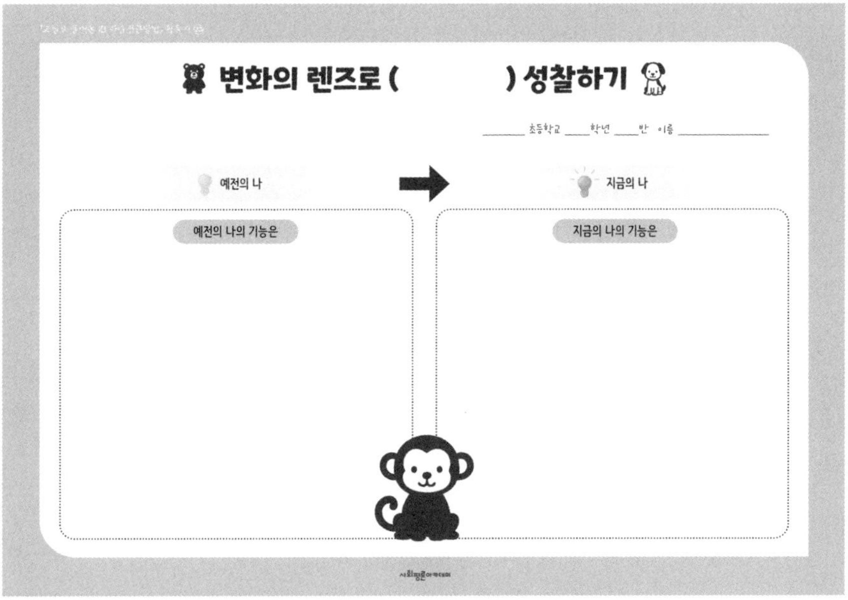

변화의 렌즈로 (   ) 성찰하기

_____ 초등학교 ___학년 ___반 이름 _________

예전의 나 → 지금의 나

예전의 나의 기능은	지금의 나의 기능은

'예전의 나 - 지금의 나' 성찰일지

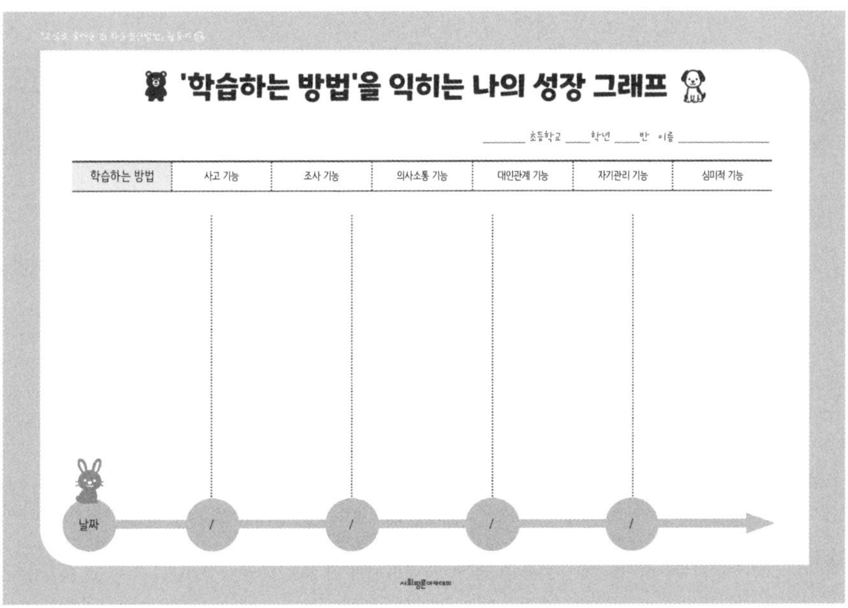

'학습하는 방법'을 익히는 나의 성장 그래프

_____ 초등학교 ___학년 ___반 이름 _________

학습하는 방법	사고 기능	조사 기능	의사소통 기능	대인관계 기능	자기관리 기능	심미적 기능

날짜   /   /   /   /

성장 그래프 성찰 활동지

경험을 제공하며, 앞으로 더 나아가기 위한 구체적인 목표 설정을 자연스럽게 이끌어 준다. 교사는 성장 그래프를 통해 개인별 학습 패턴을 파악하고, 맞춤형 지원을 계획할 수 있다.

미션 카드

아이들이 학습하는 방법을 실천하는 데 가장 효과적인 방법 중 하나는, 자신들이 직접 학습 전략을 정하고 생활 속에서 자연스럽게 적용해 보는 것이다. 학습하는 방법 미션 카드를 활용할 수 있는데, 아이들이 스스로 학습 전략을 고민하고, 구체적인 실천 계획을 세운 뒤 이를 실천해 보도록 돕는 활동이다. 어떤 단계를 거치는지 살펴보자.

일단 아이들과 함께 학습하는 방법을 잘 실천하기 위한 여러 가지 방법을 토의한다. 토의 결과를 바탕으로 실천 문장을 정리하고, 교사는 이를 미션 카드 형태로 제작한다. 교실 속에서 아이들은 미션 카드에 적힌 내용을 자연스럽게 실천한다. 그리고 수업 후, 자신이 미션을 얼마나 잘 수행했는지 돌아보며 성찰한다. 미션 카드 활동은 아이들이 학습하는 방법을 단순히 외우는 것이 아닌, 스스로 선택하고 실천하며 주도적인 학습 문화를 형성하는 데 큰 도움이 된다.

자기평가지

마지막으로 아이들이 자신의 학습 방법을 주기적으로 성찰할 수 있도록, 자기 평가지를 활용하는 것도 효과적이다. 자기 평가지는 앞서 살펴본 사고 기능, 조사 기능, 대인 관계 기능, 자기관리 기능, 의사소통 기능, 심미적 기능을 모두 포함하여 작성할 수 있다. 교사는 매 수업이나 단원 종료 시, 아이들에게 자기평가의 기회를 제공할 수 있다. 단, 모든 항목을 한 번에 점검하기보다는, 그때그때 교실 상황과 수업 목표에 맞는 핵심 학습 방법을 선택해 평가하도록 한다. 이렇게 하면 아이들은 학습하는 방법

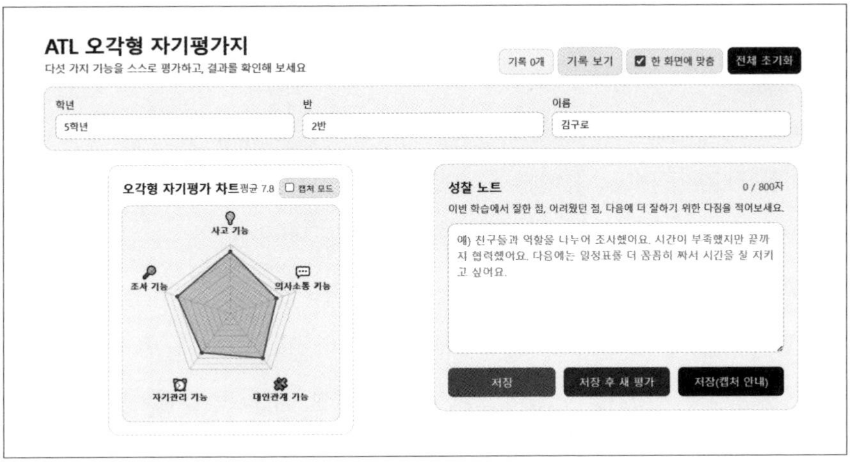

온라인 자기평가지 예시

을 부담 없이 돌아볼 수 있고, 세부적인 실천 방향을 계획하는 데 도움이 된다. 이 과정을 반복하면, 아이들은 학습하는 방법을 단순히 배우는 수준을 넘어, 스스로 점검하고 조정하는 주도적인 학습 태도를 점차 갖게 된다. 교사는 아이들의 자기평가 결과를 바탕으로 학습 문화를 점검하고, 필요한 지원을 계획할 수 있다.

교실 속 성찰 활동을 통해 아이들은 자신의 성장 과정을 인식하고, 작은 변화를 긍정적으로 받아들이며 학습에 대한 자신감을 높일 수 있다. 교사는 아이들의 변화 기록을 바탕으로 학습 방법을 조정하거나, 필요한 지원을 계획할 수 있다.

교사를 위한 수업 성찰 도구

교사라면 누구보다 수업을 잘하고 싶어 하고, 학생들의 성장을 바란다. 이를 위해 교사는 자신의 수업을 꾸준히 돌아보고 점검할 필요가 있다. 아이들에게 학습하는 방법을 충분히 인식시키고 실천하게 했는지, 수업 속에서 자연스럽게 학습하는 방법을 활용할 기회를 제공했는지를 돌아보는 성찰이 필요하다. 이번에는 교사 스스로 수업을 점검하고, 학습하는 방법을 효과적으로 녹여낼 수 있도록 돕는 교사 성찰 도구를 제안한다.

교사 성찰 점검표

교사 성찰 점검표는 교사가 수업을 계획하거나 수업 후 돌아볼 때, 학습하는 방법을 얼마나 의도적으로 담았는지를 스스로 점검할 수 있도록 돕는다. 점검표가 있으면 수업을 준비할 때, 학습하는 방법이 자연스럽게 포함되어 있는지 점검할 수 있다. 그리고 수업을 마친 후, 아이들이 학습하는 방법을 얼마나 인식하고 실천했는지 돌아볼 수 있다. 그리고 점검 결과를 바탕으로 다음 수업을 수정하거나 보완할 부분을 찾는다. 성찰 점검표에 어떤 문항이 들어가는지 보자.

- 이번 수업에서 학생들이 학습하는 방법을 명확히 인식할 수 있도록 안내했는가?
- 학생들이 수업 중 학습하는 방법을 실천해 볼 수 있는 기회를 충분히 제공했는가?
- 학습하는 방법을 실천하는 과정에서 학생들의 긍정적인 변화를 관찰했는가?
- 학생들이 학습하는 방법을 돌아볼 수 있도록 성찰 기회를 제공했는가?
- 학생들의 성찰 결과를 바탕으로 수업을 조정하거나 보완할 부분을 찾았는가?

수업 전, 중, 후의 성찰을 반복하면, 교사는 자신의 수업 속에 학습하는 방법을 자연스럽게 녹여내는 힘을 키울 수 있고, 아이들은 평생 학습자로 성장하는 기반을 다질 수 있다.

협력적 성찰 점검표

혼자 하는 성찰도 중요하지만, 동료 교사와 함께하는 협력적 성찰은 한 걸음 더 깊이 있는 전문성 향상을 이끌어준다. 특히 학습하는 방법을 수업 속에 자연스럽게 녹여 내기 위해서는 동료 교사와의 공동 고민과 피드백이 큰 도움이 된다. 수업 공개, 모둠별 협의, 교사 학습 공동체 등 다양한 형태의 협력적 성찰을 계획할 수 있다. 다음은 학습하는 방법 중심의 수업을 참관하거나 공유할 때 활용할 수 있는 협력적 성찰 점검표 예시다.

- ☐ 학생들이 수업을 통해 학습하는 방법을 분명히 인식하는 장면이 있었는가?
- ☐ 학습하는 방법을 실천하는 과정에서 학생들이 주도적으로 참여했는가?
- ☐ 학습하는 방법을 생활 속으로 확장할 수 있는 기회가 충분히 주어졌는가?
- ☐ 학습하는 방법을 돌아보는 성찰이 학생들의 사고 확장에 도움이 되었는가?
- ☐ 수업 전후 교사 간 피드백을 통해 학습하는 방법 지도 방안을 구체화했는가?

성찰을 위한 도구를 활용함으로써 동료 교사와의 협력적 성찰이 형식적인 수준을 넘어, 학생 중심의 수업 개선으로 자연스럽게 이어질 수 있다. 교사는 서로의 수업을 존중하며 돌아보고, 학습하는 방법을 효과적으로 녹여 내는 방안을 함께 고민할 수 있는 든든한 동료를 곁에 두게 될 것이다.

● 수업 자료 모음

수업에 활용한 활동지	· 학습하는 방법 카드 · '예전의 나 - 지금의 나' 성찰일지 · 성장 그래프 성찰 활동지	* QR을 촬영하면 수업에 활용한 활동지를 살펴볼 수 있습니다.

나가며

교사와 학생은 교육자와 학습자로 딱 자를 수 없는 관계이다. 교사는 학생들을 위해 끊임없이 배우고 실천하는 학습자이기도 하고, 학생은 교사에게 가르침을 주는 존재이기도 하기 때문이다. 학습하는 방법을 배우는 수업에서 교사와 학생은 성찰을 통해 함께 성장해 나간다. 아이들은 자신이 제대로 배우고 있는지를 되돌아보고, 교사들은 아이들의 성장을 점검하며 더 나은 수업을 만들어 가는 것이다.

굵은 몸통과 무성한 나뭇잎, 많은 열매가 매달린 탐스러운 나무를 보면 누구나 감탄한다. 튼튼한 나무는 땅속 깊이 단단한 뿌리를 내리고 있을 것이며, 그 뿌리는 꾸준히 여러 영양분을 흡수하여 나무를 튼튼하게 자라나도록 했을 것이다. 학습하는 방법을 배우는 것은 아이들에게 있어 단단한 뿌리를 키우는 일과 마찬가지다. 이 과정이 우리 아이들을 더 큰 나무로 자라게 할 것이라 믿는다.

참고문헌

교육부. (2022). 『초·중등학교 교육과정 총론』. 교육부 고시 제2022-33호 [별책1].

김하나. (2020). 『말하기를 말하기: 제대로 목소리를 내기 위하여』. 콜라주.

독서생활연구소, 신현주, 유영호, 오선이, 『IB 탐구 수업과 질문하는 문해력: 책으로 탐구하는 IB 학습자상 수업과 읽고 쓰기를 위한 방법』. 초록비책공방.

서정록. (2018). 『잃어버린 지혜 듣기: 몸과 마음을 어루만지는 듣기의 비밀』. 샘터.

유영호. (2021). 『낯선 그림책 읽기의 세계』. 학교도서관저널.

이기규, 임미란. (2024). 『서툴러도 괜찮아, 또박또박 네 생각을 말해 봐』. 그린북.

이윤아, 안은정, 성수진, 신현주. (2025). 『초등 IB 수업의 설계와 실제』. 사회평론아카데미.

임유나. (2022). 「국제 바칼로레아 교육내용 프레임워크 분석: IB PYP를 중심으로」. 교육과정평가연구, 25(2), 59-87 . https://doi.org/10.29221/jce.2022.25.2.59

Dweck, C. S. (2023). 『마인드셋』. (김준수 옮김). 스몰빅라이프.

Frayer, D., Frederick, W. & Klausmeier, H. (1969). *A schema for testing the level of cognitive master*(Working Paper No. 16). Madison, WI: Wisconsin Research and Development Center for Cognitive Learning.

Gallo, C. (2010). 『스티브 잡스 프레젠테이션의 비밀: 모든 청중 앞에서 미치도록 대단한 프레젠터가 되는 법』. (김태훈 옮김). 랜덤하우스코리아.

Greene, M. (2017). 『블루 기타 변주곡』. (문승호 옮김). 커뮤니케이션북스.

hooks, b. (2019). 『비판적 사고 가르치기: 실천적 지혜』. (이다현, 박상옥 옮김). 박영스토리.

Hyerle, D. (1996). *Visual tools for constructing knowledge: Mapping the techniques*. Alexandria, VA: ASCD.

IBO. (2020). 『IB 교육이란 무엇인가?』. https://www.ibo.org/about-the-ib/the-ib-by-region/ib-asia-pacific/resources-for-schools-in-south-korea/

Kristóf, Á. (2018). 『문맹: 자전적 이야기』. (백수린 옮김). 한겨레출판.

MacKenzie, T. (2016). *Dive into inquiry*. EdTechTeam Press.

OECD. (2019). *OECD Learning Compass 2030: A Series of Concept Notes*. OECD Education and Skills Today. https://www.oecd.org/education/2030-project/

OECD. (2025). *Teaching as a Profession: A Conceptual Framework for the Teaching Compass*. OECD Publishing.

Paul, R., & Elder, L. (2008). 『왜 비판적으로 사고해야 하는가』. (원만희 옮김). 궁리.

Ritchhart, R. (2015). *Creating cultures of thinking: The 8 forces we must master to truly transform our schools*. Jossey-Bass.

Ritchhart, R., Church, M., & Morrison, K. (2023). 『생각이 보이는 교실』. (최재경 옮김). 사회평론아카데미.

Rosenberg, M. B.(2024). 『비폭력 대화』. (캐서린 한 옮김). 한국NVC출판사.

Shari, T. (2017). *Slow Looking : The Art and Practice of Learning Through Observation*. Routledge.

Vygotsky, L. S. (1978). *Mind in society: The development of higher psychological processes*. Harvard University Press.
Zimmerman, B.J. (2002). Becoming a Self-Regulated Learner: An Overview. *Theory Into Practice*, 41(2), 64–70. https://doi.org/10.1207/s15430421tip4102_2

[수업에 활용한 그림책]
김유진. (2022). 『거북이자리』. 책읽는곰.
노인경. (2016). 『곰씨의 의자』. 문학동네.
다비드 칼리, 세바스티앙 무랭. (2023). 『완두』. (이주영 옮김). 진선아이.
데이비드 위스너. (2002). 『이상한 화요일』. 비룡소.
마이클 렉스. (2023). 『사실과 의견 그리고 로봇』. (서지희 옮김). 길벗어린이.
문선이. (2020). 『양파의 왕따 일기 1』. 푸른놀이터.
박정섭. (2016). 『감기 걸린 물고기』. 사계절.
사노 요코. (2018). 『하늘을 나는 사자』. (황진희 옮김). 천개의바람.
서정오. (2016). 『두꺼비 신랑』. 보리.
송언. (2008). 『마법사 똥맨』. 창비.
장경원, 전정화. (2022). 『팥죽 할멈과 호랑이』. 애플비북스.
존 버닝햄. (1995). 『지각대장 존』. (박상희 옮김). 비룡소.
존 버닝햄. (1996). 『검피 아저씨의 뱃놀이』. (이주령 옮김). 시공주니어.
크리스티나 퍼니발. (2024). 『무례한 친구가 생겼어요』. (이은경 옮김). 콘텐츠그룹포레스트.
필리스 레이놀즈 네일러. (2007). 『놀이터의 왕』. (이옥용 옮김). 보물창고.

[교과서]
김명숙 외 10인. 『[2022개정]초등교과서 체육 4』. 아이스크림미디어.
양일호 외 19인. 『[2022개정]초등교과서 과학 4-1』. 미래엔.

[웹사이트]
미술관에서 'SEE-THINK-WONDER'를 활용하여 전시 관람을 설명하는 영상
https://www.youtube.com/watch?v=OFkMEGHR2Ek
북 크리에이터
https://bookcreator.com
시카고 도서관의 CRAAP Test
https://guides.lib.uchicago.edu/c.php?g=1241077&p=9082343
창비 오디오스쿨
https://audioschool.kr/audio